MORET - SUR - LOING

IMPRIMERIE L. MOULIN, MORET-SUR-LOING — 1928

L'ANTIQUE ET ROYALE CITÉ

DE

MORET - SUR - LOING

(SEINE-ET-MARNE)

PAR

M. L'ABBÉ A. POUGEOIS

CURÉ DOYEN DE MORET

CHANOINE HONORAIRE DE MEAUX ET DE BORDEAUX

TROISIÈME ÉDITION

ORNÉE DE GRAVURES HÉLIOTYPIQUES HORS TEXTE

« On ne peut trop recommander l'étude des antiquités. »

(ROLLIN, *Traité des Études*.)

A MORET

1928

Abbé Louis-Alexandre POUGEOIS (1819-1897)

Curé-Doyen de Moret (1872-1897)
Fondateur des Ecoles chrétiennes et Restaurateur de l'Eglise de Moret
Chanoine de Bordeaux et de Meaux

BACHELIER EN THÉOLOGIE ET HISTORIEN

Auteur de :

LA VIE DU PÈRE VANSLEB
L'ABYSSINIE, SON HISTOIRE NATURELLE, POLITIQUE ET RELIGIEUSE
PIE IX, SON PONTIFICAT ET SON SIÈCLE
L'ANTIQUE ET ROYALE CITÉ DE MORET-SUR-LOING

A LA MÉMOIRE

de Monsieur le Chanoine A. POUGEOIS

CURÉ-DOYEN DE MORET-SUR-LOING

Le glas qui sonna tout à l'heure
Fut plus sombre et plus attristant.
Moret prend le deuil ou y pleure
Le vieux Curé qui l'aimait tant.

C'était bien le pasteur des âmes,
Le confident de leur espoir,
Le sûr gardien des nobles flammes
Qui font les hommes du devoir.

Il avait la foi des apôtres,
Et, pénétré du même feu,
Cherchait dans le salut des autres
La plus grande gloire de Dieu.

Dans sa grave et digne attitude
Il portait le front droit et haut,
Cachant sous une écorce rude
Un cœur tendre, sincère et chaud.

La foule, ignorante et rebelle,
Ne comprit que trop peu vraiment
Combien cette âme antique et belle
Renfermait d'ardent dévouement.

Pourtant, devant son caractère,
Les méchants mêmes s'étaient tus,
Et raillant son saint ministère,
Rendaient hommage à ses vertus.

Nourri des préceptes du Maître,
Et plein du céleste mandat,
L'homme en lui faisait place au prêtre ;
Du Christ c'était bien le soldat.

Très jaloux de la discipline
Qu'il pratiquait avec ferveur,
Jamais devant la loi divine
Il n'admit excuse ou faveur.

Aussi traitait-il d'insensée,
Tant elle heurtait son désir,
Cette époque bouleversée
Où tout se relâche à plaisir.

Aspirant à des temps plus sages,
En penseur, la plume à la main,
Il remonta le cours des âges
Préférant hier à demain.

Vision touchante et loyale !
Aux vieux souvenirs du pays
Il revit la « Cité royale. »
Où passa — jadis — saint Louis.

Mais ce n'est pas assez d'écrire
Quand la foi parle avec vigueur :
L'œuvre durable est là pour dire
L'effort dont il sortit vainqueur.

La vieille église rajeunie,
— Ce fier témoin de l'art ancien,
Et l'école par Dieu bénie,
Quel fécond labeur que le sien !

Et voilà pourquoi sur la tombe
De leur vaillant et bon Curé,
Comme lorsqu'un père succombe,
Bien des fidèles ont pleuré.

19 Octobre 1897.

Emmanuel DE MONTCORI

VUE GÉNÉRALE DE MORET

PRÉFACE

DE LA PREMIÈRE ÉDITION

L'étude de l'histoire est une occupation non moins utile qu'attrayante. Mais il en est de cette étude comme de l'exploration des curiosités de l'art et de la nature ; on ne craint pas d'aller admirer au loin les antiquités, les monuments, les sites ; et les beautés qu'on a près de soi, on ne prend pas la peine de les regarder. L'histoire de son propre pays, c'est souvent ce qu'on ignore le plus. Voilà pourquoi les monographies sont généralement rares, tandis qu'il faudrait les multiplier. Mais ceux qui se livrent à des recherches pénibles et qui songent à rétablir l'histoire des localités intéressantes sont d'autant plus arrêtés qu'ils font une œuvre moins remarquée, plus ingrate, et qu'il leur faut sabrer hardiment la routine.

La petite ville de Moret jouit assurément d'un passé qui mérite d'être étudié et connu. Que l'on aimerait à trouver dans son histoire un chantre de sa gloire antique et de ses beautés toujours vivantes !

Elle n'a point eu de chroniqueurs ; et cependant elle n'est point complètement déshéritée d'historiens ; mais ces historiens ont taillé leur plume trop tard : les souvenirs étaient évanouis.

Ainsi, au commencement de ce siècle, un de ses enfants, M. Teste d'Ouet, s'est senti la noble ambition de célébrer les gloires de son pays. De ses labeurs est sortie, en 1855, *l'Orpheline de Moret*, ouvrage en deux volumes, où l'auteur résume, sous forme de roman, l'enthousiasme de ses concitoyens pour leur pays natal ; car, si Moret offre des charmes aux étrangers, il a surtout le privilège d'enchanter ceux qui ont été bercés dans son sein. Avec une instruction plus développée, plus mûre et un peu plus saine, le romancier *morétain* eût été digne de chanter la cité jadis royale. Il n'en faut pas moins louer son zèle ; il a fait un essai qui trouvera peut-être des imitateurs plus heureux.

Plus sérieux est le travail de M. Paul de Wint, beau-frère et ami de M. Teste d'Ouet, décédé à Moret en 1868. Il nous reste de lui un manuscrit sur Moret, fruit de recherches longues et consciencieuses. C'est moins une histoire qu'une compilation de précieux documents puisés aux sources authentiques. Cet ouvrage nous a été d'une véritable utilité, et en décernant à l'auteur, sauf quelques réserves sur ses appréciations, la louange qu'il mérite, nous aimons à payer le tribut de notre gratitude à M. Desmarais, qui voulut bien mettre à notre disposition le travail de son laborieux ami.

Nous n'avons, de notre côté, négligé aucune recherche ni aucune démarche pour rendre la présente notice aussi exacte que possible. Si néanmoins, traversant des sentiers obscurs, nous avions fait quelques faux pas, laissé des erreurs se glisser dans nos récits, nous serions heureux de les connaître et de les effacer, et notre reconnaissance est acquise d'avance à qui voudrait bien nous les signaler.

Pour que rien ne manquât à l'intérêt de cette notice, l'art lui-même s'est plu à nous venir en aide. Un nom bien connu dans le monde artistique, M. Sauvageot (Charles), dont l'élégant pinceau a tant de fois stéréotypé les beaux sites qui forment la ceinture de Moret, a bien voulu émailler ces pages des intéressantes vues qu'ont admirées les lecteurs de *l'Illustration*.

L'ordre chronologique est celui que nous avons préféré comme le plus naturel ; et,. chemin faisant, nous n'avons pas craint de jeter un souvenir aux localités circonvoisines qui ont été plus ou moins dans la dépendance de l'ancien comté de Moret.

Les touristes qui, dans la belle saison, visitent en si grand nombre l'antique cité de Moret, nous sauront gré d'avoir condensé dans un même cadre tous les détails propres à intéresser leur curiosité. Connaissant l'histoire de cette ville royale, ils la verront avec un nouveau plaisir. D'ailleurs, les monuments, les sites, les souvenirs ne sont pas les seules choses qui charment le visiteur à Moret ; il reçoit encore des habitants un gracieux accueil, et dans les hôtels une aimable hospitalité. Car, disons-le hautement, ils ont indignement calomnié la population morétaine ceux qui ont osé dire et écrire qu'elle n'est ni religieuse ni polie. Que cette odieuse imputation retombe sur les accusateurs !

En écrivant ces pages, nous nous sommes borné au récit des faits qui se sont déroulés dans Moret à travers les âges. Le lecteur remarquera aisément que nous lui offrons non un livre scientifique, mais un simple aperçu historique sur la ville de Moret.

Moret, le 15 août 1874.

A. POUGEOIS.

QUELQUES TÉMOIGNAGES EN FAVEUR DE CET OUVRAGE

Lettre de Mgr Allou, évêque de Meaux.

« Meaux, 29 septembre 1874.

« Mon cher Doyen,

« Je n'ai pas voulu vous remercier du volume que M. Josse m'a remis de votre part, avant de l'avoir lu tout entier. C'est en somme un très bon travail dont je vous félicite sincèrement. Il serait bien à désirer que tous les curés fissent plus ou moins des études semblables sur leur paroisse.

« Recevez, mon cher Doyen, l'assurance de mon sincère attachement.

« † AUGUSTE,

Evêque de Meaux. »

*Lettre de Son Éminence, le cardinal Donnet,
archevêque de Bordeaux.*

« Bordeaux, le 31 décembre 1874,

« Monsieur le curé-doyen,

« Le domaine spirituel, voilà le principal élément du zèle sacerdotal. Mais le cœur du vrai pasteur ne peut rester indifférent à la gloire et à la prospérité matérielle de sa paroisse. Aussi, quand on a votre talent et votre plume, je comprends que l'on ait la noble inspiration de consacrer ses loisirs à l'histoire de son pays.

« L'histoire civile et religieuse de Moret-sur-Loing, nul ne l'a écrite aussi complète que vous, M. le Doyen ; et j'ajoute que j'y ai admiré le style, le savoir et une appréciation toujours juste des hommes et des choses.

« On suit avec un intérêt toujours croissant le récit que vous faites, de son origine, de ses développements, de sa renommée et des visites dont l'ont honorée plusieurs de nos rois, et même le Souverain Pontife Pie VII, de sainte mémoire.

« On y voit l'église, l'un des plus purs et des plus beaux édifices de l'époque ogivale, consacrée par saint Thomas de Cantorbéry, deux conciles particuliers tenus dans son enceinte, l'établissement des

Templiers, les Croisades ; et il y a sur ces divers sujets de bien belles pages dans votre livre.

« C'est donc bien plus qu'une histoire locale, c'est une bonne histoire de France en abrégé. Je vous en félicite et vous en bénis cordialement.

« Agréez, Monsieur le Curé-Doyen, l'assurance de mes sentiments les plus affectueux.

« † FERDINAND,

Cardinal Donnet, archevêque de Bordeaux. »

Lettre de M. l'abbé Rocherand, curé-doyen de Mormant, ancien professeur d'humanités de l'auteur, érudit de premier mérite et très compétent dans la matière. (C'est à ce titre, que cette lettre est donnée ici par exception entre beaucoup d'autres semblables.)

« Mormant, 5 janvier 1875.

« Mon cher Doyen,

« Je n'ai fait que deux bouchées de votre notice sur Moret. Il m'est resté de cette lecture l'impression la plus favorable. Vous savez écrire, mon cher Pougeois, c'est quelque chose qui est plus rare qu'on le pense. Votre récit est bien distribué. Il est clair, rapide, élégant. Les réflexions sobres, dont vous l'accompagnez sont bien appropriées au sujet et lui donnent de la saveur. Vous avez réussi. Votre brochure sera lue avec plaisir et par ceux qui connaissent Moret, et par ceux qui ne le connaissent pas.

« Qu'il serait à désirer que chaque curé en fît autant pour sa paroisse ! Mais beaucoup ne le pourraient pas. Il faut pour cela des aptitudes particulières qui ne sont le lot que du petit nombre. Il faut, comme vous l'avez, le goût et l'intelligence des recherches et ensuite le talent de les classer et de les rédiger.

« Adieu, cher Doyen, tout à vous de cœur.

« Alph. Rochérand »

L'Indicateur général de Seine-et-Marne, *qui se publiait à Melun, donna l'appréciation suivante de l'histoire de Moret (n° du 30 janvier 1875)* :

« Nous tenons aujourd'hui la promesse que nous avons faite à nos lecteurs, dans un des derniers numéros de l'*Indicateur*, de revenir sur le très intéressant ouvrage de M. Pougeois, curé-doyen de Moret. Nous regrettons que le peu d'espace dont nous pouvons disposer nous empêche de multiplier les citations, car le spirituel et savant écrivain unit, de la première à la dernière page de son ouvrage, le charme du style aux résultats précieux de ses recherches historiques, en sorte que l'*Histoire de l'antique et royale cité de Moret* est une lecture aussi attrayante que substantielle pour toutes les catégories de lecteurs, et nous pensons que ce livre verra grandir chaque jour le succès qu'il a déjà obtenu.

« Il arrive d'ailleurs au bon moment ; car la jolie petite ville de Moret attire, depuis quelques années surtout, un très grand nombre d'artistes et de touristes parisiens ou étrangers : l'ouvrage de M. l'abbé Pougeois sera une bonne fortune pour ces visiteurs intelligents.

« Le récit rapide et intéressant sur les rois, reines ou grands personnages de France qui ont séjourné à Moret contient de nombreuses réflexions aussi justes que bien inspirées par le patriotisme. . . . .

« Rien de plus complet, de plus clair, que la description des beaux et nombreux vestiges d'antiquité encore debout à Moret, et qui font l'admiration des visiteurs. Ce texte, si attachant par son élégante clarté est encore aidé par quelques beaux dessins de Sauvageot : le portail de la magnifique église, les deux portes de la ville, les restes du château-fort dont on attribue la construction à Louis VII, une vue de la rivière de Loing, du pont qui commence à la porte de Bourgogne, des débris de tourelles et de remparts qui bordent la jolie rivière que l'on voit circuler et comme se jouer dans une vallée dont le pittoresque est ravissant, tout cela, disons-nous, est plein d'intérêt.

L'auteur a donc raison de dire : « Il est **difficile**
« dans un espace aussi restreint que celui qu'occupe
« la petite ville de Moret, de trouver autant de
« monuments anciens encore debout, et autant de
« débris du moyen âge qui attestent aux yeux du
« voyageur, du touriste et de l'antiquaire, l'impor-
« tance militaire de cette place, il y a quatre
« siècles. »

« M. Pougeois conduit son récit jusqu'à nos
jours ; il n'a garde d'oublier le fameux sucre d'orge
dont la fabrication est le secret des *Religieuses de
Moret*, qui se vend au parloir des sœurs, au buffet de
la gare et dans divers dépôts, dont plusieurs à Paris.

« L'auteur mentionne, en terminant, le terrible
accident de chemin de fer arrivé en vue de Moret, le
21 octobre 1855, à quatre heures et demie du matin,
puis l'occupation allemande depuis novembre 1870
jusque vers la fin de mars 1871. Nous aurions bien
des endroits remarquables à citer dans l'ouvrage de
M. le curé de Moret, mais les nécessités typographi-
ques du journal nous obligent à terminer ici ce
rapide coup d'œil sur un ouvrage qui, nous le répé-
tons, montre dans son auteur un écrivain habile,
aussi modeste que savant, aussi bon français que
bon pasteur, aimant de tout son cœur Dieu, son
pays et les âmes confiées à sa pieuse direction.

« Aug. D. »

Cette citation du journal de Melun suffira comme spécimen de l'opinion de la presse départementale sur l'ouvrage qui paraît aujourd'hui en deuxième édition.

———————

Plusieurs feuilles parisiennes, telles que la *Bibliographie catholique*, la *Semaine religieuse de Paris*, le *Bulletin bibliographique*, etc., ont signalé à leurs lecteurs l'apparition de l'*Histoire de Moret*.

Nous ne pouvons que détacher ici brièvement quelques-unes de leurs appréciations.

La BIBLIOGRAPHIE CATHOLIQUE, dans sa *livraison du mois d'août* 1875, disait, sous la signature V. POSTEL :

« M. l'abbé Pougeois, que nous retrouvons avec plaisir, nous a donné déjà d'intéressantes études sur l'*Abyssinie* et sur le voyageur *Vansleb*, tombé dans un oubli immérité. La monographie qu'il nous offre aujourd'hui se présente avec les mêmes caractères de goût sûr, d'élégante rédaction, de recherches sérieuses sur une de nos villes de France qui, par sa situation dans la patrie, nous touche plus que les pays lointains. Il a voulu, et nous l'en félicitons, enrichir son texte de plusieurs gravures qui mettent sous les yeux paysages et monuments... »

Et, après avoir tracé à larges traits un aperçu de tout le volume, l'auteur du compte rendu ajoute, comme conclusion :

« En résumé, livre recommandable à tous égards, écrit avec cœur et talent. »

Citons pour finir quelques lignes du compte rendu de la *Semaine religieuse de Paris* :

« M. l'abbé A. Pougeois n'est pas à son coup d'essai ; il est connu depuis longtemps dans le monde littéraire et savant. Le nouvel ouvrage qu'il offre aujourd'hui au public est un petit chef-d'œuvre dans son genre.

« Les Parisiens qui explorent le pays de Moret liront avec intérêt et profit ces pages écrites dans un style concis, clair, rapide, fleuri même autant que sévère, si correct surtout qu'il défierait la critique du puriste le plus difficile...

« En effet, quoi de plus attrayant que ces riants tableaux, ces descriptions pittoresques, ces aperçus si vrais, ces données si certaines sur les hommes, les évènements et les choses que l'auteur se plaît à faire passer sous les yeux du lecteur. Tout ici s'enchaîne, tout est à sa place, et n'a que juste la proportion qu'il doit avoir ; et les appréciations saines, impartiales et équitables de M. l'abbé Pougeois révèlent en lui une connaissance approfondie des mœurs et des caractères des personnages de son siècle... »

(*Semaine religieuse de Paris*, n° du 10 octobre 1874).

PREFACE

DE LA SECONDE ÉDITION

Les goûts du siècle portent de plus en plus les esprits à la recherche des antiquités, et un grand nombre d'hommes sérieux s'appliquent particulièrement à l'étude des origines et de l'histoire du pays qu'ils habitent.

Des renseignements précieux ont souvent été recueillis par ces intéressants chercheurs. Mais faute d'être publiés, ces trésors disparaissent avec ceux qui les ont découverts, et ces travailleurs infatigables, en amenant à la surface ces minerais aurifères, n'ont fait en réalité qu'une besogne de Sisyphes. Que de localités auraient leur monographie, si ces documents n'étaient pas retombés dans l'oubli d'où ils avaient été tirés!

Appelé à remplir le ministère sacré dans l'antique ville de Moret, nous nous sommes intéressé, comme tant d'autres, à son passé historique, et nous n'avons rien négligé pour en recueillir les moindres vestiges. Nous avons ensuite extrait d'un monceau de notes tout ce qui nous a paru propre à intéresser le public ; et enfin, surmontant les nombreuses difficultés que nous offraient en même temps et la rédaction d'un pareil résumé et sa publication, nous nous sommes décidé, pour sauver ces documents du naufrage qui en a englouti tant d'autres, à les livrer à l'impression.

L'acceuil fait à ce premier essai de publication nous a tout d'abord bien payé de nos peines. Les lettres nombreuses que nous avons reçues, et les comptes rendus publiés dans les journaux, dont on a pu lire ci-dessus un spécimen, disent assez le cas que l'on fait aujourd'hui de ces monographies locales ; elles ne sont pas recherchées seulement par les habitants d'un pays, mais encore par les étrangers qui, grâce à la facilité des communications, visitent en si grand nombre tous les recoins de notre incomparable France.

Moret, à cause de son histoire et de ses monuments, jouit d'une particulière notoriété. Peut-être qu'en remettant en lumière son passé mémorable qui retombait peu à peu dans l'oubli, nous avons contribué à redonner à l'antique et royale cité la célébrité qui s'attachait autrefois à son nom.

Ce nom est un bel héritage que la petite ville sait,

d'ailleurs, porter dignement. Dans la préface de notre première édition, nous avons dû la venger des attaques, qu'avec une légèreté incroyable, certains compilateurs mal renseignés ont lancées contre elle. Ces téméraires diffamateurs ont vraisemblablement parlé d'après quelques faits isolés qui se sont passés dans la petite ville sous l'œil des étrangers.

En effet, depuis que s'est épanouie cyniquement, dans notre belle France, la secte impie qui voudrait greffer son sauvageon immonde sur le vieux tronc de notre glorieux pays, comme ces végétations para-sites qui réussissent parfois à souiller un vieux chêne de leur excroissance batarde et stérile, on rencontre par ci, par là, à Moret comme ailleurs, quelque rare partisan de la cabale libre-penseuse, reconnaissable à son air de fatuité, à son bonnet penché sur l'oreille, insultant de l'œil son concitoyen, et même l'honnête étranger qui visite son pays. On dirait d'un sauvage du Groënland qui n'a jamais entendu parler de l'urbanité française.

Est-il équitable de juger toute une population d'après un seul homme? Ne serait-ce pas faire une souveraine injustice au peuple de Moret, par exem-ple, que de juger de sa religion par le fait de ce Bohême, d'ailleurs étranger au pays, qui, égaré par circonstance dans le Conseil municipal, voulait en pleine séance, aller officiellement arracher la croix du cimetière, la souiller d'ordure et la jeter à la voirie (1). Dans Athènes ou dans la Rome payenne,

(1) Dans la séance du 16 février 1889.

où l'on regardait comme maudit des dieux celui *qui minxerit in patrios cineres*, on n'eût pas manqué de fouetter ce drôle en pleine assemblée. Mais dans ce temps de belle civilisation et de honteuse licence, on se borne à hausser les épaules avec mépris et dégoût.

Le déshonneur que ne craignent pas d'infliger au pays qui les héberge des béotiens de cette espèce, ne saurait altérer la bonne opinion de ceux qui connaissent Moret et ses habitants. Aussi l'on vient et l'on revient visiter la petite ville et ses monuments et l'on s'intéresse à son histoire ; de là le rapide écoulement des 1,200 volumes de la première édition de cet ouvrage. Depuis plusieurs années il était impossible de répondre aux demandes réitérées de ceux qui désiraient lire l'histoire de Moret : il n'en restait plus un seul exemplaire. Nous avons dû céder enfin aux instances qui nous étaient faites, et surmonter les difficultés qui s'opposaient à une réimpression.

Ces difficultés étaient sérieuses. Depuis la publication de la première édition, de nouveaux documents d'une véritable importance nous étaient tombés entre les mains. En nous éclairant de ces nouvelles lumières, nous nous trouvions en présence de lacunes à combler, de quelques erreurs à rectifier et de diverses imperfections, inévitables dans un premier essai, et qu'il importait de faire disparaître. Il s'agissait donc d'un remaniement presque complet du volume. Le défaut de temps pour accomplir convenablement ce travail, et la perspective d'une double dépense pour l'impression d'un volume presque doublé, c'en était assez pour résister, bien que malgré nous, à l'impatience des solliciteurs.

D'un autre côté, le regret que nous éprouvions de laisser après nous une histoire incomplète, et entachée de plusieurs inexactitudes et de divers défauts, nous poussait à la retouche. Nous nous décidâmes enfin à mettre résolument la main d'œuvre ; et, après un long et minutieux travail trop souvent interrompu, nous nous trouvâmes en mesure de publier une seconde édition de l'*Antique et royale cité de Moret-sur-Loing*. C'est le titre qui nous paraît toujours le mieux convenir à une histoire de l'intéressante petite ville.

En comblant les lacunes dont nous parlons plus haut, nous avons dû compléter l'histoire et conduire le récit jusqu'au temps actuel. Mais nous nous sommes contenté d'un rapide exposé des évènements qui parlent d'eux-mêmes à ceux qui en ont été les témoins. Nous avons avant tout visé à l'exactitude des faits sans trop juger les hommes, quoique tout historien ait droit de le faire. Car quiconque prend place au gouvernail pour diriger la chose publique, accepte par avance, vis-à-vis de la société, la responsabilité de ses actes.

Aux additions et aux corrections devenues nécessaires se joignent, dans ce nouveau volume, quelques autres améliorations.

Au format in-8 de la première édition, est substitué l'in-18 jésus. Les touristes forment une bonne partie des lecteurs de l'histoire de Moret. Or, l'in-8 est peu commode en voyage. Le format ordinaire des bibliothèques des chemins de fer est ce qui convient le mieux, en pareil cas, soit que l'acheteur loge le volume dans sa valise, soit qu'il le tienne à la main pour dissiper par cette lecture les ennuis d'un long parcours en chemin de fer.

Nous avons de plus orné ce volume de nouvelles et plus nombreuses illustrations, qui ne sont pas, comme celles de la première édition, l'œuvre d'un pinceau artistique toujours enclin à embellir la nature. Nous avons, cette fois, demandé nos dessins à l'art combiné de la photographie et de l'héliotypie qui donne la nature prise sur le fait : c'est précisément ment ce que l'on recherche dans la reproduction des monuments de l'histoire et de l'archéologie. Un détail qui ne gâte rien : nos gravures sont dues à un enfant du pays, élève de l'Ecole des Beaux-Arts de Paris, M. Paul Clément, qui par surcroît est un habile photographe.

Le touriste visitant un pays ne manque pas d'emporter comme souvenir quelques photographies propres à lui rappeler les curiosités qui l'ont frappé. Or, les gravures composant notre collection, prises isolément, ne coûteraient pas moins de quatre à cinq francs ; l'amateur qui aura visité Moret pourra, en dépensant moins, avoir en même temps le volume et les gravures.

Nous sommes heureux de dire, finalement, que nous nous trouvons bien récompensé de nos labeurs et de nos sacrifices, par la satisfaction que nous éprouvons d'avoir bien mérité de ce beau et cher pays, en travaillant à conserver à la jolie ville de Moret cette auréole de cité royale, hospitalière et religieuse, dont les siècles ont couronné son front.

Moret, le 1er mai 1889.

A. POUGEOIS.

NOTE

DE LA TROISIÈME ÉDITION

Par suite de faits nouveaux ou de modifications survenus depuis 1889, date où fut imprimée la deuxième édition de l'Histoire de l'Antique et Royale Cité de Moret, il a paru nécessaire de compléter l'œuvre de M. l'abbé Pougeois par quelques additions ou renvois facilement reconnaissables à l'X de leur auteur.

MORET-SUR-LOING

I

Situation de Moret. — Son ancienneté. — Étymologie
de son nom.

Moret, petite ville d'environ 2,000 habitants, occupe une position ravissante, à deux pas de la forêt de Fontainebleau (Seine-et-Marne). Elle est baignée par les eaux du Loing, qui contracte non loin de là son paisible hymen avec la Seine. Si vous joignez aux agréments de son site l'aspect de ses ruines et son cachet d'antiquité, vous vous arrêtez, non sans quelque respect, devant cette simple bourgade, qui fut jadis une ville célèbre.

Traversez le Loing sur le vieux pont de César (1), que vous trouverez bien rajeuni, et gravissez la mon-

(1) Ce pont, qu'une tradition hasardée fait remonter à l'époque gallo-romaine, porte des marques incontestables d'antiquité ; mais les reprises et les restaurations dont il fut l'objet ne permettent aucune vérification sur son origine. Ces restaurations paraissent concorder avec les grands travaux du XIIe et du XIIIe siècles.

tagne dite du *Calvaire*, qui sépare la vallée du Loing de celle de la Seine, vous voilà sur une butte gazonnée, sur un belvédère, d'où vous jouissez d'un panorama délicieux.

Vous portez avec complaisance vos yeux ravis sur ces eaux transparentes qui coulent à vos pieds, sur les vertes prairies qu'elles arrosent, sur les bourgs et les riants villages qui se mirent dans leurs ondes, sur la vaste forêt de Fontainebleau, sur les côteaux à perte de vue qui bordent les deux vallées. Mais plus près de vous, l'aspect vous charme davantage encore. Veneux-Nadon est là, en face de vous, de l'autre côté du vallon, sur son rocher qui domine la Seine grossie des eaux du Loing ; sous vos yeux, le beau village de Saint-Mammès, caressé, à l'envi, par ces deux cours d'eau qui l'étreignent en se réunissant.

Mais la petite ville de Moret, tranquille à vos pieds, vous invite à la contempler dans sa pittoresque originalité. Oui, c'est du *Calvaire* que Moret offre un aspect plein de charmes. Son air d'antiquité est ce qui vous frappe d'abord ; vous découvrez son vieux mur d'enceinte partiellement conservé, ses tours, sa gothique église, ses ruines. Là étaient ses lourdes portes, ses poternes, son château-fort ; ici, la demeure des chevaliers du Temple ; là-bas, ses tourelles ; à côté, ses bastions. A l'intérêt de ces restes imposants du passé se joint tout l'ensemble de la ville elle-même. La surface inégale et bigarrée que forment les toits, les pignons de ses maisons et de ses chaumières, ses ponts, ses moulins, ses écluses, la bifurcation des deux lignes ferrées, les confluents du Loing, du canal de ce nom et de l'Orvanne, les bateaux flottants ou amarrés, tout y forme un tableau des plus intéressants et des mieux composés.

L'origine de Moret est inconnue, mais très ancienne (1). Cette ville était déjà vieille quand celle de Fontainebleau prit naissance. L'accroissement de celle-ci nuisit à l'importance de celle-là et finit par l'éclipser tout à fait. Mais il n'y a pas trois siècles on disait encore : *Fontainebleau, gros bourg à deux lieues de Moret*.

Au nord-ouest de Moret, dans la vallée baignée par le confluent de la Seine et du Loing, et dominée par le côteau de Veneux-Nadon, se trouve le lieu appelé encore aujourd'hui *le vieux Moret*. On y découvre, à fleur de terre, des pierres qui paraissent avoir fait partie d'anciennes constructions. C'est là peut-être que se trouvait l'ancienne ville. Quelques-uns y voient les restes du bourg de *Lato-Fao* où commença la célèbre bataille de ce nom. Selon dom Morin, *Lato-Fao* ou *Doromel* était une place voisine de Moret.

Souhaitons que quelque amateur d'antiquités interroge les pierres du vieux Moret et les force à parler. Les monographes qui nous ont précédé n'ont

(1) On trouve des monnaies romaines enfouies sous le sol au milieu même de la ville. Nous en avons vu plusieurs que l'on conserve dans Moret.

porté jusqu'ici leurs investigations que sur les parchemins et les archives. Ils ont dépensé avec une louable persévérance beaucoup de temps dans cette recherche. Il resterait maintenant à faire des dépenses d'argent pour inventorier les titres cachés dans les entrailles de la terre. L'argent, il est vrai, n'est pas plus précieux que le temps, mais il pèse plus, il sonne, il brille, il colle aux mains, au cœur, et ne se déplace pas facilement.

L'histoire est aussi muette sur l'étymologie du nom de Moret que sur l'origine du pays qui le porte.

Rien n'est plus difficile que d'établir l'étymologie des mots français primitifs. Notre pays est une terre privilégiée qu'ont sillonée les grandes migrations des peuples, et que se sont disputée vingt nations diverses. Les Gaulois indigènes, les Grecs, les Romains, les Francs, et presque tous les barbares venus des divers points de l'horizon, les Sarasins, les Saxons, les Huns, les Visigoths, etc., ont successivement dressé leurs tentes sur le sol que nous habitons. Leur passage, qui a laissé tant de traces dans la contrée, en a gravé de non moins profondes dans les mœurs, dans le caractère et dans le langage. La langue française s'est formée de tous les idiomes des peuples qui ont occupé ou traversé notre pays ; en sorte que la science des étymologies, qui est déjà difficile en elle-même, devient presque inabordable quand il s'agit des anciens mots français. Aussi l'origine du nom de *Moret* a-t-elle exercé la patiente sagacité des chercheurs.

Selon les uns, *Moret* vient de *More* ou *Meure*, mot qui désigne en langue romane, une sorte d'hydromel qu'ils supposent gratuitement avoir été fabriquée autrefois dans le pays.

Selon les autres, il vient de *Maure* ou *More*, nom donné aux Musulmans d'Afrique. Cette étymologie semblerait autorisée par la tête de négresse qui occupe la partie supérieure de l'ancien écusson de la ville, placé en tête de ce volume, et qui doit remonter au temps des croisades. Mais on sait que le nom de Moret était celui de la ville bien avant cette époque, puisqu'il est mentionné par l'abbé de Ferrières dès l'année 850.

Selon d'autres, *Moret* vient du roi *Moritus*, héros mentionné au sixième livre des *Commentaires* de César, qui voulut barrer le passage aux phalanges victorieuses du conquérant des Gaules. Une telle origine serait infiniment glorieuse, mais inventer une pareille étymologie, c'est trop ressembler aux Grecs, qui forgeaient des héros pour expliquer les noms des lieux célèbres.

La vraie étymologie de *Moret* se trouve, selon quelques-uns, dans le mot latin qui le traduit, savoir, *Muritum* ou *Murita*, que l'on trouve dans les anciens monuments. On employait ce mot pour indiquer les villes ou bourgs entourés de murailles. *Moret* serait le même nom que *Muret*, donné à plusieurs autres villes. Cette explication s'accorde parfaitement avec les anciens auteurs qui parlent toujours de Moret comme d'un point stratégique et d'un lieu de combat.

Cette dernière étymologie, qui paraît la plus rationnelle, ne satisfait point les érudits de ce temps.

La science étymologique, disent-ils, ne cite dans la transformation des noms aucun exemple de l'*u* changé en *o* (1). Et puis, *Moret* portait ce nom avant d'être fortifié.

Moret, ajoutent-ils, doit venir, non d'un mot latin, mais du celtique *Mor*, qui veut dire *frontière, limite*, nom donné à ce pays soit parce qu'il était sur les limites de la forêt de Bierre, soit parce qu'il formait la ligne de séparation entre le territoire des Francs et celui des Burgondes.

Ce mot celtique *Mor, Mair* ou *Moor*, signifie encore *lieu bas, humide, marécageux*. Les Celtes prenaient leurs noms dans la nature elle-même ; or la situation topographique de Moret, non loin de la Seine qui submergeait fréquemment la plaine du *vieux Moret*, et tout près du Loing dont les déborde-

(1) Nous qui ne sommes pas érudit, nous admirons la hardiesse de ces prétendus savants qui savent se tresser une auréole avec l'ignorance des autres. Rien n'est plus commun, dans les étymologies latines, que le changement de l'*u* en *o*. Exemples : *monde*, de *mundus* ; *onde*, de *unda* ; *onguent*, d'*unguentum* ; *mordre*, du vieux mot *murdre*, etc., etc. Rien donc d'étonnant que *Muritum* soit devenu *Moret*.

ments sont encore si périodiques et si redoutés, rend cette étymologie assez naturelle.

Quant à nous, moins tranchant que les érudits, et sachant que la science étymologique, encore dans l'enfance, n'a pu dire son dernier mot, nous n'articulons aucune préférence et nous laissons au lecteur le soin de choisir entre ces opinions diverses.

Le Gâtinais. — La vallée de l'Orvanne. — Souvenirs
historiques.

La ville de Moret faisait partie de l'ancienne province du Gâtinais (1).

La province du Gâtinais comprenait les comtés de
Moret, de Nemours, de Montargis, de Rochefort, et
le pays de Puisaye, embrassant ainsi dans son périmètre un territoire assez considérable. Elle était
divisée en deux parties : le *Gâtinais français*, dans
l'Ile-de-France, et le *Gâtinais orléanais*, dans
l'Orléanais. Le premier qui était moins étendu, avait
pour capitale Nemours et a formé le sud-ouest du
département de Seine-et-Marne ; l'autre reconnaissait pour chef-lieu Montargis, et se trouve aujour-
d'hui dans la partie orientale du Loiret. Le Gâtinais
avait au XIe siècle ses comtes particuliers. L'un

---

(1) Gâtinais (en latin *Vastinium*) vient de *Gastines*, nom
par lequel les habitants du pays désignaient les rochers et
les terrains sablonneux qui s'y rencontrent.

d'eux, Geoffroy Le Barbu, qui était en même temps duc d'Anjou, fut dépouillé de ses possessions, jeté en prison et mis à mort par Foulques, son frère cadet. Celui-ci, craignant la colère du roi de France, Philippe Ier, lui céda, pour conserver l'Anjou, la province du Gâtinais qui fut ainsi réunie à la couronne.

Le Gâtinais comprenait, outre ses capitales, les villes de Moret, Montlhéry, Milly, Fontainebleau, etc. Moret en formait la limite au nord. D'après dom Morin, c'était la place de Lato-Fao ou Doromel, près Moret, qui séparait le Gâtinais du Hurepoix (1).

L'auteur que nous venons de citer fait une description du Gâtinais qui plaît encore par sa fraîcheur et sa vérité.

« Le Gâtinais, dit-il, est entièrement planté en bois. Tous ces bois et forêts, joint le bon air causé par le territoire sec et sablonneux du pays, y ont attiré autrefois les anciens Druides ; et maintenant les rois et plusieurs gentilshommes, pour le plaisir de la chasse, y ont fait bâtir de belles maisons et châteaux de plaisance.

« Le pays, diversifié de bois, de rivières, de plaines et de montagnes, est fort sain et agréable, ce qui est cause qu'il est grandement peuplé. Aussi voit-on que ceux qui l'habitent vivent ordinairement en une longue santé, et meurent pleins d'années, en une

---

(1) Le Hurepoix était une petite contrée s'étendant de Moret à Corbeil.

honorable vieillesse, plus qu'en aucune région de France...

« Les médecins, ingénieux scrutateurs des causes naturelles, ont jugé cette situation pouvoir véritablement produire plusieurs bons effets, tant sur les corps que dessus les esprits de ceux qui respirent un pareil air que celui de ce pays.

« Aussi nos rois très glorieux ont été non seulement conseillés de choisir ce pays pour leur séjour et la conservation de leur santé, mais encore ont désiré presque de tout temps que leurs enfants naquissent en icelui... ayant estimé, lesdits rois, qu'il importait beaucoup pour le bien de l'Etat, de choisir l'air où naquissent ceux qui auraient besoin de grande prudence et gentillesse d'esprit pour la conduite d'un si grand et florissant royaume que celui de la France...

« La bonne situation et tempérament du Gâtinais produit sur tous les autres pays de la France des hommes judicieux et bien avisés en toutes leurs affaires et courageux défenseurs de leurs droits. Ils n'ont point de mauvais accents, comme les Normands et les Bourguignons ; ils sont modestes et courtois ; et surtout les nobles et gentilshommes sont gracieux, affables et généreux, la plupart descendus des rois et grands capitaines. Quant à la religion, ils sont religieusement adonnés au service de Dieu, et peu s'en trouvent de la religion prétendue réformée. »

Ce tableau est frappant d'exactitude comme il y a

trois siècles ; et l'on dirait qu'en tenant son pinceau, le vieil historien du Gâtinais contemplait la région morétaine. Le temps n'a fait que répandre quelques ombres sur un coin du tableau ; mais le climat n'a pas changé, et l'air qu'on y respire non seulement continue d'assurer la longévité à ceux qui naissent dans le pays, mais encore prolonge l'existence des souffreteux qui viennent l'habiter.

Les cours d'eau non moins que les bois et les montagnes épurent au milieu de nous l'atmosphère.

Outre la Seine et le Loing dont nous avons parlé, une autre petite rivière, riche en souvenirs, baigne la ville de Moret, c'est l'*Orvanne*. Elle n'a, depuis sa source à Saint-Valérien, dans l'Yonne, jusqu'à Moret, où elle se perd dans le Loing, qu'un parcours d'environ sept lieues. Mais que de tableaux intéressants viennent se grouper dans ces étroites limites ! Des pièces de monnaie qu'on y trouva rappellent le passage de Julien marchant contre les Allemands. On y découvrit aussi, il y a peu d'années, des tombeaux en pierres creusées au ciseau, dont l'un renfermait une bague en or et une épée rongée par la rouille, mais dont la forme semblait indiquer des temps antérieurs à l'invasion de la Gaule par les Francs.

Avant de pénétrer dans le canton de Lorrez-le-Bocage, l'*Orvanne* baigne, à Vallery, le tombeau des Condés. Treize membres de cette illustre famille avaient été inhumés dans l'église du lieu. De ce nombre était le grand Condé, qui, à vingt-deux ans,

sauva la France à Rocroy. Ces tombeaux furent pro-
fanés en 1793, sans excepter celui du grand capitaine. Les services n'ont plus de valeur aux yeux des
démagogues, dès qu'un sang noble les inspire.

Mirabeau avait conçu le dessein d'écrire l'histoire
mémorable de la vallée de l'*Orvanne*. Epris d'un bel
enthousiasme pour ces délicieuses contrées, il avait
interrogé les édifices encore debout, feuilleté les
antiques archives et les vieux manuscrits. Tout pouvait encore répondre à ses interrogations ; tout était
vivace, palpitant, éloquent. La matière était abon-
dante, sous les yeux, dans les mains, et Mirabeau
était un artiste compétent pour en tirer parti et faire
une œuvre digne du sujet. Il allait donner au bloc
son premier coup de burin quand éclata l'orage de
là Révolution. Il voulut prendre place sur le navire
de l'Etat engagé dans les écueils, et il choisit son
poste au gouvernail. Devenu l'un des principaux
agents de la manœuvre, il cingla vers les plus formidables récifs. A la vue du péril, il essaya de virer de
bord ; tentative inutile, il mourut à la peine, avant
de voir sombrer le bâtiment.

La Révolution détruisit avec frénésie les monuments dont s'était aidé Mirabeau, et les recherches
de cet homme fameux ont péri avec lui dans la tourmente. Aujourd'hui, cheminant avec peine à travers
les ruines, nous en sommes réduit à chercher çà et
là quelques traces du passé, mendiant à droite, mendiant à gauche, vivant d'emprunt et de vol, et buti-
nant, pauvre abeille, sur un terrain aride et dé-

pouillé dont une main cruelle a fauché les fleurs et roulé les tiges.

Tous les bourgs et villages que baignent dans leur cours les eaux limpides de l'*Orvanne* ont quelque chose de remarquable.

Nous citerons en particulier :

Blennes où furent trouvé les tombeaux de pierre dont nous avons parlé plus haut ;

Diant avec les ruines de son vieux château entouré de larges fossés qu'alimentaient les eaux de l'*Orvanne*, et sa pierre monumentale qui marque la dernière étape du champ de bataille de Dormelles ;

Les caves du petit bois de *Villejouan*, vieux débris d'un ancien couvent de Bénédictins ;

Voulx, ancienne ville d'origine celtique, entourée de murailles et de fossés profonds ;

A trois kilomètres de *Voulx*, le petit village de *Chevry-en-Sereine*, où se trouvait, avant la Révolution, l'abbaye royale de *Villechasson*, ou *Rosoy-le-Jeune*, devenue depuis une exploitation agricole ; on voit aujourd'hui dans ce village une splendide église, décorée à grands frais par la pieuse châtelaine du lieu ;

Thoury-Férottes, où l'on remarque plusieurs propriétés importantes, entre autres, le château de *La Motte*, habité dans ces derniers temps par M. Thouvenel, ministre des affaires étrangères, sous le second empire.

Flagy, châtellenie royale qui a porté le titre de ville et était protégée par un mur d'enceinte avec

tourelles dont les derniers vestiges viennent de disparaître ;

Dormelles, où s'élevaient jadis les tourelles d'un
château célèbre pour avoir, en 525, abrité le jeune
Clodoald (saint Cloud), échappé au poignard de ses
deux oncles, Childebert, roi de Paris, et Clotaire Ier,
roi de Soissons ; ceux-ci égorgèrent les deux frères
du pauvre enfant sous ses yeux, malgré les cris de
Sainte-Clotilde, mère des deux assassins. On voyait
encore à Dormelles, il n'y a que quelques années, les
restes d'un vieux château, et les murs bien conservés
d'une église de chevaliers du Temple, dont l'architecture pleine de grâces et de légèreté ravissait l'œil des
artistes. Tout cela est tombé sous le marteau d'un
campagnard devenu subitement assez riche pour ac-
quérir le domaine des rois, et qui n'a vu dans ces
colonnes incomparables que des pierres à vendre à
la toise, et dont le produit, ajoutant à ses richesses,
devait l'aider à élever ses fils jusqu'au notariat.
L'instruction moderne acquerrait un nouveau titre
aux encouragements si elle rendait les municipalités
assez intelligentes pour ne pas voir d'un œil indifférent livrer à la destruction les antiquités et les richesses artistiques des communes dont l'administration leur est confiée ;

Challeau, connu autrefois par son fameux châ-
teau, bâti par François Ier pour la duchesse d'Etampes, sa favorite, habité plus tard par Diane de
Poitiers, sous Henri II, et rebâti depuis pour Gabrielle d'Estrées par Henri IV. Le château de *Chal-*

leau était composé d'un grand corps de logis flanqué de quatre pavillons et couvert d'une grande terrasse, à peu près semblable à celle de la Muette de Saint-Germain. Les abords et les dépendances en étaient charmants, et l'intérieur ne le cédait en rien aux résidences princières de cette époque. Après avoir changé de place et de maîtres, il prit le nom gracieux de *Saint-Ange*, comme pour effacer les souvenirs attachés à la demeure des courtisanes fameuses (1).

Saint-Ange fut habité, en dernier lieu, par Lefèvre de Caumartin, conseiller d'Etat, intendant des finances, et comte de Morel, qui le posséda jusqu'à la fatale époque de 1793. C'est là que, sous Louis XV, était reçu, dans l'intimité, l'idole de la noblesse de ce temps, le coryphée de la philosophie sceptique du dix-huitième siècle, Voltaire, qui médita sous les ombrages de *Saint-Ange* plusieurs chants de sa *Henriade*, et qui prépara, sous les lambris dorés de ce palais, par ses pamphlets contre la religion et l'ordre social, la mèche destinée à incendier tant de demeures royales, et à rester en permanence sous le trône

(1) Ce fut sous Louis XIII qu'eut lieu le changement en question, après lequel ce monarque érigea le domaine de Challeau en seigneurie indépendante avec haute, basse et moyenne justice, sous le nom de *Seigneurie de Saint-Ange*, nom que François, le Charron, alors propriétaire de ce domaine, avait apporté de Rome comme souvenir de l'ambassade qu'il avait gérée dans la ville éternelle (*Lettre du marquis de Roys à l'auteur*).

et sous l'autel ! Ce château ne méritait-il pas de tomber un des premiers sous la sape révolutionnaire ? La main vengeresse de la Révolution ne l'épargna pas ; il a été rebâti depuis dans le voisinage, et il abrite aujourd'hui l'Ange personnifié de la piété et la charité (1).

Ravanne, sous les murs de Moret, qui fut habité par la cour, au temps de Frédégonde. Son château resta debout plus longtemps que tous ceux des environs ; il traversa sain et sauf les jours de dévastation et de ruine. Napoléon Ier, qui le connaissait de *visu*, rêva un jour de l'acheter pour Joachim Murat. On eut pu croire la conservation de cet édifice assurée, mais c'était compter sans la bande noire, qui, après la chute de l'empire, toucha de sa main impitoyable ce vieux témoin du passé, et le réduisit en pousière.

C'est sur le domaine de Ravanne que passe, en arrivant à Moret, l'aqueduc de dérivation des eaux de la Vanne, travail hardi qui date de peu d'années, et qui tremble déjà sous la menace du temps.

L'*Orvanne*, avant de se perdre dans le Loing, forme le *Grand étang de Moret*, près de Ravanne, d'autant plus intéressant qu'il est traversé par la rivière elle-même. Il a survécu à tous les étangs qu'on a partout désséchés, et il durera vraisemblablement, à cause de son emplacement même et de l'excellence du poisson qu'il donne, aussi longtemps que l'Or-

______

(1) Madame la comtesse de Kiss.

vanne qui renouvelle sans fin sa nappe d'eau magnifique.

Le principal cours d'eau qui traverse le territoire de Moret, c'est la rivière du Loing. Elle parcourt une vallée enchanteresse dans la belle saison ; mais au temps des pluies abondantes, fière des nombreux affluents qui la gonflent, elle s'épand majestueusement sur ses rives ; quelquefois même, sujette à des accès de fureur, elle ravage brutalement les habitations qu'elle baigne et les plaines qu'elle ne devrait que fertiliser. Ses dangereux caprices ont fini par décourager les mariniers qui jadis confiaient à son cours leur vie et leur fortune, et l'on dut songer à maîtriser cette turbulente en canalisant une portion de ses eaux pour la navigation.

Le territoire limitrophe de Moret possède, sur les premières côtes de l'ancienne Bourgogne, des vignobles si magnifiques qu'on a lieu d'être étonné que Jules César, qui a célébré le vin de Suresnes, n'ait rien dit de celui de Moret. Le conquérant de la Gaule dut pourtant trouver déjà luxuriantes les vignes qui prospèrent si étonnamment dans ce terrain. A la vérité, le vin de Moret est assez médiocre, mais encore infiniment supérieur à celui de Suresnes, à moins que le gosier rustique des anciens ne s'accomodât mieux d'un jus âpre qui le déchire.

III

La situation géographique de Moret exposa cette
ville, dès les premiers temps de la monarchie, à des
faits d'armes qui méritent de nous arrêter un
instant.

Nous ne voulons pas donner l'importance d'un fait
historique à la prétendue lutte du chef gaulois Moritus ou Moristagus, au temps de Jules César, contre le
vainqueur de la Gaule, pour arrêter sa marche enva-
hissante. Il serait glorieux sans doute pour la petite
ville de Moret, d'avoir été baptisée, dès l'origine,
dans le sang de ses héroïques enfants ; mais par malheur aucun document de quelque valeur n'atteste la
vérité de ce récit fantastique.

Il n'en est pas de même du grand fait d'armes,
connu sous le nom de *Bataille de Dormelles*, qui
s'est passé, en partie sous les murs de Moret.

Les deux ennemis en présence dans cette circonstance étaient les trop fameuses reines Brunehault et Frédégonde, ces deux tragiques figures, qui remplissent du bruit de leurs fureurs et du spectacle de leurs vengeances toute la fin du sixième siècle.

Brunehault, d'une famille royale des Visigoths d'Espagne, avait épousé Sigebert, roi d'Austrasie ; et Frédégonde était mariée à Chilpéric, roi de Soissons et frère du royal époux de Brunehault.

Devenues veuves l'une et l'autre, elles se mirent à la tête de deux partis rivaux qui puisaient chaque jour dans leurs propres fureurs un nouvel aliment, et qui ne prirent fin que dans le sang de la dernière survivante de ces deux furies.

Les environs de Moret furent le théâtre d'une partie de leurs sanglantes discordes. Frédégonde, tutrice de son fils Clotaire II, habita, nous l'avons déjà dit, le château de Ravanne, aussi bien que celui de Dormelles. C'est dans ces parages que vint la chercher Brunehault, chargée de la tutelle de ses deux fils Théodebert II et Thierry II. La rencontre eut lieu à *Lato-Fao* (selon d'autres *Leuco-Fao*), près Moret (*Ci-dessus*, p. 9).

Selon dom Morin, comme on l'a vu, *Lato-Fao* ou *Doromel* était une place proche de Moret. De là vient, sans doute, que les anciens donnaient à Moret même le nom de *Doromel*, devenu depuis celui du village de *Dormelles* aux environs duquel paraît s'être terminée la bataille en question.

Quoiqu'il en soit, le choc fut terrible, et Frédégonde demeura victorieuse (596). Trente mille morts restés sur le champ de bataille donnent une idée assez imposante des forces réunies dans cette rencontre. La tradition ajoute que la rivière, obstruée par les monceaux de cadavres jetés dans ses eaux, fut détournée de son cours. Ce qui ne paraîtra pas absolument incroyable si l'on considère que le Loing est très rapide, peu profond, et qu'en effet, la chose est visible à l'œil, il a quitté son lit primitif, et comme s'il avait eu horreur d'engloutir ces cadavres amoncelés, il s'est rejeté sur sa droite et précipité dans la Seine, à un bon kilomètre en amont de son ancienne embouchure (1).

Quelques auteurs prétendent et nous n'essaierons pas de les contredire, car ils ont peut-être raison, qu'il y eut deux batailles différentes autour de Moret, à plusieurs années de distances, l'une à *Lato-Fao*, en 596, l'autre à *Dormelles*, en 605, la première du vivant de Frédégonde qui la gagna, l'autre après sa mort, arrivée en 598. Clotaire II, fils de Frédégonde, qui avait été vainqueur avec sa mère et Landry, dans

(1) Selon d'autres, le cours d'eau obstrué par les cadavres serait la petite rivière d'Aurance, qui coulait dans la prairie, parallèlement au Loing, en amont de la ville. Il n'est plus resté de la petite rivière que ces fosses profondes où l'eau repose sur un sable mouvant, et qui doivent communiquer par des voies souterraines avec le Loing. La principale de ces fosses, éparses dans la prairie, s'appelle l'*abîme de Bournot*. La tradition veut que, pendant une chasse, une voiture attelée de plusieurs chevaux ait disparu toute entière dans ce précipice, sans laisser aucune trace. Peut-être cette voiture et ces chevaux n'étaient-ils qu'un simple canard.

la première bataille, fut défait dans la seconde. Le bourg de *Lato-Fao* ou *Doromel*, qui a été le premier théâtre de la lutte, n'existe plus. Peut-être a-t-il été rasé dans cette circonstance, et remplacé par la ville de Moret, qui s'éleva dans le voisinage. Quant au nom de *Doromel*, depuis *Dormelles*, que portait aussi Lato-Fao, et qui est resté celui de cette double bataille, le vainqueur ne l'aurait-il pas transféré au lieu même où s'est donné le dernier combat, pour effacer le souvenir de sa première défaite (1) ?

Certains auteurs, sans aucun fondement, placent

(1) Le souvenir palpitant de ces batailles sanglantes ne semble-t-il pas se perpétuer dans le nom de *Trémorts* donné à un cours d'eau aujourd'hui stagnant qui traverse la prairie parallèlement au Loing, au-delà du vieux château, et dans celui de *Veuves* donné à la plaine qui longe le Loing, entre cette rivière et le côteau des Sablons ; ce serait là cette place de *Lato-Fao*, près du *Vieux-Moret*, où fut livrée la célèbre bataille qui fit 30.000 veuves. Les 30.000 morts jetés dans le Loing arrêtèrent son cours et le forcèrent de dévier à droite pour se jeter promptement dans la Seine. En effet, l'ancien lit abandonné du Loing se remarque encore visiblement aux flaques d'eau qui le recouvrent dans la saison des pluies, et qui se prolongent jusqu'au pied de la colline de Veneux-Nadon où l'on voit encore la trace de l'ancienne embouchure. C'est dans cette portion du territoire, en face du confluent actuel du Loing avec la Seine, que se trouve l'endroit appelé jadis l'*Ile Notre-Dame* ou la *Fosse-du-Lion* (vulgairement le *Vieux-Moret*), où se fait la séparation du Gâtinais et du Hurepoix (manuscrit intitulé : *Description historique de la ville de Moret, de son canton, de son commerce et de ses environs*, dont l'auteur est Louis-Antoine Piffault, ancien fabricien de l'Eglise de Moret, avant la Révolution).

Lato-Fao à *Lifao*, près de Toul. Cette manière de chercher l'identité d'un nom dans une rime est puérile et vaine. D'ailleurs, des témoignages incontestables attestent que de grandes batailles se sont livrées dans les environs de Moret. La surface et les entrailles mêmes du sol en sont des témoins irrécusables.

Ainsi, dans les champs qui entourent Dormelles, se remarquent des mouvements de terrains qui ne sont nullement naturels. Ce sont des espèces de redoutes et des épaulements de terre revêtus de gazons, et construits évidemment pour protéger et garantir des postes avancés.

Le soc de la charrue a de tout temps soulevé dans ces parages une foule d'ossements humains **qui ne** peuvent être que ceux des guerriers tués dans ces batailles et enfouis depuis treize cents ans dans ces champs de carnage ; et le hoyau, en fouillant plus avant, découvre des squelettes tout entiers, auxquels une marne moulée autour d'eux a formé un tombeau qui les a conservés.

Trois pierres commémoratives, qui se voient encore aujourd'hui dans leur entier, paraissent être les jalons placés pour marquer les étapes de ces mêlées sanglantes.

L'une se trouve sur le territoire de Diant, où se donna la dernière bataille. C'est un quadrilatère en grès, taillé au marteau, isolé, perpendiculaire, enfoncé d'un mètre en terre, et s'élevant d'un peu plus de trois mètres au-dessus du sol. Le champ où elle se dresse s'appelle encore le *champ de bataille* ; il est contigu à un hameau appelé *Cornois*, mot qui signifie, en langue celtique, *champ de la querelle*, ce qui fit donner à la pierre elle-même le nom de *pierre-cornoise* ou *cornière*.

La seconde, toute semblable à la précédente, se voit sur le territoire de Flagy, non loin de Dormelles ; elle est connue aussi de temps immémorial, sous le nom de *pierre cornoise*.

Enfin, près d'Ecuelles, se dresse, sur le bord du canal du Loing, une troisième pierre, de même forme que les deux autres, et de dimensions peu différentes (1).

Cette concordance de faits et de monuments ne saurait être l'effet du hasard, et démontre clairement que de grands combats se sont livrés autrefois dans toute la vallée qui se prolonge de Moret à Diant. Or, l'histoire en main, on ne voit pas que d'autres guerres que celles en question aient eu cette contrée pour théâtre.

A l'époque de ces guerres, la France était déjà en

(1) Les modernes mythologistes, qui sont en train de suer pour fabriquer l'hitoire problématique de l'*âge de pierre*, ont besoin, pour leur système, de donner à ces pierres une autre signification et une autre origine. C'est la peuplade *pétrophile* qui, dans ses migrations, semait ces rochers sur sa route ! *Risum teneatis, amici !* Plus plausible serait l'opinion de quelques connaisseurs qui prétendent que ces roches monumentales sont des *menhirs*, c'est-à-dire des pierres druidiques. Elles sont avec raison classées parmi les monuments historiques.

partie chrétienne, mais on ignore à quelle époque précise le pays de Moret fut éclairé des lumières de l'Évangile.

Nos pères étaient imbus des superstitions gauloises. Au culte des dieux indigènes, Teutatés, Esus, Bélénis, Taranis, Dis, était venu se joindre, après la conquête de Jules César, celui des divinités romaines, Jupiter, Mercure, Mars, Apollon, etc.

La Gaule était en plein sous la domination du peuple-roi quand les premiers disciples des Apôtres apportèrent le bienfait de la vérité à nos pères. Presque tous cimentèrent de leur sang les fondements de l'édifice du salut dont ils venaient, au péril de leur vie, doter ces contrées privilégiées du Ciel.

C'est vers la fin du premier siècle, on ne saurait en douter, que le christianisme fut prêché dans la Gaule, et particulièrement dans cette partie que nous habitons. Les premiers évêchés furent alors fondés par saint Denis l'Aréopagite, saint Saintin, saint Savinien, etc., à Paris, Meaux, Sens, etc. C'est au diocèse de Sens que paraît avoir été rattaché, dès le commencement, le territoire de Moret, qui ne cessa d'en faire partie jusqu'au concordat, de 1802. Car, soit sous le nom de Moret, soit sous un autre nom, le pays était déjà habité ; on pense que ce fut saint Savinien, ou quelqu'un de ses intrépides collaborateurs, qui remplit la périlleuse mission d'annoncer l'Évangile à ces intéressantes populations.

Le premier document authentique qui nous révèle, sous son nom actuel, l'existence de Moret, date du milieu du neuvième siècle, et nous montre Moret sous l'aspect d'une ville déjà forte et puissante. Car il s'y tint, en 85o, un concile, ou du moins une assemblée ecclésiastique, où figuraient les évêques de Sens, de *Melun*, de Nevers, de Chartres, d'Orléans, et plusieurs autres dignitaires de l'Eglise. On ignore quelle fut la cause de cette réunion et quels décrets en sortirent. La tenue de ce concile nous est révélée par Loup de Ferrières, qui s'y trouvait, et qui en fait mention dans sa cent-quinzième lettre, datée de Moret ; cette lettre peut être regardée comme l'épître synodale que les prélats réunis adressèrent à Ercanrard, évêque de Paris.

Un second concile, plus connu que le premier, s'assembla à Moret, en 1154. Il était question d'examiner la plainte des moines de Vézelay qui demandaient justice contre les habitants de ce dernier bourg. Ceux-ci, excités et soutenus par le comte de Nevers, se livraient à toutes espèces de violences et de dépradations contre les moines. Louis VII assistait à ce concile, où les coupables furent condamnés. Nous ferons connaître plus en détail cette histoire en parlant plus loin du séjour de Louis VII à Moret.

Privilégiée dès le commencement, sous le rapport religieux, la ville de Moret ne cessa, dans aucun temps, de manifester son attachement profond à la religion. Cet attachement se produisit de mille manières et en mille circonstances, à travers les âges. Rien n'égalait, par exemple, la splendeur des fêtes chrétiennes qu'on y célébrait, soit annuellement comme la Fête-Dieu et celle des saintes reliques, soit exceptionnellement comme la plantation de la croix du calvaire, en 1778. Nous aurons occasion de dire quelque chose de ces grandes fêtes dans le cours du ce volume. Mais impossible dans le cadre restreint que nous avons dû nous tracer, d'étaler sous les yeux du lecteur l'imposant tableau de ces superbes et interminables processions, longuement décrites par les chroniqueurs du temps (1). La foi appelle la foi, et l'on venait de pays lointains à ces solennels rendez-vous de la piété catholique, où les âmes savaient s'enrichir des faveurs célestes dont les sanctuaires de Moret étaient la source sainte et intarissable.

(1) *Description historique de la ville de Moret* (manuscrit).

IV

Philippe Ier achète Moret au duc de Bourgogne, en 1081. — Moret, limite de la Bourgogne. — Mouvances de comté de Moret. — Sergenteries. — Bailliage. — Octroi de Moret.

Moret fit partie du duché de Bourgogne jusqu'au onzième siècle. C'est en 1081 que Philippe Ier, roi de France, réunit à son domaine le comté de Moret, en même temps que le reste du Gâtinais. Il obtint Moret de Robert le Vieil, son oncle, duc de Bourgogne, auquel il abandonna en échange sept îles de la Seine, sept fiefs et les moulins qui étaient alors sur le pont de Montereau ; il lui fit cession, en outre, de la Chapelle-la-Reine. Ces conditions indiquent de quelle importance était déjà le comté de Moret à cette époque.

C'est alors, sans doute, que fut plantée sur la limite qui séparait la Bourgogne du royaume de France cette croix de pierre dont le socle se voit encore, à fleur de terre, à la sortie de Moret, sur le bord de la route de Montereau, près de l'Orvanne.

Cette croix, connue sous le nom de *Croix-au-Duc*,

s'élevait à l'extrémité du faubourg de Moret, près du pont de Bourgogne, à droite, à l'entrée de l'avenue conduisant au château de Ravannes, sur la grande route de Paris à Lyon. Elle fut renversée pendant la Révolution par des individus possédés de la fureur destructive de l'époque, qui s'emparèrent même, pour les marteler et les détruire, de différentes médailles commémoratives qu'ils trouvèrent sous son piédestal.

Ces folles destructions étaient de magnifiques exploits, dignes de récompense. Mais l'histoire, par un fâcheux oubli, a laissé ignorer les noms de ces héros, à qui la troisième république ne manquerait pas de dresser aujourd'hui un monument à la place même de la croix qu'ils ont abattue. Le socle en pierre qui la portait, et qu'on disait être gênant sur la route, quoique à fleur de terre, a été transporté du côté opposé, et se voit maintenant entre deux des peupliers qui bordent la route du côté gauche, non loin du moulin à tan bâti sur l'Orvanne.

Depuis cette époque, la terre de Moret fit partie du domaine de la couronne. L'agréable situation de cette ville, jointe à la commodité qu'elle offrait pour les plaisirs de la chasse, a toujours eu le privilège de mériter la préférence des rois.

Quoique d'un médiocre revenu, la seigneurie de Moret était considérable, ayant dans ses mouvances plus de 200 fiefs, comtés et baronies, entre autres la seigneurie du château de Fontainebleau, Graville, Challeau, Dormelles, Argeville, les Pressoirs du Roi,

Villecerf, Saint-Ange, Ville-Saint-Jacques, le bailliage royal de Montereau, Villeneuve-la-Guyard,
Bourron, Montigny-sur-Loing, etc., ainsi que les
lieux dépendants de ces diverses seigneuries, avec
beaucoup d'autres prévôtés ou bailliages.

Il y avait à Moret quatre *sergenteries fieffées*.

Sergenterie qui vient de *sergent*, est un nom très
ancien dans l'histoire de France. Il a pour étymologie le mot latin *serviens*, qui veut dire *serviteur*. C'est
ainsi que, dans les auteurs anciens, les serviteurs de
Dieu sont appelés les sergents de Dieu.

On appelait *sergenteries fieffées* certains fiefs imposant divers offices qu'on exerçait au nom du roi.
En prenant possession de ces fiefs, on rendait foi et
hommage au souverain. L'histoire a conservé les
noms d'un assez grand nombre de ces possesseurs de
fiefs qui ont prêté serment au roi en entrant en
charge. Nous en signalerons plusieurs dans la suite
de cette histoire.

Ces documents nous révèlent les conditions où se
trouvait la ville de Moret pendant le règne de la
féodalité. Les seigneurs qui en eurent la possession,
depuis Philippe Ier, n'occupèrent ce domaine qu'à
titre d'engagistes. Liés par un étroit serment d'hommage et de fidélité au roi, et exposés à se voir
dépouillés de cette propriété sur le moindre signe
du monarque, ils usaient envers leurs subordonnés
d'une autorité toute paternelle, comme l'eût fait la
royauté elle-même. Le joug de la féodalité ne pesa
donc pas lourdement sur la ville de Moret.

Le fonctionnement de la justice, point capital dans ces temps troublés, n'était point délaissé, comme on le croit généralement.

Le soin de défendre le droit de chacun est un des premiers devoirs et doit être un des premiers soucis d'un gouvernement.

L'exercice du pouvoir judiciaire a subi, par la suite des temps, bien des transformations en France. Quand les Francs, nos ancêtres, se furent emparés de la Gaule, ils établirent dans les villes, à l'instar des Romains, des *Comtes* chargés de rendre la justice. Ces comtes avaient sous leurs ordres des lieutenants appelés *Vicomtes*. Les pouvoirs de ces officiers publics étaient très étendus et comprenaient, outre les fonctions de juges, celles d'administrateurs civils. Ils tenaient les assises et étaient entourés d'assesseurs, ordinairement au nombre de sept.

Investis simultanément du pouvoir judiciaire et de l'autorité civile, ces délégués royaux cherchèrent toujours à augmenter leurs prérogatives, et enfin à se rendre indépendants. Ainsi naquirent ces seigneuries du moyen-âge qui donnèrent tant de soucis à la royauté. Dès la fin de la seconde race, ceux qui n'avaient été que gouverneurs et administrateurs d'une contrée en étaient devenus les possesseurs, sous les noms de *comtes, ducs, marquis, barons,* etc. Leur omnipotence s'accrut encore au commencement de la troisième race.

La royauté ne se laissa point dépouiller sans lutte. Trop faible pour retenir la plénitude du pouvoir, elle s'efforça de conserver un droit d'ingérence dans ces principautés. Elle réussit en abritant de sa protection contre ces petits despotes les populations opprimées. Elle restait juge, en dernier ressort, des différends qui survenaient entre les peuples et les seigneurs.

Les rois envoyaient donc dans les provinces des personnes d'autorité, tirées du corps de la noblesse, pour recevoir les plaintes immédiates des administrés. Ces officiers étaient appelés *baillis*, parce qu'ils avaient, pour ainsi dire, le bail, la garde et la tutelle des sujets ; et l'on appelait *bailliage*, soit l'office de bailli, soit le tribunal composé de juges rendant justice avec le bailli, ou en son nom ; soit le lieu des séances de ce tribunal ; soit enfin le ressort ou l'étendue de son territoire.

Avec le temps, les baillis, de nomades et temporaires qu'ils étaient, devinrent une institution fixe et permanente. Mais, grâce à cette transformation, peu à peu leurs titres et leurs prérogatives devinrent purement honorifiques. Ils avaient légalement le droit de présider à tous les jugements, soit à l'audience, soit à la Chambre du conseil ; mais, par le fait, c'était le lieutenant général, le prévôt, ou tout autre officier qui rendait les arrêts au nom du bailli.

A mesure que le pouvoir royal gagnait du terrain, les bailliages devenaient plus nombreux. On finit même par créer un bailli dans chaque ville un peu importante par sa population, lorsqu'elle reconnaissait l'autorité du roi.

Moret était dans les conditions voulues pour être

le siège d'un bailliage. On ignore à quelle époque la justice y fut organisée sous cette forme. Mais nous ne croyons pas nous tromper en affirmant que ce fut sous Henri III, alors que Moret fut érigé en comté proprement dit par ce monarque, en faveur de la reine-mère Catherine de Médicis.

Ce que l'on sait positivement, c'est que le bailli de Moret tenait ses assises deux fois l'an, à la Pentecôte et à la Saint-Martin d'hiver.

Le bailliage royal de Moret était à la fois civil, criminel et de police. Il se composait d'un grand bailli d'épée, d'un lieutenant général, d'un procureur du roi, assisté de son conseiller, d'un greffier triennal, de plusieurs avocats, de quatre procureurs, de deux huissiers de police, de plusieurs autres huissiers exerçant près le bailliage, de trois notaires en résidence à Moret, et de trois autres notaires résidant aux villages de Thomery, Montigny et Villecerf, enfin d'un contrôleur des actes.

On montre encore dans la ville les bâtiments de l'ancien bailliage. Quand vous descendez la grand'rue, en passant devant l'Hôtel de Ville, regardez sur votre droite, vous apercevez successivement trois ou quatre maisons bourgeoises, avec des portes d'entrée, sculptées, élégantes, encore fraîches, notamment celle du n° 3o, où se voit toujours, gravée sur une pierre, au-dessus de l'imposte, cette légende significative : *Concordiâ res parvœ crescunt (La concorde fait prospérer les moindres choses)* : saluez les restes de l'ancien bailliage de Moret. C'est là qu'au nom du roi, le peuple trouvait justice contre ses oppresseurs.

Un autre témoignage de l'importance de Moret, c'est le droit d'octroi dont la ville jouissait anciennement.

On appelait *octroi* le droit *octroyé* par le roi à certaines villes privilégiées, de percevoir une redevance sur les vins de commerce qui entraient dans lesdites villes. Les deniers qui en provenaient devaient être employés aux usages indiqués par Sa Majesté. C'est à titre de libéralité gratuite que le roi faisait ces sortes de concessions aux villes importantes.

La première concession d'un octroi a été faite à la ville de Moret, sous Henri III, par lettres patentes du 6 décembre 1582, enregistrées à la cour des comptes le 10 mars 1584.

Cet octroi consistait dans la perception d'un sou par muid de vin passant sous le pont de la ville, et au détroit des rivières de la Seine et du Loing. Le revenu était partagé par moitié entre le roi et la ville. La part communale était destinée aux réparations des murailles, pont, pavé et chaussées des rues.

Ce droit d'octroi a été renouvelé et confirmé à plusieurs reprises, notamment en 1601, par Henri IV, avec augmentation de deux deniers ; et en 1618 par Louis XIII, qui ordonna que la moitié du produit serait consacrée aux réparations du château, des bâtiments, jardins, canaux, etc., et l'autre moitié à l'ornement et à la décoration de la ville, pour la rendre plus digne de son titre de cité royale.

En 1639, les besoins étaient extrêmes. Les comptes de la ville accusaient un déficit de 36,000 livres, par suite de dépenses urgentes et du peu de ressources de ses habitants. Le conseil d'Etat informé de cette situation par l'intendant des finances, Nesmes, examina la question et, sur son avis, le roi, par arrêt du 8 novembre 1642, octroya à la ville un délai de trois ans pour payer sa dette, mais sans accorder l'augmentation d'impôt que lui demandait la ville sur le passage des vins.

Un état des recettes et des dépenses des octrois de Moret, dressé par ordre supérieur, en 1690, arrête le compte des recettes à 2,650 livres, et les charges à 1,507 livres y compris 662 livres, c'est-à-dire le quart de la recette, destiné aux réparations du château, et un arrêt du conseil du 13 février 1691 ordonne que les 1,143 livres restant seront employées aux réparations de la ville et à l'acquit des dettes de la commune.

Un demi-siècle plus tard, en 1742, le bail des octrois rapportait à la ville de Moret la somme de 8,540 livres, et les années 1752, 1753, avec les neuf premiers mois de 1754, produisaient un total de 22,051 livres, 11 deniers.

En 1777, des lettres patentes réglementèrent de nouveau la perception des droits d'octroi, autorisant la ville de Moret à percevoir trois sous par muid de vin, mesure de Paris, passant au détroit de Saint-

Mammès, et venant de la rivière de Seine, et pareil droit sur ceux qui venaient par le canal et la rivière du Loing.

La perception des droits d'octroi cessa pendant la Révolution. Rétabli plus tard, l'octroi a fini par succomber complètement sous le coup de la réprobation générale.

V

Le premier de nos rois qui laissa des traces mémorables de son séjour à Moret, c'est Louis VII, dit Louis le Jeune ou Louis le Pieux. Il y faisait de fréquentes résidences ; c'était sa demeure de prédilection.

Les seigneurs féodaux donnaient alors des ennuis à la royauté. Que serait devenue la France, livrée à la turbulence de ces mille petits tyrans, sans les croisades qui offrirent un beau et vaste champ à leur ardeur belliqueuse ? Louis le Jeune eut plus d'une fois l'occasion de réprimer leur insolence. Ce fut une de ses glorieuses occupations pendant son règne. Quelques faits de ce genre se rattachent à l'histoire de Moret, et méritent de nous arrêter un instant.

Vers la fin du douzième siècle, le comte de Clermont, aidé du concours du vicomte de Polignac et du comte du Puy, ravagea les biens et les terres de l'église de Clermont. Le roi se mit aussitôt en campagne, leur livra bataille, les vainquit et les emmena prisonniers. Il ne les rendit à la liberté qu'après leur avoir fait jurer qu'ils cesseraient leurs honteuses et sacrilèges déprédations.

Cet exemple n'effraya pas le comte de Châlons, qui persécutait, de son côté, les moines de Cluny, et en avait fait déjà massacrer un assez grand nombre. Le châtiment ne se fit pas non plus attendre. Le roi marche contre lui, s'empare de Châlons et de tout le comté, et le partage par moitié entre le duc de Bourgogne et le comte de Nevers.

Ce dernier, peu reconnaissant et peu intimidé par la juste sévérité du monarque, ne craint pas de soulever le bourg de Vézelay contre l'abbé de Cluny qu'il avait pour seigneur. Les religieux, poussés à une telle extrémité qu'ils en étaient réduits à mourir de faim, allèrent à Paris se jeter aux pieds du roi. *Ce bon prince, dit Velly, sensible à leur misère, prit en main leur cause.* Il part de nouveau à la tête d'une armée, triomphe des rebelles, et force le comte de Nevers de se rendre à Mort pour comparaître devant les évêques assemblés (en 1154). Là, le coupable, prosterné, implore son pardon, renouvelle son serment de fidélité, et s'entend condamner à payer aux religieux, victimes de son insolence, une juste indemnité, et à les laisser enfin vivre en paix.

Jusqu'à Louis VII, Moret, on ne peut en douter, avait possédé une église ; mais l'histoire n'en dit mot, et c'est au règne de ce prince que l'art fait remonter l'église actuelle, d'accord en cela avec la tradition, qui fixe à l'année 1166 la consécration du nouvel édifice (1), célébrée par saint Thomas de Cantorbéry. C'est à peu près dans le même temps que Louis le Jeune faisait construire, dans son manoir de Fontainebleau, la chapelle dédiée à saint Saturnin, laquelle fut, comme l'église de Moret, consacrée par le saint évêque de Cantorbéry, alors exilé en France.

L'église de Moret conserve encore l'étole et le manipule dont le prélat consécrateur se servit pour la bénédiction de l'église. C'est du moins ce qu'affirme la tradition, confirmée d'ailleurs par la vétusté de ces vénérables reliques.

L'église de Moret est à la fois le monument le plus ancien et le mieux conservé de l'ancienne ville royale.

Quand ce monument fut construit, l'art religieux touchait à son apogée, et cette église est un des plus purs et des plus beaux édifices du style de l'époque ogivale. S'il est vrai, comme l'affirment les ethnographes les plus compétents, que le génie de chaque siècle se peint dans ses œuvres, on a lieu de s'étonner

(1) Plusieurs archéologuees veulent que l'Eglise de Moret ne remonte pas au-delà du xiii° siècle. Leur opinion ne nous paraît pas une raison suffisante pour abandonner la tradition *historique*, qui fixe à l'année 1166 la consécration de l'Eglise. Dom Morin atteste, et il avait dû s'en convaincre par lui-même, que c'était la date conservée dans les archives mêmes de l'Eglise de Moret, lesquelles, hélas ! sont aujourd'hui perdues.

d'entendre une certaine classe d'historiens jeter de
concert le mépris à ce moyen-âge **comme à une
époque** de barbarie. Les monuments incomparables
que le moyen-âge nous a laissés ne se dressent-ils
pas comme de vivants témoins, pour donner à cette
accusation un solennel démenti ? Ce sont, assurément, les grands génies qui font les grands chefs-
d'œuvre. Mais de toutes les œuvres d'art, celles qui
offrent, avant toutes les autres, le *criterium* de la
supériorité, ce sont sans contredit les monuments de
l'architecture. Tous les autres arts, ceux surtout qui
passent pour les plus nobles, la peinture, la sculpture, trouvent leurs modèles dans la nature et sous
leur main, tandis que l'architecture est obligée de
les chercher en elle-même et de tout créer. On peut
donc dire que le caractère d'un siècle se révèle surtout par son architecture. A ce titre, le moyen-âge
doit être proclamé l'époque du génie par excellence.

Quant à notre siècle, s'il était sans rival, comme
on se plaît à le dire, il eût créé des œuvres d'art ori-
ginales, devant lesquelles devrait s'incliner tout ce
que le génie de nos pères offre à notre admiration ;
mais il arrive, au contraire, que nos plus célèbres
contemporains sont avant tout imitateurs ; et, en
architecture, comme dans tout le reste, ils n'élèvent
sous nos yeux que des monuments du plus bizarre
composite et de la plus prosaïque imitation.

Mais au douzième et au treizième siècle, le génie
religieux, qui semblait bâtir pour l'éternité, élevait
ces impérissables et superbes basiliques où tout parle

aux yeux et au cœur. Dans l'immensité de l'étendue, dans l'élancement des colonnes, dans l'élévation des voûtes, dans cette tendance générale à tout diriger vers le ciel, ne reconnaît-on pas la vivacité de la foi, l'ardeur de l'espérance et une exhortation faite aux hommes de diriger en haut leurs pensées, leurs sentiments, leurs œuvres ? La religion exaltait les âmes et le génie.

Quoique construite dans de moindres proportions que les grandes cathédrales, l'église Notre-Dame de Moret peut soutenir le parallèle avec ces incomparables monuments pour le fini du travail.

VI

Description de l'église à l'intérieur

Comme la plupart des églises du temps, celle de Moret est construite sous la forme d'une croix latine. L'intérieur se compose de trois nefs, dont l'une principale ou grand'nef, les deux autres latérales et moins élevées, et toutes trois coupées par les branches du transept.

La grand'nef donne accès dans les bas-côtés par quatre travées, la première en anse de panier, les trois autres en ogives aiguës, dont les tores sont supportés par un faisceau de colonnettes avec chapiteaux à crosses de différents modèles. Ces chapiteaux servent de point d'appui aux nervures de la voûte. Cette voûte dépasse 21 mètres de hauteur. La longueur totale de la grand'nef jusqu'à la marche du cœur est d'environ 28 mètres, et la largeur totale de l'église, compris les bas-côtés, est de 17 m. 30. Le chœur seul a 17 m. 80 de long, sur 7 m. 80 de large.

Au-dessus des grandes baies qui séparent les travées, est le *triforium* représenté par des arcades géminées pleines ; au-dessus de ces dernières est un troisième étage de baies composé de quatre fenêtres du côté gauche et trois seulement du côté droit, à cause de la tribune de l'orgue. Ces fenêtres sont séparées en trois parties par des meneaux. Les grandes ogives qui donnent entrée dans les bas-côtés sont surmontées d'une frise courante ornementée en partie de feuilles de chardon, au milieu desquelles on distingue un oiseau de nuit, le reste est simplement composé de divers feuillages avec crosses, dans le style du treizième siècle. Sur les colonnettes qui séparent les travées sont peintes à fresque, sur des cartouches en plâtre, des personnages qui représentent saint Pierre, saint Paul et d'autres saints paraissant être aussi des apôtres. Ces peintures, au nombre de huit, et déjà bien endommagées, sont à remarquer comme de véritables raretés, à cette place et sous cette forme.

Du côté droit, au-dessus de la première arcade, se voit un buffet d'orgues, monté sur une tribune qui date de la Renaissance. Cette tribune est surmontée de sculptures on ne peut plus intéressantes par le fini du travail et la variété des dessins. Au-dessous du meuble se détache un double rang de pendentifs à figurines qui aiguillonnent la curiosité par la bizarrerie et la diversité de leurs formes. Sur les vantaux de la montre étaient peintes, d'un côté, sainte Cécile, et, de l'autre, les armes de la ville, c'est-à-dire, un écusson à fond d'azur argenté, avec une tête de nègre, la vue bandée d'un linceul blanc, et, au-dessous de ce buste, trois fleurs de lys, signe distinctif des armes de France ; le tout surmonté d'une couronne de comte. La peinture maintenant effacée qui relevait de son coloris tout cet ensemble, devait être d'un bel effet. Mais, dans ce monument, le travail du sculpteur n'a pas, comme celui du peintre, subi l'injure du temps, et il conserve tout son cachet d'antiquité.

L'orgue qui, jadis, du haut de cette tribune, jetait ses puissants accords dans l'enceinte sacrée du temple était, si l'on en croit une tradition locale, un don de la reine Blanche de Castille, mère de saint Louis. Cette origine rendrait plus regrettable sa destruction. C'était un huit pieds. Pendant de longues années, les Delacourcelle, de père en fils, ont pourvu avec un soin pieux à sa conservation. L'un d'eux, organiste de l'église de Moret pendant 3o ans, et décédé en 1761, eut les honneurs de la sépulture dans le lieu saint. Le dernier organiste de cette ancienne famille, dont le nom s'est éteint en 1832, disait de son vivant : *Après moi, l'orgue sera condamné au silence.* Il fut malheureusement prophète. Le reste des tuyaux, derniers débris du vénérable instrument, furent vendus 100 francs par la fabrique, en 1870. Un simple *harmonium* le remplace aujourd'hui, appelant pour ainsi dire, par l'insuffisance de ses accords, l'établissement d'un nouvel orgue plus digne de cette tribune, et qui réponde par son harmonie à l'harmonie de l'édifice.

Au bas de l'église, du côté gauche, est une cuve

baptismale en une seule pierre, ornée de chaque côté d'un cartouche à fleurs sculptées qui accuse une œuvre du XIII° siècle.

Près du baptistère, on remarque une curieuse crédence du XVI° siècle formant piscine, et servant de socle à une statue de la Vierge, de la même époque.

Chaque bas-côté est éclairé par quatre fenêtres géminées, se terminant, les unes en forme de trèfles ou de lis, les autres en ogives. Mais la grande voussure est toujours ogivale et percée à jour, soit par un œil de bœuf, soit par un lis ou trèfle. Il y a peu d'années, ces fenêtres ont été ornées de vitraux en mosaïque avec médaillons au milieu.

La voûte de ces bas-côtés, du sol à la clef, s'élève à une hauteur de 6 m. 45 du côté gauche, et 6 m. 80 du côté droit.

L'aile gauche du transept, c'est-à-dire le côté nord, est terminé par un autel dédié à la sainte Vierge. Il se compose d'un retable en menuiserie, style Louis XV, soutenu par deux colonnes et deux piliers plats, cannelés, ornés de chapiteaux corinthiens. L'aile droite, ou côté du midi, se termine par un autel de saint Joseph, en bois de chêne sans ornements ; c'est l'ancien maître-autel surmonté du rétable de l'ancienne *chapelle de Pitié*, où se voit encadré un intéressant tableau représentant la Mère des douleurs assise sur un nuage, le cœur percé de sept glaives, et à ses pieds un groupe de personnages suppliants, la scène est touchante ; cette toile est un *ex-voto*.

Le bas-côté droit se continue au-delà du transept, et va former, parallèlement au sanctuaire, une chapelle dédiée à saint Vincent, patron des vignerons, qui forment la majeure partie de la population de Moret. Le retable encadre une toile qui représente l'image en pied du saint. Le peintre n'a pas manqué de tracer, au fond du tableau, l'église et la tour de Moret, c'est à peu près son seul mérite (1).

A droite de cette même nef, en face du chœur, sont deux arcades dont l'une forme l'entrée de la sacristie et qui est du xvie siècle ; l'autre, fermée par une cloison qui encadre le confessionnal, est du xve siècle ; la partie aujourd'hui murée par cette cloison et qui est annexée à la sacristie, était auparavant une chapelle dédiée à *Notre-Dame de Pitié*. On remarque dans cette chapelle, au sommet ogival de la fenêtre, un reste d'une ancienne **verrière** représentant la Vierge, qui tient l'enfant Jésus. C'est, selon toute apparence, la dernière fleur d'un arbre de Jessé, riche débris d'un beau vitrail, qui ornait jadis cette fenêtre.

Dans la partie de la sacristie contiguë à l'ancienne *Chapelle de Pitié* se voient aussi de beaux **restes** d'anciennes verrières représentant la naissance de Jésus-Christ et les scènes de la nuit de Noël.

(1) Cet autel de Saint-Vincent transporté au bas du bas-côté droit de l'Eglise a fait place, en 1907, à un autel dédié au Sacré-Cœur élevé par souscription par les soins de M. le curé-doyen Deshogues.

X...

Ces annexes latérales qui communiquent avec l'église ont été construites par la piété des comtes de Moret, le marquis de Vardes et le duc de Rohan ; et la *Chapelle de Pitié* servit de lieu sépulture à ces nobles familles.

Parmi les curiosités de la sacristie, nous ne pouvons omettre de signaler une très ancienne porte en chêne, munie d'une vieille armature en fer forgé et d'une serrure en bois non moins curieuse, avec sa clef antique.

En face de cette porte, on en voit une autre qui attire aussi l'attention par des sculptures anciennes, représentant des saints, au nombre de six, sur deux panneaux. Elle sépare les deux pièces de la sacristie (1).

Le bas-côté gauche ne se prolonge pas comme l'autre, à cause de la tour, supportée par de gros murs qui rompent en cet endroit l'harmonie de l'édifice. Un tel défaut ne devait pas exister dans la construction primitive. Ce bas-côté s'arrête à la hauteur du transept. Là, une porte cintrée qui jure au milieu de toutes les belles ogives de l'église, donne entrée sous la tour et conduit à une chapelle où se voit un calvaire de construction moderne et

(1) Cette porte se trouvait dans les magasins de M. Bernard Goua, charpentier à Moret, qui, sur la demande de M. le Curé, s'empressa de l'offrir gratuitement à l'église, en juillet 1874. On ignore son origine, mais elle doit être un précieux reste de quelque ancienne église ou chapelle de Moret ou des environs.

formé de blocs de grès pris dans la forêt de Fontainebleau. Ce calvaire disposé avec goût a fait donner à
cette chapelle le nom de *Chapelle du Calvaire* ; elle
sert en même temps de chapelle des catéchismes.
C'était autrefois la *Chapelle de Saint-Roch.*

Le chœur est la partie la plus ancienne et la plus
intéressante de l'église.

L'abside est assez bien conservée ; mais les deux
côtés du chœur ont par l'injure du temps subi une
détérioration considérable.

L'abside, de forme circulaire, est éclairée par trois
étages de fenêtres superposées. Celles d'en bas, au
nombre de trois, sont des fenêtres simples, grandes,
ogivales, et ont reçu, en 1874, des vitraux peints,
en exécution d'un legs du dernier curé, M. Ytasse.
Elles sont surmontées d'un cordon composé d'une
série de petites têtes de clous entre deux boudins, et
qui se prolonge sur les côtés du chœur.

Au second étage est le *triforium.* Derrière trois
grandes baies rondes passe une galerie, pratiquée
dans l'épaisseur du mur et faisant communiquer
ensemble les deux côtés de l'édifice. Sur la partie
extérieure du mur sont trois grands œils-de-bœuf
correspondant aux trois ronds vides dont nous
venons de parler et garnis de vitraux de couleur
découpés en mosaïque. Ce genre de fenêtre, d'un
bel effet, est une des raretés particulières de l'église
de Moret.

Au-dessus de ce rang de fenêtres, pour les séparer
de l'étage supérieur, règne une frise d'un très bel

effet, composée d'une suite de trèfles et de lis alternés, et qui, comme le cordon dont il est parlé ci-
dessus, se prolonge sur les côtés du chœur.

Les fenêtres du haut, sont également au nombre
de trois, géminées, ogivales et couronnées d'un œil-
de-bœuf. Celle du milieu est ornée d'un vitrail
représentant la sainte Trinité ; les deux autres sont
en mosaïque. Au bas de chacune de ces fenêtres est
le buste en pierre sculptée d'un personnage difficile à distinguèr. Celui du milieu a une tête couronnée et tient dans les mains un écusson.

Le côté droit du chœur, le moins endommagé, est
soumis en ce moment à une magnifique restauration
qui s'achève (fin 1888). Les trois colonnes qui séparent cette partie en quatre travées avaient perdu leur
équilibre, ce qui avait nécessité la fermeture de deux
de ces travées par un mur plein. Les colonnes viennent d'être redressées, et l'on voit maintenant quatre
belles arcades à jour, au-dessus desquelles est le *tri-
forium* formé de quatre ouvertures ogivales trigéminées, dont les parties sont séparées par deux
colonnettes jumelles du plus gracieux effet. L'ogive
principale de chaque fenêtre est percée d'un œil-de-
bœuf entouré de têtes de clous et de roses alternées.

Au-dessus du triforium est un troisième rang de
fenêtres séparé du second par une belle frise de
trèfles et de lis alternés, qui est le prolongement de
celle de l'abside.

Les fenêtres de ce troisième étage sont géminées,
et les parties en sont séparées par de simples

meneaux. Elles sont, comme les précédentes, surmontées d'un œil-de-bœuf occupant l'ogive principale et entouré, au dehors et au dedans, comme les
autres ronds semblables, de clous et de roses alternés.

Les différentes travées de ce bas-côté sont séparées
par d'élégantes colonnettes qui vont se perdre dans
les nervures de la voûte auxquelles elles servent de
base. Celle du milieu forme un faisceau de trois
colonnettes, et s'élève jusqu'à la voûte sans solu-
tion de continuité. Les deux autres, à droite et à
gauche de la précédente, sont simples et forment, à
la hauteur du troisième rang de fenêtres, un joli
chapiteau finement sculpté représentant des scènes
de vendanges tout à fait à leur place dans le lieu où
se célèbre le saint sacrifice, et dans un pays essen-
tiellement vignoble.

Ces trois étages d'ogives, en même temps très ré-
gulières et très variées, avec leurs colonnes, leurs
chapiteaux, leurs frises et leurs ornementations
diverses, sont d'un effet grandiose, et maintenant
qu'une intelligente restauration (1) rend à cette
partie de l'église son aspect primitif, on peut dire
que ce chef-d'œuvre du xiii° siècle est la partie la
plus intéressante de tout l'édifice, et l'artiste ou le
simple amateur qui porte ses regards de ce côté, ne
peut se défendre de contempler avec admiration cet
ensemble d'une harmonie et d'une perfection inimitables.

(1) Par M. Sauvageot, architecte de l'État.

Quant au côté gauche, composé tout entier d'un mur plein, du haut en bas, il est malheureusement condamné à rester ce qu'il est, tant qu'il supportera la tour. Cette tour, d'une construction qui, de loin comme de près, flatte agréablement le regard, date seulement du xvie siècle. Le grand mur dont nous venons de parler est lui-même d'une date relativement récente. Les traces d'ogives, de colonnes et de chapiteaux qu'on y remarque encore indiquent assez que, primitivement, ce côté était semblable à l'autre. L'époque et la cause de la construction de cette massive muraille sont inconnues. Est-elle contemporaine de la tour ? Peut-être, pour la partie qui sert à cette tour de point d'appui, et où se trouvent le mieux conservées les vestiges de l'état primitif. Quant au reste, si l'on croit une obscure tradition, il aurait été bâti à la suite d'un ébranlement considérable produit par la foudre.

Avant de détourner nos regards de cette intéressante partie de l'église, jetons les un instant sur cette voûte élancée qui s'élève comme la nef, à près de 22 mètres de hauteur.

Le chœur que nous venons de décrire succinctement était jadis séparé de la grande nef par un magnifique jubé qui n'existe plus.

Les grandes églises du xiie siècle étaient toutes munies de leur jubé, sorte de tribune construite, à l'entrée du chœur, avec tout le luxe de l'architecture et de la statuaire. C'est de ce point élevé que se faisait la lecture de l'épître et de l'évangile pendant l'office divin. Malheureusement, un déplorable esprit de destruction fit main basse sur presque tous les beaux jubés du moyen âge. Ils masquaient, il est vrai, le chœur et le sanctuaire. Mais ce n'était pas sans dessein que la foi de nos pères laissait planer le mystère sur le Saint des Saints qui s'ouvre aujourd'hui de toutes parts. Aussi, l'on voit des indiscrets porter l'audace de leurs irrévérences jusqu'au pied de l'autel où Dieu réside. La religion n'a donc rien gagné à la démolition de ces clôtures sacrées qui défendaient le sanctuaire contre l'accès des profanes. L'église de Moret, comme tant d'autres a perdu son magnifique jubé.

Ce jubé en chêne sculpté, couleur naturelle, était un chef-d'œuvre par la délicatesse du travail. On y montait par un escalier peu visible, situé du côté droit. Cette sorte de longue tribune où se chantait l'Evangile, aux jours de solennité, avait, sur le devant, quarante-quatre pieds de long sur six de haut, non compris les piliers et les lanternes. Il était orné de figures en bas relief inimitables, et de statues placées dans d'élégantes niches.

Ce petit chef-d'œuvre avait été construit à Paris, en 1635, et payé, rendu au port de Moret, 652 livres 10 sous, et estimé plus tard 10.000 francs. Il occupait encore sa place en 1777, lorsque la fabrique dépensa 96 livres pour le mettre en peinture. On ne l'y retrouve plus lors du rétablissement du culte après la révolution. Quoique nous n'ayons trouvé nulle part la date de sa destruction, tout laisse à supposer que

sa disparition fut un acte de vandalisme révolutionnaire.

On doit encore aux lâches démolisseurs de 93 la
perte de 48 stalles magnifiques qui ornaient le
chœur de l'église. On y admirait des sculptures d'un
grand prix, des figurines représentant les mystères
de la passion, les douzes apôtres en pied placés aux
entrées des hautes stalles, et une infinité d'autres
saints et saintes en relief et très estimés.

Nous n'en finirions pas s'il nous fallait signaler
toutes les déprédations dont l'église de Moret fut
victime, à cette triste époque.

Parmi les richesses inappréciables dont elle fut
dépouillée, nous nous contenterons de mentionner
encore :

Un lutrin de toute beauté, surmonté d'un aigle, et
qui passait pour un des quatre chefs-d'œuvre de ce
genre existant en France ;

Un magnifique candélabre orné de symboles religieux, destiné à recevoir le cierge pascal ;

Des vases sacrés d'une grande richesse notamment
un calice en vermeil rehaussé de pierres précieuses
enchassées dans l'or ;

Des ornements d'or fin enrichis de riches broderies ;

Dans la nef, un superbe lustre à douze branches ;

Une quantité de tableaux de prix, mais surtout six
de premier mérite, qui, placés au dessus des ogives
latérales de la grande nef, ornaient les deux côtés de

cette nef. Ils représentaient les grands mystères de la Sainte Vierge et de Notre-Seigneur.

De nombreuses sépultures ont eu lieu, à travers les âges, dans différents endroits du sol de l'église, comme l'attestent les pierres sépulcrales qui recouvraient ces tombes. Les plus intéressantes et les mieux conservées de ces pierres ont été levées, ces dernières années, et dressées contre le mur, au bas de l'église pour préserver ce qu'il en reste des ravages du temps. La plus remarquable de toutes est celle de la marquise de Vardes, la célèbre Jacqueline de Beuil, comtesse de Moret. L'inscription qu'on y grava, quoique altérée en partie, est presque entièrement visible. En la parcourant des yeux, on s'émeut malgré soi devant la noblesse qui se dégrade et devant le repentir qui se relève dans l'expiation et la bienfaisance.

Avant de quitter l'intérieur de l'église, disons aussi un mot du trésor de reliques qu'elle possède.

Avant la révolution, l'église de Moret était en possession de trois châsses qui renfermaient de précieuses reliques.

La première châsse, contenant des reliques très authentiques de saint Bonose, de saint Juste et de saint Prix était en bois noir, garnie d'ornements en cuivre très élégants, et très riches, remontant à l'année 1719. Elle appartenait au couvent des religieuses Bénédictines de Moret, et, au départ des religieuses, en 1783, elle fut par ordre du cardinal de Luynes, archevêque de Sens, transférée dans l'église paroissiale.

La deuxième châsse, en bois doré, avait été achetée par la fabrique, en 1750, pour réunir ensemble toutes les nombreuses et très précieuses reliques que possédait l'église à cette époque.

La troisième châsse, dite de *saint Blaise*, renfermait, outre des reliques de ce saint martyr, des ossements précieux de saint Julien, de saint Prix et de sainte Marie-Madeleine, et était l'objet d'un grand concours de peuple, à Pont-Loup, le 3 février, fête de saint Blaise. On y invoquait particulièrement ces saints contre la rage, et l'on mettait sous la protection de saint Blaise les jeunes enfants. Les faveurs signalées qu'on obtint donnèrent naissance au pèlerinage du 3 février.

Cette châsse qui appartenait à l'église de Pont-Loup fut, lors de la suppression du prieuré, transférée aussi dans l'église paroissiale.

Ces trois châsses furent, pendant la révolution, sauvées de la profanation par la piété des fidèles, et, après la tourmente, restituées à l'église. Notons en particulier, que lors de la vente aux enchères du mobilier de l'église, en 1793, la seconde châsse en bois doré fut achetée par un pieux habitant de Moret, appelé François Rabotin, qui la conserva précieusement avec ses reliques et ses authentiques, et, le 6 juillet 1795, fut heureux de la rendre gratuitement à l'église.

L'authenticité des reliques des deux premières

châsses, appuyée sur les témoignages des anciens et sur les divers procès-verbaux placés sous scellés dans les châsses mêmes, n'a jamais pu faire l'objet du moindre doute.

Il n'en fut pas de même de l'ancienne châsse de Pont-Loup. Elle était bien restée intacte avec ses différentes reliques qu'on vénérait jadis dans l'église de Pont-Loup. Mais comme on n'y trouva aucun certificat d'authenticité, l'évêque de Meaux, Mgr Allou, par un excès de scrupule, ordonna au curé de Moret, en 1858, de déposer respectueusement ces ossements dans le cimetière, comme l'atteste une déclaration signée de M. Ytasse, curé, qui mit à exécution l'ordre épispocal.

Avant la *révolution* se célébrait très solennellement à Moret, le dimanche après le 12 juilet, ce qu'on appelait la *Grande fête des Reliques*. Les châsses étaient portées processionnellement autour de la ville, au milieu d'un concours immense de fidèles accourus de toutes les paroisses circonvoisines. Suspendue pendant la révolution, cette magnifique solennité est, depuis lors, tombée en désuétude. Espérons que ce ne sera pas pour toujours, et que, grâce à la résurrection générale des pélerinages qui rentrent dans nos mœurs, à la grande satisfaction des populations qui y trouvent un double intérêt, il viendra un temps où les ressources et la piété des fidèles permettront de rendre aux châsses de l'église de Moret leur fraîcheur, et à la fête des Reliques sa pompe religieuse.

VII

Description de l'église à l'extérieur.

Le dehors de l'église n'est pas moins digne d'attention que l'intérieur.

Le portail, moins ancien que le reste, appartient à l'époque du style ogival tertiaire ou flamboyant. Il se présente dans sa véritable orientation. Il est flanqué de quatre contreforts. Ceux de ces contreforts qui sont les plus rapprochés du centre encadrent un arc ogival dont le retrait contient quatre voussures différemment ornementées. La première est remplie par ces sortes de plantes que l'on retrouve presque toujours dans les monuments voisins de l'époque de la renaissance. La seconde arcade contient une torsade prismatique d'un bel effet ; la troisième est ornées de festons trilobés ; et la dernière répéte, dans des proportions plus minimes, à peu près la même ornementation végétale que celle qui décore la première. On ne vous pardonnerait pas de porter vos yeux plus haut, sans avoir remarqué, du côté droit, la truie qui ronge un gland et allaite ses petits. Allusion maligne selon le goût du temps.

LE PORTAIL DE L'EGLISE NOTRE-DAME
ET LA MAISON DU SUCRE D'ORGE
DES RELIGIEUSES DE MORET (XV° SIÈCLE)

Le tympan est complètement à jour et formé par des ornements du style flamboyant. Les principales moulures qui partent à droite et à gauche du trumeau forment deux ogives laissant entre elles un espace en accolade.

La porte d'entrée offre deux ouvertures, séparées par un piédestal supportant une statue de la Vierge. La statue primitive, largement sculptée dans un bloc de pierre, sous une forme colossale, avec son cachet d'antiquité, occupait dignement cette place. Sa tête et celle de l'enfant Jésus ont été brisées pendant l'occupation allemande de 1870. Le vandale français qui a commis cet acte de bravoure n'a bien sûr pas même touché au cheveu d'un prussien. Cette statue mutilée qui, espérons-le, reprendra sa place après restauration, est remplacée aujourd'hui par une autre qui a le tort d'être un ornement moderne sur un vieil édifice. Sur le bord saillant du piédestal de la statue est une inscription aux trois quarts mutilée, qui paraît reproduire les noms et qualités du maçon ou artiste qui contribua pour sa part à la décoration de l'édifice.

De chaque côté du portail, et sous le retrait de la troisième voussure, se trouvent des niches couronnées d'un dais ; elles étaient occupées par deux statues représentant, l'une sainte Anne qui instruit la sainte Vierge, l'autre saint Jean l'Evangéliste portant un calice surmonté d'une hostie. Cette dernière a été remplacée par un saint Sébastien.

Une frise ornée de feuillages s'étend entre les deux

contreforts, et au-dessus d'elle se profile la balustrade d'une galerie derrière laquelle monte une large fenêtre géminée, portant à sa pointe une rosace à six lobes. Au-dessus de cette fenêtre règne une autre frise ou corniche, d'où part un pignon aigu couronné d'un ange pour fleuron. Les contreforts sont ornementés sur chacune de leurs faces; et deux gouttières ou gargouilles, placées l'une à droite et l'autre à gauche, au niveau de la balustrade projettent en avant leurs formes contournées, bizarres et fantasques, qui portent le cachet du xvi° siècle.

Plus anciens que le portail sont les côtés de l'édifice qui s'y rattachent, formant cet ensemble qui nous donne un spécimen exact de l'architecture flamboyante du xvi° siècle, jointe et soudée à celle plus grave, plus sévère et plus pure du xii° et du xiii°.

C'est seulement à partir du développement du transept que l'on s'aperçoit à l'extérieur de ces différents modes d'architecture concourant à former tout le monument. Le croisillon sud est terminé par une petite porte à colonnes garnies de chapiteaux à crosses. Au-dessus règne une espèce de galerie composée de quatre fenêtres ou ogives, soutenues par des colonnettes en faisceaux. Plus haut, une large ouverture ogivale, formant quatre divisions dont chacune se partage en deux par des meneaux cylindriques, et dont le sommet est rempli par trois cercles, le plus grand est placé à la partie supérieure.

Toute cette façade du midi, si svelte, si élégante, si délicate, est en même temps une des parties les plus compromises de l'édifice, ne se soutenant maintenant qu'au moyen de deux poutres transversales qui relient et consolident le tout ensemble, à l'intérieur de l'église.

Le croisillon nord reproduit à peu près la même ornementation que celui du sud, et n'en diffère que par sa galerie, qui est bouchée, et par la petite porte d'entrée, qui a de plus que l'autre deux pilastres plats surmontés d'un fronton, en dehors de ces colonnettes en retrait. Cette porte à laquelle est adossé l'autel de la sainte Vierge, est aujourd'hui condamnée (1).

Les arcs-boutants du chœur, en partie détruits, du côté gauche, viennent d'être refaits à neuf ; ceux du côté droit, reconstruits dans de mauvaises conditions, il y a quarante ans, vont subir aussi une restauration devenue **nécessaire.**

Les fenêtres qui éclairent la partie absidale sont décorées, celle du bas d'une archivolte à dents de scie ; et celles du haut, de fleurons et de têtes de clous. On retrouve encore le même motif de dents de scie dessiné en archivoltes et en cordons sur les murs de la nef du nord.

Les flancs de l'édifice sont soutenus par huit contreforts terminés en clochetons fleuronnés.

(1) La toiture du dôme du transept était autrefois surmontée d'une croix très élevée, appelée la *croix anglaise,* parce qu'elle avait été posée par les anglais constructeurs de l'Eglise. Elle fut renversée par les iconoclastes de 93.

A l'angle formé par le transept et la basse nef du nord, s'élève la tour carrée servant de clocher. Sur chacune de ces faces s'ouvrent deux baies garnies de leurs abat-sons. Ces baies sont en ogives trilobées et leurs archivoltes reposent sur des animaux chimériques. A l'angle extérieur, du côté de l'abside, est plaqué un tourillon octogone, espèce de cage d'escalier, dont la pointe conique, couronnée d'une toiture en ardoises, atteint le dessous de la balustrade de la tour. Cette balustrade, découpée à jour dans le style du xvie siècle, et au-dessus de laquelle s'élève une flèche pyramidale, trop peu élancée et couverte aussi en ardoises, est flanquée, à chacun de ses angles, de pinacles fleuronnés, dont l'un fut enlevé en 1814 par un éclat de pierre parti de l'une des arches du pont, lorsque le commandant de place le fit sauter pour protéger sa retraite vers la capitale.

L'intérieur de la tour renfermait anciennement six fortes cloches d'un bel accord qui furent enlevées pendant la révolution. Il n'en resta qu'une qui ne tarda pas à être fêlée, à côté d'une horloge hors de service. L'une et l'autre furent remplacées dans ces derniers temps.

En résumé, l'église de Moret, malgré quelques imperfections architecturales, qui ne peuvent se révéler qu'à des yeux familiarisés avec l'étude des monuments religieux du moyen-âge, n'en reste pas moins une des plus gracieuses et des plus intéressantes que nous ait léguées le xiie siècle. La description sommaire que nous en avons faite est sans doute bien insuffisante pour en donner une idée complète. Mais il faut laisser aux archéologues et aux artistes la jouissance d'y trouver, en l'étudiant en détail, une source intarissable d'admiration. Un Anglais, homme de l'art, la visitant un jour, pleurait de voir ce morceau d'architecture modèle dans un état lamentable d'abandon et de délabrement, quand quelques milliers de francs suffiraient pour le débarrasser de ses étais et le mettre en état de braver le temps. Il offrait de venir de Londres présider gratuitement aux travaux de réparation qui sont nécessaires pour préserver de la ruine ce bel édifice. Mais grâce à Dieu, à la haute intelligence des hommes de l'art préposés à la conservation des monuments historiques, et au concours pécuniaire d'une fabrique dénuée de ressources (1), l'œuvre de restauration est, au moment où nous écrivons (fin 1888), en pleine activité. Ainsi se trouve déjoué ce mauvais vouloir qui, pendant plusieurs années, refusa avec une obstination digne d'une meilleure cause (2), les

---

(1) Le conseil de fabrique, dont le budget pouvait à peine suffire aux frais du culte, s'engagea néanmoins, sans hésiter, à fournir 10.000 francs pour aider à la conservation de l'édifice qui, sans ce concours dévoué, allait être déclassé et voué à une ruine irrémédiable.

(2) L'intéressante histoire de cette campagne contre l'église menée, sous le couvert du conseil municipal, par l'omnipotent du jour, est relatée tout au long, avec les pièces à l'appui, dans des archives particulières. A chacun la responsabilité de ses actes.

70,000 francs offerts par l'Etat pour la conservation d'un monument dont on peut dire qu'il est le joyau laissé par les siècles à la petite ville de Moret, et qui contribue encore pour une si large part à la prospérité de la cité antique par le grand nombre de voyageurs et d'artistes qu'il attire journellement dans son sein (1).

(1) Les travaux de 1888 consistèrent à restaurer le chœur de l'Eglise, son triforium et sa voûte. Ils furent repris en 1908, à la suite d'un accident survenu au portail et dont la lettre suivante adressée aux habitants par une municipalité mieux disposée montre la gravité. Le coût de cette nouvelle campagne de travaux s'éleva à la somme de 110.000 francs :

Moret, le 22 août 1908.

M

Le 3 octobre dernier, vers midi, un craquement extraordinaire se faisait entendre à l'Eglise de Moret. C'était un bloc qui, désagrégé par les pluies, se détachait du portail et s'effondrait dans la rue.

Tous les habitants l'ont dit et répété ; si cette chute s'était produite un jour de marché, l'accident se serait changé en catastrophe ; par bonheur il n'en fut pas ainsi.

Informé, M. Ste Anne Louzier, architecte des monuments historiques, ordonna les réparations nécessaires. Il fit, en même temps, un examen minutieux du monument et reconnut que des travaux confortatifs y sont d'une urgence extrême.

Sur son rapport, l'Administration des Beaux-Arts a envoyé un devis de 105.000 francs au conseil municipal en lui demandant son concours financier.

Le conseil, se plaçant au point de vue artistique et historique, ne considérant que l'intérêt bien entendu de la ville et sans s'arrêter à la question de savoir si l'édifice est réservé au culte, a voté une subvention de 3.000 francs à payer en deux années ; les charges de la ville ne permettant pas de faire davantage.

Ce n'est pas ici le lieu de faire une description de l'Eglise de Moret... c'est en raison de sa valeur inestimable qu'un si grand nombre de touristes se plaisent à la visiter et deviennent une véritable clientèle pour notre ville.

Or, la preuve en a été faite le 3 octobre, cet édifice est dans un état de délabrement qui fait craindre pour sa conservation ; les pierres se disjoignent de jour en jour ; tous les ans le danger augmente ; l'édifice s'achemine graduellement vers sa ruine.

Nous avons autre chose à faire qu'à le regarder tomber. Il y a là non seulement un point qui touche à l'Art, mais une question d'intérêt pour la ville et de sécurité pour les personnes.

Aussi avons-nous pensé qu'il était expédient de nous adresser à la population Morétaine.

C'est ainsi, M., que nous faisons appel à votre générosité et vous demandons de vouloir bien nous faire parvenir telle souscription qu'il vous conviendra.

Espérant que vous accueillerez favorablement notre requête, nous vous prions, etc...

G. LIORET, *maire*   A. PROVENCHER, *adjoint.*

Cette requête eût le résultat espéré et les concours de la ville et des habitants réunis permirent à l'Etat de restaurer une partie notable du monument.

Mais tant d'efforts ne suffirent cependant pas à sauvegarder l'Eglise de Moret, et les dernières années virent son état de délabrement s'aggraver à tel point qu'en cette année 1927 la sacristie dût être évacuée sur l'invitation du maire par ordre de l'architecte des monuments historiques, M. Albert Bray. On la répare actuellement à la suite d'une nouvelle souscription. Mais après ? Quels crédits suffiront jamais à faire face aux besoins de toitures qui s'effondrent, d'une tour et d'une façade qui s'effritent ?... Un suprême appel aidera peut-être à résoudre le problème si la générosité publique veut bien continuer d'entendre la supplique ci-contre apposée dans l'Eglise en mai 1927 :

Supplique de L'Eglise Notre-Dame de Moret

Je fus commencée en l'an 1166, voyez mon chœur ; continuée au XIIe siècle, voyez mes nefs ; terminée au XVe, voyez ma sacristie, mon portail et ma tour ; magnifiquement embellie au XVIe, voyez mon buffet d'orgue, dernier vestige de mon ancien et riche ameublement.

On m'a toujours regardée comme un des plus purs édifices du style de l'époque ogivale. Je suis le joyau de l'antique cité de Moret.

Mais sept siècles n'ont pu passer sans que j'en aie subi les fâcheuses empreintes et je supplie mes admirateurs de ne pas rester sourds à ma prière. Nombre d'amis déjà, au cours du siècle dernier, ont aidé les Monuments Historiques à me secourir en rendant à leur splendeur primitive la partie sud de mon chœur et sa voûte, mes contreforts et les fenêtrages de mes transepts. Mais en quel état de délabrement demeurent mon admirable portail et ma curieuse sacristie !... Vos regards en sont attristés, visiteurs de tous pays, amis des arts, chrétiens qui aimez à venir prier sous mes voûtes. Oh ! laissez vous toucher ; ayez pitié de moi et empêchez que l'œuvre du temps ne me voue à une ruine irrémédiable en déposant votre obole dans l'humble tronc toujours ouvert à votre générosité.

A mes autels, la reconnaissance priera Dieu pour vous.

X...   G. L. C.

VIII

Dépendances de l'Eglise. — Cimetières. — Calvaire. — Pré
de Pin.

Avant 1790, époque si fatale aux biens des établissements religieux et charitables, comme aux propriétés nobiliaires, la fabrique de l'église Notre-Dame de Moret possédait 85 arpents 13 perches de pré, et 150 perches de terre labourable qu'on évaluait à la somme de 30,690 livres.

La cure avait, de son côté, six quartiers de pré, à Episy, et 12 arpents de terre en deux pièces sur le territoire de Montarlot, provenant de legs faits à charge de services religieux (1).

De ses anciennes possessions, l'église de Moret ne

(1) Ces biens pris et vendus par le droit de la force étaient, pour la plupart, des fondations pieuses, avec charges de prières publiques, et servaient à l'entretien des églises et des pauvres. Telle était la volonté expresse et sacrée des donateurs, et nulle puissance humaine n'avait le droit de la violer. Enlever ces biens aux établissements qui en jouissaient, c'était un vol odieux et sacrilège, et en même temps une cruauté envers les malheureux. Aussi, ce forfait a-t-il été frappé de malédiction. Il n'a porté nul profit à l'Etat, qui n'en a pas moins sombré dans la banqueroute et la ruine.

conserve plus que le pré Pépin, dit le *pré de Pin,* situé au débouché du vieux pont, sur la rive droite du Loing. Ce pré n'ayant pas été vendu en g3, fit retour à la fabrique après la révolution (1).

Les cimetières, comme les édifices religieux, étaient avant la révolution des propriétés ecclésiastiques.

La paroisse de Moret était pourvue simultanément de trois cimetières, dont deux situés dans le faubourg du Pont, l'un à droite, l'autre à gauche de la grande route de Paris à Lyon, en face et auprès de l'église du prieuré de Pont-Loup. Ils étaient connus sous le nom de *Grand* et de *Petit cimetière.* Le *Grand* était en face de Pont-Loup et le *Petit* sur le bord du Loing. Le premier paraît avoir servi plus particuliè-

---

entre les mains de ceux qui avaient usurpé le pouvoir. La vente de ces biens a servi à payer les égorgeurs des honnêtes gens, et à faire la fortune de quelques hardis trafiquants qui les ont achetés presque pour rien, avec ces chiffons de papier appelés *assignats,* et qui se sont de la sorte enrichis aux dépens des malheureux. Le patrimoine de ceux-ci est donc passé en grande partie aux mains de ces fiers parvenus qui n'ont maintenant aucun souci du pauvre ; et, grâce à ce dépouillement, le spectre du paupérisme, qui va toujours grandissant, devient le cauchemar le plus redoutable des sociétés sans Dieu.

(1) En conséquence de la loi de Séparation des Eglises et de l'Etat, le *pré de Pin* a été à son tour volé par l'Etat. Il a été attribué à la ville de Moret et, depuis, l'Eglise se trouve frustrée des revenus que le prix du loyer et la vente périodique des peupliers assuraient à son entretien.   X...

rement à la sépulture des grandes personnes et le second à celle des enfants.

Le troisième cimetière, appelé *cimetière de Saint-Sébastien*, qui était situé à l'extrémité du faubourg de Samois, au tournant de la route de Fontainebleau, occupait une superficie de 7 ares 6 centiares. Il existait déjà en 1756. Il a servi de lieu de sépulture à plusieurs notables habitants de Moret, et il était en même temps le cimetière de Veneux-Nadon, qui était réuni pour le spirituel à la paroisse de Moret.

Ces trois cimetières ont été successivement supprimés, les deux premiers en 1784, et le troisième -interdit en 1806, fut vendu en 1829.

Le cimetière de Bougny, créé en 1784 par la fabrique de l'église, et qui va disparaître à son tour, était resté le seul cimetière paroissial. Son origine est assez intéressante pour mériter une mention spéciale.

En 1770, le 27 novembre, une grande inondation du Loing, qui dura vingt-quatre heures, exerça une dévastation effroyable dans le faubourg du Pont. Surpris à l'improviste, les habitants de ce quartier ne trouvèrent leur salut que dans une fuite précipitée. Ils cherchèrent avec leurs bestiaux, un asile momentané chez leurs amis de la ville et des environs.

La fureur des eaux renversa les murs des cimetières et mit à découvert des corps inhumés dans les deux cimetières, et surtout dans celui qui faisait face à l'église de Pont-Loup, beaucoup plus vaste que l'autre. Entraînés par le courant, les cadavres, arrachés de leurs fosses, avec leurs linceuls, disparurent dans le tourbillon, ou restèrent accrochés aux arbres du cimetière et des propriétés environnantes. Ce fut le lendemain un spectacle de tristesse et d'effroi que la vue de ces dépouilles funèbres suspendues aux arbres. Quand les eaux furent écoulées, on détacha avec un religieux respect ces tristes débris et, après les avoir réunis, on les déposa pieusement dans une grande fosse pratiquée à cet effet dans l'église de Pont-Loup ; néanmoins plusieurs cadavres enterrés depuis peu furent reconnus par leurs familles, qui obtinrent la permission de les faire transporter et inhumer dans le cimetière de Saint-Sébastien.

Cette terrible catastrophe fit sentir la nécessité de transporter le champ des morts dans un terrain moins exposé aux fréquentes inondations du Loing. Ce ne fut que quatorze ans plus tard que ce projet put être réalisé. En l'année 1784, la fabrique put, à l'aide des épargnes qu'elle avait faites, acheter un terrain mieux approprié à la sépulture des morts, en dehors de la ville, près la *porte de Grès*, au lieudit *Bougny*. L'archevêque de Sens, le cardinal de Luynes, approuva le nouveau cimetière et en autorisa la bénédiction, qui fut faite solennellement par M. l'abbé de Glausmée, curé de la paroisse, le jeudi 17 juin de ladite année, en présence des officiers du bailliage et de toutes les notabilités de la ville, au milieu du concours des habitants et de nombreux fidèles accourus des pays voisins. La cérémonie fut réhaussée par une procession solennelle dans laquelle on transporta, enfermés dans des bières neuves, les ossements retirés des anciens cimetières, pour être inhumés dans le nouveau. Au fond de ce nouveau cimetière s'élevait une chapelle dans laquelle on voyait un crucifix de grandeur naturelle ayant à ses côtés les statues en pied de la sainte Vierge et de saint Jean l'Evangéliste. Cette chapelle fut détruite pendant la révolution.

Ce cimetière de Bougny, situé dans un emplacement des mieux choisis, après avoir servi pendant plus d'un siècle à la sépulture des habitants de Moret, et qui aurait pu servir encore au même usage pendant une période semblable, moyennant un peu de bonne volonté et un facile agrandissement, a fini son temps, comme toutes les meilleures choses de ce monde, pour faire place à un autre cimetière relégué près des bois, à une distance démesurée de la ville, dans un terrain plein de roches et d'un accès difficile ; tant il importe au suffrage universel de choisir pour administrer les intérêts communaux, des hommes incapables de se laisser éblouir par la faconde de quelque tyranneau bel esprit.

Quoiqu'il en soit, le cimetière de Bougny vient d'être abandonné (1er juillet 1888) ; et comme il a été acheté et clos de murs, en 1784, aux frais de la fabrique, il doit faire retour à cet établissement, c'est la loi de justice.

Six ans auparavant, le 1er mai 1778, avait eu lieu, la plus grande peut-être des solennités religieuses qui se fut jamais vue à Moret, celle de l'érection du calvaire, existant sur la colline de ce nom, d'où l'on voit se dérouler sous les yeux tout le panorama de la ville.

Après un sermon sur la passion prêché dans l'église paroissiale, le cortège se mit en marche. Il était trois heures de l'après-midi. Le concours des populations était si considérable que les bannières étaient arrivées au sommet de la colline avant que le Christ qu'on portait sur un brancard fut sorti de l'Église. Au moment de la plantation, un violent orage, accompagné d'éclairs, d'éclats de tonnerre et d'une pluie diluvienne, dispersa la foule. Celle-ci se retrouva peu après tout entière à l'église pour assister au chant du *Te Deum* et à la bénédiction du Saint-Sacrement qui termina cette mémorable journée.

IX

Prieuré de *Pont-Loup*. — Maladrerie de *Saint-Lazare*.
Affaire du chapelain Faleus.

Le prieuré de *Pont-Loup* dont nous avons parlé
plus haut à propos des reliques, était situé à l'entrée
du faubourg de Bourgogne, non loin du pont. On
voit encore les restes de son église noircis par le
temps. Les voûtes en sont détruites ; on y remarque,
assez bien conservées, les colonnes avec leurs chapiteaux. Ce vieux bâtiment, qui porte encore quelques
vestiges de son cachet architectural, mérite une
mention particulière dans l'histoire de Moret.

On ignore complètement l'époque de la fondation
du prieuré et de l'église en question. Mais par la
forme et par le genre de son architecture à têtes de
clous et dents de scie qu'on aperçoit encore à l'extérieur, on peut, sans crainte de se tromper beaucoup,
assigner à sa construction la même date que celle des
parties les plus anciennes de l'église de Moret, et
même une époque un peu antérieure, dans le
xiiᵉ siècle.

Cette église était assez grande et bien voûtée, sauf un bas-côté non voûté, au bout duquel était une chapelle avec voûte. Au retable de l'autel (1) principal était un tableau représentant saint Pierre dans les chaînes consolé par un ange ; dans la chapelle située au côté gauche du chœur, un autre tableau représentait la Sainte Famille en pied et de grandeur naturelle. Sur l'autel de cette chapelle était exposée la châsse de saint Blaise dont nous avons parlé. L'église était flanquée d'une forte tour carrée qui renfermait deux belles cloches. Celles-ci disparurent à l'époque de la révolution. Au bout de l'édifice était une grande croisée au-dessus de laquelle on distinguait encore une armoirie contenant trois croissants, lesquels étaient, dit-on, l'emblême favori d'Henri II.

Dans les derniers temps de son existence, le prieuré de Pont-Loup était réuni au grand séminaire de Sens. Il jouissait de plusieurs droits seigneuriaux; il avait, en outre, comme propriété, la moitié d'un moulin à blé situé sur le pont de Moret, et les deux parties de la rivière que l'on nommait le *Haut* et le *Bas-Loing*, avec les îles qui s'y trouvaient et le droit de pêche dans tout le parcours de la propriété.

L'église de Pont-Loup fut longtemps desservie par un vicaire de la paroisse, et le clergé paroissial y célébrait solennellement, chaque année, outre la Saint-Blaise, le 3 février, la fête de Saint Pierre-aux-

(1) L'ancien autel de *Pont-Loup* est devenu le maître-autel de l'église de Saint-Mammès.

Liens, patron de l'église et un service de fondation pour les défunts, le 4 octobre.

En 1747, le prieuré de Pont-Loup, qui avait pour collateur l'abbé de Vézelay (au diocèse d'Autun), fut transféré au grand séminaire de Sens avec ses biens et ses charges. Le séminaire s'engageait, de plus, à recevoir gratuitement deux clercs tonsurés, nés à Moret, pour les préparer aux ordres. L'administration du séminaire, trouvant l'église de Pont-Loup en mauvais état et son entretien trop dispendieux, songea à la faire démolir, mais la ville de Moret s'opposa fermement et à la démolition de l'église et à la suppression du prieuré. Le procureur du grand séminaire passait une partie de l'année à Moret pour gérer les biens dépendants de Pont-Loup. Il logeait à l'hôtel de la *Belle-Image*.

La révolution vint détruire ce que la ville avait voulu conserver, et aujourd'hui, l'église en question, à moitié détruite, sert de grange à écorces (1).

C'est encore au xii⁰ siècle que paraît remonter la fondation de la maladrerie de Saint-Lazare dont les

(1) On lit dans le guide édité par le Syndicat du Commerce et de l'Industrie du canton de Moret :

Le vénérable monument qu'est l'Eglise de Pont-Loup était, ces temps derniers, fort ébranlé et menacé de ruine. La Ville de Paris à qui il appartient a tenu à honneur de le « racoustrer », comme disaient nos ancêtres. On ne saurait trop l'en louer. S'il a été saccagé dans les siècles passés « par la fortune des guerres » ce n'est pas une raison pour que les hommes de

restes se voient à la sortie de Moret, sur le côté droit de la route de Montereau. Le lieu a conservé le nom.

Les chevaliers de Saint-Lazare étaient un ordre fondé en Palestine pour soigner les malades et surtout les lépreux, qui étaient encore communs en Orient. Après la conquête des Lieux-Saints par les Croisés, ces religieux prirent les armes pour la défense des pélerins, et ils ajoutèrent à leur costume la croix et l'épée. Alors ils partagèrent leur communauté en trois états différents, savoir : les chevaliers qui allaient à la guerre, les frères servants auxquels était confié le soin des malades, et enfin, les eclésiastiques chargés du service religieux dans l'institut. Cet ordre se répandit en Europe à la suite des croisades, et reçut des biens et des privilèges de la part des princes et des souverains pontifes.

En 1154, Louis VII leur donna la terre de Boigny, près d'Orléans, où ils établirent le siège de leur institut ; et c'est là que se tinrent, depuis, dans les circonstances importantes, les chapitres généraux où se discutaient les grands intérêts de l'ordre.

Ces religieux hospitaliers bâtirent de tous côtés, autant qu'ils le purent, des maladreries et des léproseries, pour y recevoir les pauvres malades atteints de maladies contagieuses, qu'ils y traitaient avec un dévouement héroïque. C'est aux chevaliers de Saint-Lazare que Louis le Jeune accorda exclusivement le privilège de construire ces sortes d'hôpitaux. Ils les plaçaient toujours à quelque distance des villes. On en saisit facilement le motif. C'est dans ces conditions que s'éleva la maladrerie de Moret, à proximité des murs de la ville, mais assez loin pour la mettre à l'abri des atteintes de la contagion. Cette maladrerie, comme toutes celles qui se fondaient alors, était considérée comme une succursale de la maison de Boigny. Ne serait-ce point pour cela que ce nom de *Boigny* ou *Bougny* est resté attaché à une certaine portion du territoire de Moret, où fut construit le cimetière de ce nom, et où peut-être la maladrerie avait quelque propriété ?

Une ordonnance royale, en date du 15 avril 1695, réunit à l'Hôtel-Dieu de la ville les revenus ainsi que les charges de la maladrerie de Saint-Lazare. Les bâtiments provenant de ce dernier établissement furent vendus, en 1834, par l'hospice de Moret, et sont devenus une maison bourgeoise. La chapelle, isolée de la nouvelle habitation, existe encore dans son entier. Séparée par un plafond en deux étages, elle a bien changé de destination. Le haut est un atelier, le bas une cuisine ; et l'autel a cédé sa place aux fourneaux ! L'autel était en pierre d'une seule pièce, on y voyait aussi plusieurs statues également en pierre, avec un antique tableau peint sur toile, où était représenté le Lazare de l'Evangile recevant des secours de la main d'un ange.

Il se passa, en 1373, à Saint-Lazare, un intéressant épisode qui mérite d'être raconté et qui peint les usages du temps.

La chapelle était desservie par un prêtre nommé Jacques Faleus. Ce chapelain, à tort ou à raison, fut accusé de plusieurs crimes. Le prévôt de Moret le fit arrêter et le jeta en prison. C'était un abus de pouvoir, attendu que le jugement des clercs était, à cette époque, du ressort des tribunaux ecclésiastiques. L'accusé, comme c'était son droit, demanda à être renvoyé devant l'archevêque de Sens. Mais le magistrat municipal, sans doute un précurseur des futurs proconsuls de la république radicale, se hâta de condamner le prévenu, qui fut pendu et étranglé. Mais en commettant cet excès de pouvoir, le juge voulut parer au contre-coup d'un pareil attentat. Il crut le faire par une bonne précaution. Ne pouvant enlever au patient son caractère sacré, il voulut du moins le dérober à la foule en cachant sa tonsure cléricale.

Néanmoins, l'archevêque de Sens, Adhémar, instruit du fait, en appela au Parlement de Paris. La sentence du lieutenant de Moret fut cassée, et ce magistrat et les autres officiers ses complices s'entendirent condamner à une réparation. Ils furent contraints de dépendre du gibet le malheureux Faleus, et de le conduire à leurs frais à Sens, pour le remettre à l'archevêque. Ils se présentèrent donc avec le cadavre devant la porte de la cathédrale, et, tête nue, un cierge à la main et à genoux, le dimanche, à la messe, au moment de l'offertoire, ils remirent ledit corps à l'archevêque, en faisant amende honorable avec la formule suivante : *Voici le corps de défunt Jacques Faleus que nous, par inadvertance, avons fait pendre et mourir; lequel corps nous rendons à vous et à l'Eglise, parce que, au moment de sa mort, ledit Jacques portait la tonsure cléricale.* En même temps, ils payèrent à l'archevêque une indemnité de cent livres et une amende de même somme au roi.

L'archevêque de Sens n'avait rien négligé pour donner à cette cérémonie expiatoire toute la solennité possible. Les cierges furent éteints, les images sacrées couvertes d'un voile ; la cathédrale avait l'aspect lugubre des grands jours de pénitence. Mais quand l'acte d'amende honorable eut été prononcé, le lieu saint, à la clarté des flambeaux rallumés, resplendit d'une pompeuse illumination, les images saintes et les calices sacrés reparurent aux yeux des fidèles ; les cloches sonnèrent à toutes volées, et toute l'étendue de la vaste basilique résonna de cantiques d'allégresse.

Cette affaire eut un grand retentissement, et dans la ville de Moret même, et dans celle où se passa la cérémonie d'expiation. Elle rappela aux fidèles que le caractère sacré du prêtre est digne de tous les respects, et qu'une autorité surhumaine n'est pas de trop pour le frapper. Voilà pourquoi le prêtre autrefois était dégradé avant d'être livré au bras séculier, quand il avait mérité la peine capitale. Dans la circonstance présente, le juge s'était donc rendu coupable d'une usurpation sacrilège. C'était un véritable assassinat et la réparation était au-dessous du crime.

X

**Philippe-Auguste à Moret. — Le couvent des Templiers.
La cave *Saint-Nicaise*.**

Philippe-Auguste, fils et successeur de Louis le Jeune (1180), affectionna non moins que son père le séjour de Moret. Cette inclination du monarque n'a rien d'étonnant ; il devait prendre plaisir à revoir les lieux où sa jeunesse avait été entourée de tant de soins et de sollicitude.

Souvent un grand et bon roi forme un successeur plus grand encore. C'est ce qu'on voit ici. Philippe-Auguste éclipsa le beau règne de Louis VII. Il reçut tour à tour, pour ses hauts faits, les surnoms d'*Auguste*, de *Magnanime*, de *Conquérant*, titres éclatants qu'il avait justement mérités, puisque ce fut de tous les rois de la troisième race, celui qui donna le plus de possessions et d'agrandissement au royaume. Il réunit successivement à la couronne de France, la Normandie, l'Anjou, le Maine, la Touraine, le Berry, le Poitou, l'Auvergne, le Vermandois, l'Artois et plusieurs autres comtés.

La petite ville de Moret eut l'honneur de le voir bien des fois dans ses murs. C'est du château de Moret qu'il partit, en 1203, pour aller combattre Jean Sans-Terre, roi d'Angleterre, qui, au préjudice de son neveu Arthus, dont il fut plus tard le meurtrier, s'était emparé du trône de Richard Cœur-de-Lion, son frère. Sachant qu'un grand nombre de gentilshommes français s'étaient rassemblés pour un tournoi dans la cité morétaine, qui devenait de plus en plus importante, ce roi chevaleresque s'y rendit lui-même, enflamma d'ardeur tous ces guerriers, et les détermina, au lieu de dépenser leur vaillance en des combats simulés, à partir pour une guerre sérieuse, en allant faire le siège d'Alençon.

Le choix de la ville de Moret pour un spectacle comme celui d'un tournoi, fête militaire qui attirait toujours un grand concours de spectateurs, indique le rang qu'avait alors cette place.

Il est vrai que Fontainebleau avait déjà la prétention de rivaliser avec Moret, en attirant les monarques dans son sein. Nous voyons, en effet, le roi Philippe-Auguste y faire divers travaux et embellissements, et dater de ce palais plusieurs chartes, entre autres celle de 1186, ordonnant de faire remettre à l'Hôtel-Dieu de Nemours tout le pain qui resterait sur la table, pendant le temps de son séjour à Fontainebleau. Alors, ni Fontainebleau, ni Moret n'étaient encore dotés d'un pareil établissement.

C'est au règne de Philippe-Auguste que paraît se rapporter l'établissement de l'ancien couvent des

Templiers, dont il reste encore quelques ruines à Moret.

L'ordre lui-même fut fondé en 1118 par Hugues de Pains, Geoffroy de Saint-Omer et sept autres gentils-hommes français, qui firent vœu de chasteté et d'obéissance entre les mains du patriarche de Jérusalem, et promirent d'employer leurs biens et leur vie au service des pélerins de la terre sainte. Beaudouin II, roi de Jérusalem, intéressé à favoriser cette institution naissante, leur accorda momentanément le quartier méridional de son palais, près du temple de Salomon, d'où leur vint le nom de *Chevaliers du Temple* ou *Templiers*.

Lorsque cet ordre eut été approuvé par l'Eglise, en 1128, saint Bernard fut chargé de dresser pour les Templiers une règle par écrit. Cette règle, c'était l'exil et la guerre sainte jusqu'à la mort. Le templier devait toujours accepter le combat, fut-ce d'un contre trois, ne jamais demander quartier, ne point donner rançon, *pas un pan de mur, pas un pouce de terre*, parole autrement héroïque à la pointe du glaive d'un chevalier qu'au bout de la plume d'un avocat fanfaron (1). Ils n'avaient point de repos à espérer. On ne leur permettait pas de passer dans des

(1) En 1871, l'avocat Jules Favre, ministre des affaires étrangères, pendant la guerre franco-allemande, protestait que la France n'abandonnerait jamais ni une pierre de ses forteresses, ni un pouce de son territoire, et quelques semaines après il signait lui-même l'abandon à la Prusse de la Lorraine et de l'Alsace avec Metz et Strasbourg !

ordres moins austères. Saint Bernard trace ensuite la rude esquisse d'un templier... *cheveux tondus, poil hérissé, souillé de poussière, noir de fer, noir de hâle et de soleil... Ils aiment les chevaux ardents et rapides, non parés, etc.* Moine et soldat, le templier réunissait les austérités et les périls de ces deux vies, moins le repos de l'une et la gloire de l'autre. Ils portaient un habit blanc relevé d'une croix rouge ; leur étendard blanc et noir s'appelait *Beaucéant*. Pendant plus de quatre-vingts ans, l'ordre s'illustra sur tous les champs de bataille, soit en Orient, soit en Occident, partout où apparaissaient les ennemis de la croix. Les biens immenses que leur valurent tant d'exploits les rendirent si puissants qu'ils eurent, au temps de leur apogée, jusqu'à plus de neuf mille maisons dans toute la chrétienté. A la faveur d'une telle prospérité, l'esprit d'humilité disparut du sein de cet institut. Enfin, la répulsion générale qu'excita leur orgueil fut encore plus vive que l'admiration qu'on avait eue pour leurs exploits. L'animadversion générale dont ils furent l'objet s'explique d'elle-même, et donne la raison de l'indifférence publique qui vit, sans murmure comme sans pitié, les tortures de ces illustres accusés, pendant leur procès et au moment de leur supplice.

Les templiers avaient une de leurs maisons à Moret même. Nous ne connaissons aucun document sur lequel nous puissions nous appuyer pour fixe l'époque de leur établissement dans cette ville, pas plus que celle de leur disparition. Il est probable que cette fondation remonte à la fin du xii⁰ siècle, alors que les templiers fondaient trois maisons successives dans la ville de Provins, la première à la date de 1193. Ils eurent aussi un établissement près de Ville-cerf, dont on voit encore les restes au pied de la montagne de *Trains*.

Ils possédèrent vraisemblablement ces divers établissements jusqu'à l'époque de leur suppression. C'est en 1307 que Philippe le Bel donna l'ordre d'emprisonner tous les templiers qui résidaient dans le royaume. Ceux de Provins, arrêtés le 13 octobre de ladite année, furent conduits dans les prisons de Melun. Or, comme l'ordre d'arrestation comprenait non seulement les templiers de cette ville, mais encore ceux des villes voisines, on doit supposer que c'est dans la même occasion que les templiers de Moret durent quitter leur commanderie, pour aller rejoindre leurs malheureux frères dans les cachots.

Les biens des templiers furent transférés aux hospitaliers de Saint-Jean de Jérusalem, ordre de chevaliers auxquels était dévolue, comme aux templiers, la mission de défendre la chrétienté contre les mécréants.

Le couvent de Moret logea-t-il ces nouveaux hôtes? C'est ce que l'on ignore complètement. Du reste, l'emplacement qu'il occupait, et dont l'une des façades se trouvait sur la grande rue, près de la porte de Bourgogne, n'offre plus aucun vestige de ses constructions primitives. On cite néanmoins un pan de muraille surmonté d'une cheminée de briques, donnant sur la rue des *Faisceaux*, comme leur ayant appartenu. Il existe encore, sous les maisons qui ont remplacé les anciens bâtiments des templiers, des caves monumentales, notamment une ayant son entrée sur la grand'rue dont la voûte repose sur des colonnettes du xiie siècle, non moins intéressantes par leur ornementation que par leur antiquité.

Elle est un spécimen des autres. Les amateurs de merveilleux sinistre prétendent que, dans plusieurs de ces caveaux, on a trouvé, encore scellés dans la maçonnerie, des anneaux de fer supportant des chaînes rouillées auxquelles étaient appendus des ossements humains. De là mille conjectures.

Mais ne confondons pas le roman avec l'histoire. Le dossier des templiers est chargé d'assez de préventions sans qu'on y joigne encore une accusation de férocité des membres les uns contre les autres. Les loups, même ceux de cette espèce, ne se dévorent pas. D'ailleurs la culpabilité de ces chevaliers figure encore dans l'histoire à l'état de pure question. La critique moderne qui a résolu tant de problèmes historiques a laissé celui-là insoluble.

On a prétendu, sans preuve et sans vraisemblance, que les templiers ont possédé *Saint-Nicaise*.

On désigne sous ce nom des restes d'antiquité qui se trouvent sur le sommet d'une montagne, en dehors de la ville de Moret, à gauche de la route de Montereau, presque en face et non loin de Saint-Lazare.

Peut-être a-t-il existé anciennement un bourg dans cet endroit, où l'on trouve en quantité des traces d'anciennes murailles, avec les débris d'une chapelle bâtie sur l'emplacement d'une grotte, où, si l'on en croit la tradition, saint Nicaise a vécu et où il est mort. Ce saint ermite aurait même délivré le pays d'un monstre très dangereux qui infestait les bords de la Seine.

Ces vieilles légendes qui ne sont pas de l'histoire reposent ordinairement sur un fond de vérité. Toujours est-il qu'on allait en pélerinage à Saint-Nicaise pour la coqueluche des enfants.

On pense encore qu'il existait là aussi un monastère qui avait la direction d'un hôpital où l'on soignait les lépreux, et qui correspondait à celui de Saint-Lazare. Ce qui est certain, c'est que des cultivateurs, en faisant autrefois des fouilles en cet endroit pour leurs plantations, y trouvèrent des monnaies et autres objets métalliques.

Ce que l'on trouve encore d'assez bien conservé, au milieu de ces ruines, c'est une cave restée célèbre qui se trouvait près de l'église. On y descend par un escalier en pierres, et son entrée est tapissée de ronces, de lierre et de violettes ; à l'intérieur elle est à moitié comblée de débris et d'éboulements de terre. Sur le tertre qui s'élève au-dessus de la voûte croissent des ormeaux, des noisetiers et autres arbustes. Aux alentours se remarquent, sous les ronces et les buissons, des amas de pierres et des débris de mur qui accusent des restes d'anciennes constructions écroulées.

Quand les bâtiments qui accompagnaient la cave eurent été détruits, la cave elle-même, dont la voûte est encore bien conservée, resta là comme une espèce d'épouvantail pour la population de la ville. On faisait courir une quantité de contes fantastiques sur quelques visites qu'on y avait faites. Cette cave passa longtemps pour recéler un trésor confié à la garde du diable. C'est le sujet de mille légendes que dans les veillées d'hiver les grand'mères racontaient à leurs petits-enfants. Ces niaiseries enfantines, que les simples prenaient au sérieux, sont peu dignes d'entrer dans une histoire. Nous en ferons grâce au lecteur. Nous voulûmes visiter, nous aussi, après tant d'autres, cette cave célèbre. A la lueur d'une bougie, nous pûmes nous reconnaître dans cet antre obscur. Vainement nous prêtâmes l'oreille pour entendre l'écho des voix mystérieuses et saisir le passage des ombres. Un silence de mort naît de cette grotte et se répand dans la solitude du bois qui l'environne. Plus de sabbat, plus de diables, dans la cave ni aux alentours.

XI

Blanche de Castille. — Saint-Louis. — Philippe IV.
— Charles V ; établissement, par ce dernier, de la foire de
Saint-Nicolas, à Moret.

Les anciens historiens qui ont parlé de Moret ont
mis dans leur récit une sobriété de détails qui doit
nous rendre diligents à recueillir les moindres échos
de la tradition. Celle-ci nous apprend que la reine
Blanche de Castille, veuve du chaste Louis VIII,
mère du grand saint Louis, et si digne de l'un et de
l'autre, préférait le séjour de Moret à celui de Fontainebleau, et venait s'y consoler des longues
absences de son fils, et se reposer des soucis et des
fatigues de la régence. On ne peut douter que saint
Louis n'ait aussi habité Moret, puisqu'il dota son
église paroissiale de quelques-unes des reliques qu'il
avait rapportées de la Terre-Sainte. Le grand et saint
roi a donc foulé de ses pieds le sol de Moret, et de ses
genoux le pavé de l'église actuelle.

Son indigne petit-fils, Philippe IV, dit le *Bel*, fils
et successeur de Philippe III, a laissé aussi dans
l'histoire des traces authentiques de son séjour à

Moret. Voulant agrandir son domaine royal, il acheta des religieux de Saint-Lazare un jardin que ceux-ci possédaient sur la chaussée du vivier du roi. Ce jardin, estimé par un jury d'expertise, fut évalué six livres parisis de rente annuelle. Le prévôt de Moret fut chargé de prélever cette somme sur les revenus de la prévôté et de la payer annuellement aux religieux, en deux parts égales, aux fêtes de l'Ascension et de la Toussaint. La pièce originale de cet acte de vente, écrite en latin, est datée de Châteauneuf-sur-Loire, le 10 août 1303.

C'est à ce même siècle et au règne de Charles V, dit le *Sage*, que se rapporte l'institution de la foire de Saint-Nicolas, à Moret.

Dans les temps féodaux, à une époque où les communications étaient difficiles et dangereuses, surtout pour ceux qui transportaient avec eux des objets précieux, c'était un puissant attrait pour les marchands que l'assurance de trouver à jour fixe, dans un endroit déterminé, des moyens de sûreté pour leurs personnes et leurs marchandises, ainsi qu'un grand concours d'acheteurs. Ceux-ci, de leur côté, accouraient de loin, tant pour se procurer des objets, que pour prendre part aux divertissements qui accompagnaient ces sortes de réunions.

Le soin d'autoriser ces agglomérations commerciales est une prérogative naturelle du pouvoir souverain, le seul qui, planant de haut sur l'ensemble des administrations publiques, puisse convenablement apprécier et coordonner les intérêts de toutes les localités, réprimer efficacement les abus qui pourraient résulter de ces rassemblements considérables, et garantir la sécurité de tous et de chacun, dans ces circonstances. Cette règle fut un instant méconnue sous l'empire de la Convention, et un décret de cette assemblée, en date du 14 août 1793, établit, à cet égard, une liberté sans limites. L'engouement de la liberté s'aveuglait jusqu'à vouloir supprimer toutes les garanties d'une vraie liberté. On sentit promptement la nécessité de réformer un pareil système et, dès le 9 octobre de la même année, fut rendu un décret conforme aux anciens principes.

La location des droits de place dans les *champs de foire*, qui était autrefois dévolue aux seigneurs, pour l'entretien des villes et des monuments publics dont ils étaient chargés, forme aujourd'hui une branche importante et précieuse des revenus communaux. Il est trop juste que les communes, qui s'imposent des frais pour développer le commerce et le bien-être, tirent leur part des intérêts qu'elles favorisent.

Il se tient à Moret trois foires chaque année, l'une le Vendredi-Saint, la seconde le 9 septembre, lendemain de la fête patronale, et enfin celle de Saint-Nicolas, le 6 décembre. Les deux premières, quoiqu'on ignore l'origine, paraissent moins anciennes que la troisième.

Cette dernière fut établie par une ordonnance royale de Charles V, datée du mois d'avril 1366, et signée à Paris.

Les considérants de cette ordonnance établissent

qu'alors le pays était inondé de gens de guerre et de pillards qui ôtaient toute sécurité aux marchands et aux cultivateurs, et empêchaient singulièrement la tenue des foires. Après avoir mentionné ces faits, l'ordonnance ajoute : « *Et pour ce que il nous avoit esté rapporté par plusieurs personnes dignes de foy que pour ledit païs et tous ceulz d'environ il seroit très proufitable chose de ordener une foire asseoir chacun an, à certain jour, en nostre ville de Moret, où il a grant noble et seure forteresse, et où les marchans qui viendroient à ladicte foire se pourroient sauver et retraire et estre gardés avec leurs biens et marchandises ; et laquelle ville est bien assise ès marches et frontières des païs de Gastinois, de Champaigne et de Brie. Nous avons faict faire certaine information par notre procureur au bailliage de Melun, appelé avec lui nostre prévost de Moret, avec plusieurs gens du païs, notables et dignes de foy, afin de savoir se ce seroit le proufit de la chose publique du païs d'environ, à quel jour ladicte foire pourroit seoir et se elle porteroit aucun préjudice aus foires du païs d'environ. Lesquels prévost et procureur ont sur ce oïs plusieurs témoings, marchans et autres, tant de ladicte ville comme du païs d'environ, laquelle information Nous avons fait veoir à grant diligence ; pour quoy Nous, icelle veue et rapportée, considéré les choses dessus dictes et les choses contenues en ladicte information par laquelle appert que se ladicte foire est ordenée, comme dit est, c'est le proufit de la chose publique et le nôtre que ce* tournera à préjudice aucune foire des païs d'environ, Nous de nostre plaine puissance et auctorité royalle et de nostre grâce espécialle par la teneur de ces présentes lettres establissons et ordenons dès maintenant et doresnavant perpétuellement ait et aura en ladicte ville de Moret une foire publique chascun an, le jour de la feste saint Nicolas d'iver, ou mois de décembre, à commencer le jour de la feste saint Nicolas d'iver prochain venant, et voulons et ottroyons que les marchans et habitans du païs d'alentour et de tous autres y puissent paisiblement amener toutes manières de denrées et marchandises, et aussi les ramener et rapporter, et que ladicte foire et les marchans qui y vendront et ameneront et apporterons, remeneront et rapporteront lesdictes marchandises et biens aïent et jouïssent de telz privilèges, franchises, immunités, libertés, saufconduit, et tous telz droiz comme ont et ont acoustume aovoir les autres foires du païs d'environ.

Si donnons en mandement au bailly de Melun, au prévost de Moret et autres nos justiciers et les justiciers de nostre Royaume, ou à leurs lieutenants et à ciers de nostre Royaume, ou à leurs lieutenant et à chascun d'eulz, si comme à lui appartiendra que ladicte foire ils facent et sueffrent tenir en lacdite ville au jour susdit, sanz faire ou souffrir estre fait aus marchans et gens venus à ycelle avec leurs denrées et marchandises, destourbier ou empescher auscun ; lequel, se ils treuvent estre fait, si le rappellent et remettent ou facent rappeler ou remettre *deu tantoct et sanz delay auscun. Et que ce soit ferme chose, etc. sauf etc.*

Ce fut fait et donné à Paris, l'an de grâce milCCCLXVI, et de nostre règne le tiers, au mois d'avril.

Ainsi signé par le Roy, à la relation du Conseil auquel vous estiez, Montagu.

Contentor MONTAGU. »

C'est ainsi que fut fondée cette foire de Saint-Nicolas, qui, après plus de cinq cents ans, met encore en agitation et en liesse, chaque année, la population de Moret et du païs d'alentour.

XII

Charles VI. — Isabeau de Bavière, douairière de Moret. —
Denis de Chailly. — Moret livré et repris aux Anglais. —
Moret, quartier général de Charles VII.

A Charles V succéda sur le trône, en 1380, son fils
Charles VI. C'est sous le règne de ce prince que la
France est livrée aux Anglais, et devient le théâtre
d'une anarchie profonde et de crimes atroces.

A la faveur de la minorité, puis de la démence du
jeune roi, la querelle des Armagnacs et des Bourguignons remplit le royaume de meurtres et de sang, et
finit par ouvrir la porte aux ambitions de l'Angleterre. C'est alors qu'on vit une infamie sans nom
dans l'histoire, une reine de France, non, un monstre couronné, Isabeau de Bavière, épouse de l'infortuné monarque, livrer son pays au roi de la Grande-
Bretagne, Henri V, qui en prit possession par la sanglante bataille d'Azincourt (en 1415).

L'odieuse femme dont nous venons de parler a
possédé des droits sur le domaine de Moret. Le roi,
son époux, par lettres patentes de l'année 1394,

constitua à la reine un douaire de 25,000 livres de revenu annuel, pris sur les châtellenies de Moret, Fontainebleau, Château-Landon, Nemours, etc. Ces mêmes lettres lui accordaient en même temps le pouvoir d'établir dans ces lieux divers des officiers de justice et de finances, avec des droits de patronage, le roi ne se réservant sur ces domaines que la haute souveraineté. En même temps, Charles VI donnait à la reine le privilège de ne rendre qu'un seul hommage à Sa Majesté et à ses successeurs, pour toutes les terres et seigneuries qui lui avaient été assignées en douaire.

Isabeau n'avait pas encore, à ce moment, conçu l'infâme trahison qu'elle devait perpétrer vingt ans plus tard. On n'en rougit pas moins, quand on aime son pays, d'avoir à enregistrer, dans ses annales, le souvenir d'une mégère qui ne recula pas devant l'exécrable pensée de livrer le royaume à ses ennemis et de placer sur la tête d'un souverain étranger la couronne due à son propre fils. Elle était Allemande ! cette pensée soulage la conscience.

La place importante de Moret joua son rôle dans la lutte formidable de la France contre l'Angleterre. Elle tomba comme le reste au pouvoir de l'ennemi.

En 1420, le roi d'Angleterre, appuyé du duc de Bourgogne, vint assiéger Moret en personne et s'en empara, grâce à la trahison ou à la lâcheté du commandant de place, Denis de Chailly, sieur de la Motte de Nangis, qui abandonna le poste confié à sa garde et opéra sa retraite sur Melun que désolait la famine.

Deux ans après, en 1422, mourait l'infortuné Charles VI, laissant à son fils Charles VII une ombre de royauté.

Tout semblait désespéré. Les rois de France s'étaient éloignés du sentier de la vertu et de la justice, et leur peuple avec eux. Le pays était livré à la domination étrangère. L'héritier légitime, appelé ironiquement le *roi de Bourges*, n'était reconnu que d'un certain nombre de français, parmi lesquels on ne voyait, d'ailleurs, ni tête, ni cœur, ni concorde. La France ne pouvait être sauvée que par miracle. Le miracle se fit.

Nous lisons dans l'histoire de France qu'à la suite d'un noble fait d'armes, un de nos rois écrivait à sa mère : *Madame, veuillez mander partout pour faire remercier Dieu; car sans point de faute, il a montré, ce coup, qu'il est bon Français.* A quelle époque Dieu se montra-t-il plus *Français* qu'aux temps désastreux dont nous parlons - Le voile qui cache l'action divine est transparent. Sous l'armure d'une jeune fille, l'héroïque Jeanne d'Arc, c'est le Dieu des batailles qui tient l'épée de la France, et qui va diriger ses destinées.

Rien de plus providentiel, de plus rapide et de plus miraculeux, on le sait, que la délivrance d'Orléans et le sacre du roi, en l'espace de quelques semaines (du 8 mai au 17 juillet 1429).

Charles VII poursuivit de concert avec sa libératrice, l'œuvre d'affranchissement commencée. Pendant qu'il bataillait pour essayer de se rapprocher de Paris, plusieurs divisions de l'armée royale parcouraient les provinces voisines. Les places importantes de Provins, Bray, Melun, Corbeil, etc., et la Brie tout entière ne tardèrent pas à rentrer sous le sceptre du roi légitime. Un des principaux chefs qui s'illustra par ces rapides conquêtes, ce fut le brave Nicole de Giresme qui commandait la petite place du *Pont de Samois*. Il fut aidé dans ces entreprises par Denis de Chailly qui avait lâchement livré la place de Moret, et qui, en vue de laver sa faute, ne négligea rien pour la reconquérir. A la tête de bonnes troupes fraîches, Giresme et lui, partis de Provins, arrivent à l'improviste devant la place et la prennent d'assaut avant que l'ennemi ait eu le temps de se reconnaître. Ces faits doivent s'être accomplis dans les premiers mois de l'année 1430.

Le roi, obligé d'étendre ses manœuvres sur un champ d'une vaste étendue, choisit Moret comme un point central propice à ses opérations et facile à fortifier. Il y établit son quartier général.

Charles VII, sous la protection du ciel, personnifiée dans Jeanne d'Arc, commençait à mériter le surnom de *Victorieux*, qui lui fut donné dans la suite, et se trouvait un peu plus confiant qu'aux temps où il n'était que *roi de Bourges*, et où le banquet royal se composait d'un potage aux harengs, d'une paire de poulets maigres et d'une queue de mouton. Alors fut attaché à la personne du monarque, en qualité de gentilhomme servant et d'échanson, un certain Antoine Duroux, natif du Puy-en-Velay, qui avait accompagné le sieur de Nangis à l'assaut de Moret. Le roi commençant à faire ses affaires avec celles de la nation, l'échanson fit aussi les siennes, et il acheta du même Denis de Chailly, sieur de Nangis, la terre de Sigy, près de Donnemarie-en-Montois, dont le nom devint le sien et celui de ses descendants, toujours existants, toujours nobles, toujours pieux, et honorant le nom de *de Haut* qu'ils portent aujourd'hui (1).

(1) Antoine *du Roux* avait apporté du Puy une statue de la Vierge-Mère, modelée sur celle de la Vierge miraculeuse que l'on vénère, de temps immémorial, dans la ville du Puy. Cette statue, placée plus tard dans l'église de Sigy, est aujourd'hui dans cette église, consacrée sous le vocable de *Notre-Dame du Puy*, l'objet d'un pieux pèlerinage (voir la *Semaine religieuse de Meaux*, année 1888, page 521).

XIII

Charles VII. — Ce prince complète l'ensemble des anciennes fortifications. — Grosse tour ou château de Moret (1430).

Charles VII, fixé à Moret, avec son quartier général, compléta le système de défense de la ville (1). Il la fortifia de fossés et de remparts, répara tous les dégâts dont elle avait souffert pendant les règnes précédents, la mit promptement en état de soutenir de nouvelles attaques, et put y respirer à l'aise, au milieu d'un brillant entourage que formaient les

(1) Le roi avait d'autant plus besoin d'une forte position à Moret que Montereau était encore au pouvoir des Anglais. Ils n'en furent délogés par Charles VII en personne qu'en 1437. Il est dit, à cette date, dans l'histoire de France d'Anquetil : « Le roi eut un plein succès dans l'attaque de Montereau-fault-Yonne, ville alors importante et très forte. Charles y montra une intrépidité qu'on ne lui avait pas encore connue. Il marcha à l'assaut, à travers le fossé, dans l'eau jusqu'à la ceinture, et se voyant maître de la ville, *il défendit, sous peine de la hart, que homme ne pillât l'église, ni les gens de la ville.* Ces deux actes, l'un de bravoure, l'autre de bonté, décidèrent de sa réputation auprès des Français. »

LE VIEUX DONJON

Dunois, les La Hire, les Xaintrailles et les La Tré-
mouille.

La ville resta longtemps protégée par des fossés
profonds qui entouraient les hautes murailles. Ils
ont été comblés, depuis peu d'années, par les propriétaires limitrophes, qui en ont fait des jardins,
après avoir abattu les tourelles et les remparts qui
les en eussent séparés. Ce qui reste des murs aujour-
d'hui peut donner une idée de ce qu'ils auraient pu
durer si la mine et la sape n'étaient venues les renverser violemment.

Il est difficile, dans un espace aussi restreint que
celui qu'occupe la petite ville de Moret, de trouver
réunis autant de monuments anciens encore debout,
et autant de débris du moyen-âge, qui attestent aux
yeux du voyageur, du touriste et de l'antiquaire,
l'importance militaire qu'avait cette place il y a
quatre siècles.

Sa ceinture de murailles, quoique déjà en grande
partie détruite, nous présente néanmoins encore des
restes bien conservés de ses murs épais, flanqués de
tourelles, où cette végétation toute particulière qui
fleurit sur les ruines, balance au souffle du vent ses
tiges déliées et ses bouquets aux différentes couleurs.

La ville, telle qu'elle était autrefois, c'est-à-dire
renfermée dans les anciennes murailles, forme à peu
près un carré long à pans tant soit peu coupés, dont
la face principale s'appuie sur les bords de la rivière
du Loing. Mais, trop à l'étroit dans sa première

enceinte, elle a commencé, depuis, longtemps, à franchir ses barrières pour s'étendre et respirer.

La partie de la ville contiguë à la rivière était le côté sinon le plus vulnérable, du moins le plus exposé aux attaques de l'ennemi. C'était aussi le plus fortifié. On retrouve encore, à l'ancienne tête du pont, les derniers restes d'un ouvrage avancé, c'est-à-dire un bâtiment dans la façade duquel se trouve une baie en plein-cintre en contenant une autre en ogive, le tout muré depuis longtemps. Puis, au bout de ces ruines et reliée à elle par un pan de muraille, une tour assez élevée, dont la base en talus est baignée par les eaux du Loing. D'après une ancienne gravure, cette forteresse occupait un îlot de la rivière et offrait des moyens de défense assez formidables pour l'époque. La tour est en partie conservée.

Dans les constructions que nous venons de mentionner était une place à peu près octogonale, renfermée dans des murs hauts et épais, flanqués de tours rondes et carrées. C'est là sans doute que bivouaquaient, en temps de guerre, les défenseurs de la ville, pour la préserver d'une surprise. De cette enceinte, on avait accès dans une haute tour carrée, espèce de donjon qui masquait complètement l'entrée du pont, et en était la principale défense. C'est là, vraisemblablement, cette *antique tour de forme quarrée du côté de Bourgogne*, dont parle dom Morin dans son histoire du Gâtinais.

L'ancien château-fort ou citadelle de Moret a été

voué à la destruction en 1793, et la démolition en a
été commencée. Il en reste encore la ruíne imposante
que l'on voit dans la gravure placée en tête de ce
chapitre. C'est ainsi que les démagogues désar-
maient la France en croyant frapper ce qu'ils appe-
laient la tyrannie, eux, les plus sanguinaires de tous
les tyrans.

On attribue la première construction de ce vieil
édifice au roi Louis VII. Son architecture porte effec-
tivement le cachet de cette époque, et l'on croit que
quelques bas-reliefs mutilés, dont on aperçut longtemps les vestiges à l'intérieur de la tour, représentaient en plusieurs endroits ce monarque lui-même.

Cette forteresse était de forme carrée, très élevée et
imprenable, vu l'épaisseur de ses murailles. Elle était
placée à l'endroit le plus élevé de la ville, au midi
de l'église paroissiale, formant à son sommet une
plateforme et offrant sur l'épaisseur des murs une
promenade entourée d'une double grille de fer.

Ce monument contenait à l'intérieur cinq étages
remarquables par l'extraordinaire dimension des
salles principales et par la hauteur des plafonds. On
voyait adossées à sa muraille, du côté de la rivière,
des constructions secondaires d'une forme antique
et élégante séparées du Loing par de magnifiques
jardins potagers.

Au rez-de-chaussée était une chapelle revêtue de
lambris dorés. L'autel également doré était surmonté d'un tableau représentant la visite de la sainte
Vierge à sainte Elisabeth.

A gauche de la chapelle était l'escalier qui desservait tous les étages. Il avait cela de remarquable, dit-on, qu'une voiture attelée de deux chevaux pouvait le monter jusqu'au premier étage. Le reste, au contraire, se composait de marches très élevées.

Dans différentes pièces on remarquait les poutres ornées de dorures sur un fond azuré, émaillé de fleurs. Les lambris, également peints, étaient entourés de baguettes dorées, avec des bouquets de fleurs sur les panneaux.

Au bas du jardin était une grille en fer et un petit pont jeté sur l'ancienne rivière d'Aurance, et donnant entrée sur une magnifique avenue qui s'étendait à perte de vue dans la prairie et connue sous le nom d'*Allée de Madame*.

A l'observateur placé sur le sommet de la tour s'offre la plus ravissante perspective ; il a sous les yeux dans un seul tableau, de quelque côté qu'il se tourne, un horizon des plus variés, des cours d'eau qui se disputent la plaine, des bourgs en amphithéâtre, des montagnes boisées et la vaste forêt.

Cette citadelle avait pour sa défense douze fortes couleuvrines en métal, de différents calibres, dont chacune portait gravée en lettres gothiques la légende : *Moret en Gâtinais* (1).

Parmi les personnages célèbres qui ont habité ce

______

(1) Une de ces couleuvrines est conservée au musée de l'Hôtel de Ville de Moret.

X...

vieux manoir, nommons en particulier la reine
Catherine de Médicis, le marquis de Vardes avec
Jacqueline de Beuil, le duc de Rohan, et Lefèvre de
Caumartin, dernier engagiste du domaine royal de
Moret.

Une autre personnalité de marque habita, mais à
un autre titre, le donjon de Moret. Nous voulons
parler du malheureux Fouquet, surintendant des
finances sous Louis XIV, qui y fut enfermé, comme
prisonnier, en 1664. Il avait pour compagnon le
doux et éloquent Pélisson, son confident, son ami
et son défenseur. Il en fut tiré pour aller finir sa
captivité et ses jours, dans la pénitence, au château
de Pignerol.

Cette vénérable ruine qui, depuis, a longtemps
servi de magasin à écorces, devait, croyait-on, recéler sous ses décombres des objets dignes de curiosité. En 1834, un éboulement qui se produisit mit à
jour un souterrain rempli d'ossements d'animaux,
et notamment des têtes de bœufs, au milieu desquels
on trouva une médaille du règne de Philippe-le-Bel.
Quel dommage que des crânes d'animaux aient trop
accusé la nature de ces ossements ! Sans ces traîtres
témoins, les fanatiques de la Révolution n'auraient
pas manqué d'y voir les restes des victimes de la
tyrannie morts de faim dans les cachots de la tour.

Cette tour complètement démantelée, placée sur
le point culminant de la ville, et élevant sa tête au-
dessus des autres constructions, n'offrait plus, de
quelque côté qu'on l'abordât, qu'un sommet décou-

ronné et une massive structure. A l'intérieur, plus de plafonds, plus de solives ; quelques pierres saillantes désignant tant bien que mal la disposition des étages ; quelques restes de sculptures mutilées et indéchiffrables, voilà ce qui restait de cette fameuse tour, véritable monument féodal, que les rois de France signalaient autrefois dans leurs chartes, de laquelle relevaient tous les fiefs du domaine et qu'on appelait la *Grosse tour de Moret.*

Mais, grâce à Dieu, un artiste de goût, un juste appréciateur des antiquités, cédant à sa passion de l'art, acheta cette ruine. Moins dédaigneux de la charmante cité que le brutal amateur qui a dépecé les dentelles architecturales de la maison de François Ier pour en enrichir l'opulente capitale, M. Thirion a respecté le monument de Louis VII, l'a laissé à sa place comme une richesse du pays, et lui a conservé extérieurement son cachet d'antiquité et son aspect ruineux. Mais à l'intérieur, il rendit au vieux château ses étages, ses vastes salles, son escalier, ses lambris, ses peintures, ses cadres dorés, avec une rare fraîcheur de nouveauté, d'élégance et de goût artistique. Il a fait surtout d'un immense salon, au rez-de-chaussée, une sorte de musée où s'épanouissent des objets d'art d'une délicatesse exquise et d'une réelle valeur.

Magnifique exemple donné aux édiles chargés des intérêts communaux, pour leur apprendre le cas qu'ils doivent faire des monuments et des souvenirs qui sont la gloire de l'antique et royale cité.

Arrivons à des monuments plus faciles à décrire, parce qu'ils sont encore tout entiers sous nos yeux, je veux dire les portes de Moret.

XIV

Portes. — Fortifications de Moret. — Murs d'enceinte.

Non loin des ruines dont nous venons de parler
est la *porte du Pont*, de forme carrée et dont la principale ouverture est ogivale. Du côté de la ville, elle
est percée de trois baies ou espèces de fenêtres, dont
deux au-dessus de l'ogive, et une plus haute, tout à
fait au milieu. Cette dernière est défendue à l'extérieur par des barreaux de fer, dont l'un a été, dit-on,
tordu et allongé par la foudre. Au côté gauche de
l'édifice, à l'intérieur de la ville, est une porte qui
donne accès dans le monument. On y monte au
moyen d'un vieil escalier en pierres. L'intérieur se
compose d'abord d'une salle qui servait, selon toute
vraisemblance, de corps-de-garde, et dans laquelle
se trouve un second escalier en pierres qui conduit à
l'étage supérieur. Celui-ci se compose d'une autre
salle habitée aujourd'hui par les chauves-souris et
les rats, et dans laquelle se voit toujours la fameuse
cage de fer *en bois*, dont une tradition fort douteuse

LA CAGE DE FER

fait remonter l'invention au cardinal La Balue, sous Louis XI.

Cette cage est le meuble intéressant du lieu. On dit que plusieurs personnages célèbres qu'on ne nomme pas y furent enfermés. Si La Balue fut l'inventeur d'une telle cellule, il méritait d'en être le premier habitant, et ce jeu du sort eût été digne et du maître et du favori. Cette cage dite *de fer* n'est pas en fer ; c'est un assemblage à claire-voie de solides madriers en chêne, reliés par des barres de fer, et formant une chambre carrée, placée dans l'angle de l'appartement ; le mur tient lieu de deux côtés. Elle est d'une dimension strictement calculée pour que le prisonnier pût s'y tenir debout ou couché horizontalement. On remarque sur la muraille, tant au dehors qu'au dedans de cette étroite prison, des inscriptions et des signes, tels que sentences de l'Écriture, figures diverses de la croix. On ne peut s'empêcher d'attribuer ces marques de résignation ou d'ennui, de confiance ou de désespoir, aux infortunés qui ont habité ce lieu de captivité. Ils recevaient l'air et la lumière soit par les interstices des barreaux, soit par une étroite ouverture pratiquée dans le mur et donnant vue sur le pont. Des dégâts que l'on remarque à la base de plusieurs pièces de bois, font croire à quelques tentatives d'évasion.

Le monument dont nous nous occupons, c'est-à-dire la porte du Pont, qui est de forme carrée, a ses angles du haut tronqués par un commencement de tourelles en encorbellement. Entre les deux croisées du bas se voit une espèce de niche, veuve, probablement depuis longtemps, du saint ou de la madone qui en faisait l'ornement. Le dessus de la porte est formé d'un plafond en planches qui remplace peut-être la voûte primitive. La face qui regarde le pont est ouverte en forme d'ogive double pour l'entrée, de manière que celle de l'intérieur est plus basse que la première et devait servir d'appui à la herse, dont on voit encore les raînures.

Le tout est couronné d'un toit quadrangulaire aigu, couvert en ardoises et surmonté de deux girouettes. Sur chaque côté de sa face extérieure sont deux pilastres fort peu saillants, surmontés chacun de cette ébauche de tourelles mentionnée plus haut.

Il est vraisemblable que le toit dont nous venons de parler, et qui a été remis à neuf ces dernières années, ne faisait pas partie des constructions primitives ; que cette tour, comme celle de la tête du pont, avait une plate-forme à son sommet, et que les quatre petites tourelles s'élevaient en forme de guérites de pierre au-dessus de la ligne des créneaux.

La face qui se trouve en retrait des pilastres est ornée d'une ogive dont le sommet touche le bord du toit. Au milieu est une large fenêtre grillée ; au-dessous deux longues ouvertures en forme de meurtrières, ayant dû servir au passage et à la manœuvre des montants qui soutenaient le pont-levis.

Cette première porte est mise en communication par la grand'rue de la ville avec la seconde, appelée *Porte de Samois.* Celle-ci est en face de la précédente,

PORTE DE SAMOIS

dont elle est séparée par une distance de 300 mètres. Elle fermait l'entrée de la ville du côté de Fontainebleau. L'origine de son nom est inconnue. Samois est un village d'environ 1100 habitants, distant de deux à trois lieues de Moret. Avant Fontainebleau, Samois dût être une localité très importante entre Melun et Moret. Quelques faits le laissent supposer. Ainsi, il y avait une mesure dite *mesure de Samois*. Quand Louis le Jeune nomma un chapelain pour la chapelle Saint-Saturnin, qu'il venait de construire au château de Fontainebleau, il fonda en sa faveur un revenu de six muids de vin à prendre dans son clos d'Héricy, *mesure de Samois ; et si le vin y défault, il y sera suppléé par celui de Samois*. Comme Moret était en relations et en communauté d'affaires avec Melun, Samois était un lieu très fréquenté par ceux de Moret ; de là vraisemblablement ce nom de la porte par où l'on sortait pour s'y rendre. On l'appelait encore *Porte de Paris*.

La porte de Samois est de même dimension que celle du pont de Bourgogne, et n'en diffère que par quelques détails d'architecture. Elle est aussi de forme carrée, et couronnée par un toit quadrangulaire couvert en ardoises et surmonté de deux girouettes. Les deux angles en dehors, c'est-à-dire ceux du côté de Fontainebleau, sont flanqués de deux énormes contreforts carrés, supportant, chacun, à leur sommet, une tourelle qui monte jusqu'à la naissance du toit, et qui se termine elle-même par une pyramide conique couverte en ardoises. Ces deux tourelles en encorbellement sur les deux pilastres, sont soutenues par des pierres saillantes en guise de consoles. L'ouverture de la porte est en plein-cintre, et un massif de maçonnerie, de même en plein-cintre, mais plus bas, devait, comme à l'autre porte, servir de soutien à la herse, dont les deux coulisses sont encore apparentes. La partie plate est percée de quatre ouvertures, dont deux en haut, qui sont de forme allongée et paraissent être plutôt des meurtrières que des fenêtres, et deux en bas, plus étroites encore, évidemment faites pour le service du pont-levis. Entre ces baies, on aperçoit les vestiges d'un ancien écusson dont les armes sont entièrement effacées; mais on peut distinguer encore deux anges qui lui servaient de supports, et les débris d'une couronne complètement mutilée. L'écusson est entouré de deux branches de laurier (1).

Du côté de la ville, la porte est entièrement nue, ou, pour mieux dire, sans contreforts ni tourelles. Elle offre aussi quatre ouvertures longues et étroites qui semblent correspondre à celles du dehors. Entre les deux plus basses est une niche dans laquelle était

(1) Cet écusson est celui des anciennes armes de Moret. La municipalité morétaine de je ne sais quelle époque paraît avoir répudié ce vieux témoin de sa glorieuse antiquité. Une autre municipalité s'honorera et croira honorer la petite ville en le revendiquant. Nous l'avons, pour souvenir, placé en tête de cette notice. Toutes les grandes villes tiennent à honneur de conserver intactes leurs vieilles armoiries.

placée une vieille statue de la Vierge, patronne de Moret (1). Sur le socle qui la supportait et qui se projette en saillie, on peut lire ces mots : *Uni stat spes beati* (2), et sur le dessous du culot la date de 1556, au milieu d'un cartouche sculpté dans le style de la Renaissance (3). Sur cette même façade, au côté gau-

(1) Lors de la démolition de l'ancien hôtel de ville, un habitant, soucieux de conjurer la disparition définitive de l'antique statue, menacée soit de rester enfouie dans une cave au milieu des décombres, soit d'être emportée aux immondices avec les gravats, obtint du maire (février 1922) que la Patronne de Moret fut exhumée de son humide et noir cachot. Elle est aujourd'hui (1928) religieusement conservée dans une maison de la Grande-Rue, en plein cœur de la cité, dont elle demeure ainsi la sauvegarde, attendant qu'une municipalité, simplement éprise d'art ou respectueuse des souvenirs morétains, consente à accepter l'offre récemment renouvelée de sa remise en place sans qu'il en coûte rien à la ville.

X...

(2) M. Abel Rigault, l'érudit archiviste paléographe, a, pour la traduire, ainsi complété cette inscription : *Uni (ca) stat spes beati.* Ce qui voudrait dire : *Elle demeure la seule espérance du bienheureux.*

X...

(3) L'encadrement architectural de cette niche tomba de lui-même, sous l'influence d'une forte gelée, pendant le rude hiver de 1880-1881. Cet accident négligé fut comme le signal d'une année de malheur pour la ville de Moret. Pendant le même hiver se produisirent simultanément, dans la ville, de douloureuses catastrophes. Un homme eut le **pied écrasé** sous une meule de moulin ; un autre se cassa la jambe dans une chute ; un troisième eut la main droite fracassée par

che de la muraille, se voit un boulet incrusté dans une pierre taillée, avec cette inscription : 18 *février* 1814. C'est un des boulets que les alliés, en pleine retraite et se défendant à la manière des Parthes, lancèrent derrière eux sur Moret, en le quittant, pour aller se faire battre à Montereau.

Autrefois, les murs de la ville venaient se relier et se souder sur chacun des flancs de l'édifice. Aujourd'hui, cette disposition a changé, et des constructions et maisons d'habitation ont remplacé, dans cet endroit, les vieux murs d'enceinte. Car, c'est de ce côté que les anciennes fortifications ont le plus souffert. On en retrouve heureusement encore d'imposants vestiges ; mais dans une grande partie de la circonférence, les habitants ont acheté de l'intelli-

un coup de feu ; un violent incendie dévora une habitation, etc. Ces divers accidents furent réparés tant bien que mal. Le seul accident qui ne fut point réparé, quoique le plus facilement réparable, c'est celui de la porte de Samois. La patronne du pays est toujours au rebut dans la poussière, et sa place apparaît encore toute délabrée sur le vieil édifice, quoique plusieurs personnes aient offert de tout remettre dans son premier état, sans qu'il en coûtât une obole à la ville. Le lecteur est prié de n'en point blâmer la municipalité d'alors qui, sans doute, n'a pas été informée alors par son chef de cette offre généreuse.

Mais en revanche, l'idole *Marianne* a reçu les honneurs de l'apothéose dans cette maison commune où la Vierge est remisée dans un coin ! On attend peut-être que ce fétiche des modernes idolâtres tombe à son tour en poussière, pour rétablir sur son piédestal, selon le vœu de la population, la céleste protectrice de la ville et de ses habitants.

gente municipalité de l'époque des portions de ces vieux restes pour s'en servir, soit comme de matériaux de construction, soit comme de points d'appui pour divers bâtiments élevés çà et là sans ordre et sans symétrie. L'autorité communale, en vendant ces murs de clôture n'a pas pensé, sans doute, à stipuler le percement, au bout de certaines rues, de voies de communication avec la plaine, et ces rues sont restées des culs-de-sac, tels que la rue du Château et l'impasse des Buttes. Ainsi le veut la loi du progrès !

La partie du mur d'enceinte la mieux conservée est celle qui regarde la rivière du Loing. Là, bien qu'il y ait aussi quelques solutions de continuité, on retrouve encore l'ancien aspect de la ville forte du moyen-âge. D'abord, une ancienne tourelle d'angle; puis, en longeant les vieux murs et s'approchant du pont, deux poternes dont la plus grande, percée d'une baie ogivale, porte encore à l'intérieur les rainures de la herse qui la fermait.

C'est là que se produisit, le 27 mai 1865, un terrible accident. Un groupe de touristes, dînait dans une salle aérienne, construite en forme de belvédère, au-dessus de cette poterne, et dépendant de l'*Hôtel de l'Ecu*. Le plancher vermoulu céda tout à coup sous les pieds des convives et entraîna sur le pavé tout le personnel et le matériel du festin. Il y eut des morts et des blessés.

De l'autre côté du pont est une petite porte basse par où débouchent les lingères de la ville qui descendent au lavoir public. Elle est de forme carrée, et n'a rien de remarquable. On voit seulement, sur le côté de cette porte, l'étiage où sont inscrites les plus fortes inondations du Loing, dont la plus désastreuse de mémoire d'homme est celle que relatent ces inscriptions gravées sur la pierre :

<table>
<tr><td>INTRA HORAM NONAM
MATUTINAM ET DECIMAM
SEROTINAM ▬▬▬▬▬▬▬
HUC USQUE
FLUCTUAVIT LUPIA
ANNO DOMINI MDCCLXX
27 DIE MENSIS
NOVEMBRIS</td><td>LE 27 9bre 1770
L'EAU A MONTÉ JUSQU'A
CETTE RAYE</td></tr>
</table>

TRADUCTION :

Le vingt-septième jour du mois de novembre
en l'an du Seigneur MDCCLXX
entre la neuvième heure du matin et la dixième heure du soir
le Loing a monté jusque-là.

Il existait, il n'y a pas encore bien longtemps, une troisième porte que dom Morin appelle la *Porte d'Orléans*, mais plus connue sous le nom de *Porte* de *Grès*. Nous ferons sur ce nom la même observation que sur celui de *Porte de Samois*. Grès est un village de 600 habitants entre Moret et Nemours. C'était autrefois une ville d'une importance telle que Charles VI, en 1404, l'érigea en duché-pairie. On pense, non sans raison, que cette ville n'était autre que celle de Grex qui existait au temps de César. Lors de sa décadence, ses ruines ont servi de matériaux pour la construction de Nemours. On voit de suite la raison qui fit donner autrefois le nom de *Porte de Grès* à celle qui s'ouvrait sur la route conduisant à la ville de ce nom. Cette porte était construite sur les mêmes plans et les mêmes dimensions que les précédentes, et sa démolition ne remonte pas plus haut que le commencement de ce siècle.

En pensant aux actes de vandalisme qui ont amené ces destructions, Teste d'Ouet, ce patriote de la cité morétaine, ne peut retenir ses plaintes indignées :

« Des trois portes, dit-il, deux sont encore debout. J'ai vu abattre la troisième, dont il ne reste absolument rien. Des autres, il ne reste que l'édifice ; les portes proprement dites ont été arrachées de leurs gonds, seulement en 1808 ou 1809. A quoi nuisaient-elles ? A rien, mais elles étaient revêtues de ferrements énormes et à 20 centimes la livre, cela dut procurer quelques écus à la caisse municipale. Vite, vite, les portes durent tomber ! Et peut-être en serait-il de même des murailles, si la grande route qui passe sous chacun des portiques ne devait, pendant quelques jours, être obstruée par leurs débris ! »

XV

Louis XI. — La féodalité. — Châtellenie de Moret donnée par ce prince à Antoine de Chabannes, comte de Dammartin. — Foi et hommage au roi de divers fiefs, à Moret et aux environs, sous Charles VIII et Louis XII.

Les règnes de Louis XI, de Charles VIII et de Louis XII ne passent pas tout à fait inaperçus dans l'histoire de Moret. Il n'est pas constaté que tous ces princes aient fait séjour à Moret ; mais la trace de leur autorité sur ce domaine n'en est pas moins marquée par des actes authentiques dans l'histoire locale.

C'est ainsi que Louis XI a fait don de la châtellenie de Moret, à Antoine de Chabannes, comte de Dammartin (1).

Cet acte est d'autant plus digne d'attention que Louis XI, au lieu de rehausser les nobles par des apanages, prenait à tâche de les annihiler. Ce prince, en effet, garde une physionomie à part dans notre

(1) Le tombeau en pierre de ce favori de Louis XI se voit au milieu du chœur de l'église Notre-Dame de Dammartin (Seine-et-Marne).

histoire. Plus infatué de son esprit et de son mérite
que de sa naissance et de sa couronne, il ne res-
semble à aucun des rois de sa race qui l'ont précédé,
ni à aucun de ceux qui l'ont suivi. Il est à lui seul
toute son époque. Aussi remarquable par ses talents,
par son génie même, que par sa vicieuse et étrange
nature, c'est une figure unique dans la galerie des
princes. Personnage d'une poésie sombre et terrible,
génie monstrueux et plein de contrastes, méchant
homme et grand politique, tyran détestable et dé-
testé de son vivant, mais le seul roi vraiment remarquable de la première branche des Valois, et le plus
grand ouvrier de notre unité nationale. Par les habiles ruses de sa politique, il sut endormir, paralyser
et subjuguer tour à tour la turbulence des seigneurs.
Quand le succès de ses entreprises lui remettait la
force en main, il dictait lui-même avec une tyrannique bonhomie les lois de la vassalité. Il est le
premier roi qui osa s'arroger le droit de réunir à la
couronne les terres des vassaux rebelles. Il insérait
cette clause dans les traités. Jacques d'Armagnac,
duc de Nemours, fut le premier qui la signa. Toute
tentative de révolte se trouvait ainsi coupée dans sa
racine. Cette menace, toujours suspendue sur la tête
des grands seigneurs comme des petits barons, fut
le premier coup hardi porté à la féodalité, qui commençait à ébranler le trône au lieu de le soutenir.

La féodalité s'est formée dans le principe par une
sorte de germination sociale, à l'époque où elle était
une garantie nécessaire de sécurité. On l'a vue se

créer sa place, faire sortir de la fermentation con-
fuse de ce temps un commencement d'ordre et de
lumière, couvrir les populations d'un patronage
salutaire, en échange du dévouement qu'elle en
obtenait. On l'a vu naître et grandir du xe au xii^e
siècle, faire surgir, dans ses meilleurs jours, l'institution toute chrétienne et toute française de la che-
valerie, se jeter avec l'enthousiasme du sacrifice
dans l'immense mouvement des croisades et sous-
traire l'Europe aux ignominies de la servitude mu-
sulmane. On l'a vue resplendir au xiiie siècle dans
son glorieux apogée, pencher ensuite vers son dé-
clin, recevoir de l'impitoyable main de Louix XI
une mortelle atteinte, livrer, non sans éclat, ses
dernières luttes et tomber enfin sous la rude massue
du cardinal de Richelieu. Mais l'on peut dire, l'histoire à la main, non pas que le régime féodal est bon
en tout temps et propre au nôtre, mais qu'au moment où il se produisit il fut utile à la France (1).

(1) Les abus de l'ancienne féodalité, que nul ne songe à
regretter ni à défendre, ont été exagérés et dénaturés par les
plumes trempées dans le fiel révolutionnaire. Car, en somme,
les anciennes aristocraties nourrissaient, défendaient, proté-
geaient les individus placés sous leur dépendance. L'abus
tyrannique du pouvoir était l'exception. Mais, grâce aux cris
de paon soulevés contre un état de choses anéanti depuis trois
siècles, et qui ne saurait revivre, on s'imagine, en France,
avec une peur qui fait rire, voir, au seul mot de royauté, les
châteaux du moyen âge se relever avec leurs tours, leurs
mâchicoulis, leurs meurtrières, leurs cachots ; et l'on ne
s'inquiète pas d'une autre féodalité bien plus terrible qui

Louis XI sentait déjà le besoin d'en finir avec ce régime. Ennemi de toute rivalité, il voulait sabrer, comme Tarquin, les têtes qui affectaient de se dresser à côté de la sienne : même quand il paraissait généreux envers les grands, il avait toujours une arrière-pensée de domination. Ce n'est que dans ce sens qu'on peut expliquer le don qu'il fit du domaine de Moret au comté de Chabannes, dont il

s'est élevée sur les ruines de l'ancienne. Cette féodalité moderne, c'est la puissance de l'industrie, c'est l'aristocratie du capital ; ses donjons, ce sont les ateliers où des malheureux trouvent une mort précoce ; ses seigneurs, ce sont les manufacturiers qui, pour assouvir leur cupidité, condamnent à une vie mille fois pire que l'ancien servage, les infortunés que le besoin place sous leur dépendance :

> *Pauvre enfant ! voyez-le, dès que l'aurore est née,*
> *Debout, près du métier, commençant sa journée ;*
> *Jusqu'au soir nul repos ; à peine un peu de pain.*
> *L'œil toujours enchaîné sur ces ressorts d'airain ;*
> *Attentif, haletant, d'heure en heure il expire !*
> *Il gémit, on le frappe... et cet affreux martyre*
> *Dure jusqu'au moment où le poids du labeur*
> *Accable un jeune corps vieilli par la douleur.*
> *L'enfant assassiné ferme l'œil : il succombe ;*
> *Et son premier repos est celui de la tombe !*

Ce sombre tableau, ce drame horrible se reproduit et se multiplie tous les jours, et sous mille formes, dans nos cités manufacturières. Nos-législateurs ont mille fois essayé d'apporter remède à cet état de choses... sur le papier ! Triste impuissance du siècle qui veut donner le change en criant contre les abus d'un autre âge !

avait à se plaindre autant qu'à se louer. Cette grati-
fication est d'autant plus surprenante que Louis XI
qui aimait Moret, devait traverser avec délice la
solitude des bois pour venir méditer tranquillement,
sous les voûtes sombres du château-fort, les plans
impitoyables de sa politique de nivellement.

Les lettres patentes qui réalisent cette donation,
signées à Orléans, le 22 octobre 1466, énumèrent les
causes vraies ou feintes de cette apparente générosité.

Le Parlement de Paris avait refusé de ratifier des
libéralités domaniales que le roi voulait faire à son
favori. C'est alors que pour dédommager ce dernier,
ou plutôt pour narguer le Parlement, le malin des-
pote fit au comte de Chabannes une donation solennelle et publique de la terre de Moret.

Après l'exposé des motifs, l'acte de cession continue ainsi :

*« Pour acquicter nostre conscience et autres grans
et justes causes et considérations à ce nous mouvans,
nous avons de nostre propre volonté, certaine
science, grâce espécial, plaine puissance et auctorité
royal, donné, cédé, quicté, transporté et délaissé, et
par ces présentes signées de nostre main, donnons,
cédons, quictons, transportons et délaissons noz
ville, chastellenie, terre et seigneurie de Moret en
Gastinoiz, ensemble les justices, cens, rentes, revenus, bois, rivières, estangs, fours, molins, garennes,
granges, fiefs, arierefiefs, hommes, hommages,
patronnages, guetz, pertinences et appendances, et*

autres prérogatives qui d'ancienneté appartiennent à ladicte seigneurie de Moret, en quelque qualité, valeur ou extimacion quelles soient ou puissent être du temps à venir et en quelque façon ou manière quelles viennent ou puissent venir eus.

« Pour les avoir, tenir, posséder, exploicter et en joyr par ledict Antoine de Chabannes, ses hoirs, successeurs et qui de lui auront cause perpétuellement et à toujours et autrement. en faire et disposer à leur bon plaisir et comme de leur chose propre, sans aucune y retenir et réserver pour nous et nos successeurs fors seulement les foy et hommaige que ledict Chabannes et les siens en seront tenuz faire à nous et aux nostres à cause de nostre comté et seigneurie de Melun.

« Et aussi retenir à nous et aux nostres les ressort et souveraineté pourveu toutefois que ledict comte de Dammartin, sesdiz hoirs successeurs et aians cause seront tenuz de paier les fiefs et aumosnes deuz d'ancienneté, à cause de ladicte seigneurie de Moret. Et que les prévostés et seigneuries de Gonesse et autres choses que lui avons baillées par ledict eschange, dont il ne peut joyr, demourront à nous et aux nostres pour en joyr tout ainsi que feisions paravant ledict eschange.

« Si donnons en mandement, etc.

« Donné à Orléans le vingt deuxième jour d'octobre l'an de grâce mil CCCC soixante six et de nostre règne le sixième.

« Sic signatum LOYS. »

Ces actes de générosité souveraine n'impliquaient jamais l'abandon par le roi du droit de suzeraineté et de haute propriété qu'il conservait toujours sur ces domaines, avec la faculté de les reprendre et d'en disposer de nouveau, sauf remboursement des prix d'achat à l'engagiste, quand celui-ci l'avait acheté. La suzeraineté du roi était représentée par le nom de Sa Majesté toujours attachée à la grosse tour de Moret dont tenaient et mouvaient un si grand nombre de fiefs. Aussi les acquéreurs de ces fiefs étaient-ils tenus de rendre au roi *foi et hommage*, lorsqu'ils prenaient possession.

Nous nous contenterons de citer quelques exemples de ces actes de vassalité, accomplis à Moret, sous les règnes de Charles VIII et de Louis XII.

Sous Charles VIII :

Le 6 novembre 1486, Nicolas Bocheret, au nom et comme tuteur de Jean Blossier, mineur, fait hommage au roi à cause du *minage, geolage, criage* (1), *de Moret en Gastinois, tenant et mouvant de la chastellenie et grosse tour dudit lieu de Moret.*

Le 13 juin 1491, la veuve Janilhac fait hommage d'une des quatre sergenteries fieffées de Moret appelées *sergenteries royales*, et d'un fief et droit qu'elle a audit Moret sur chacun *bastel* et *vaisselle* chargé

---

(1) On appelait *geolage* une redevance payée au geolier pour le temps qu'on avait passé en prison ; *minage*, un droit sur le mesurage et l'estimation du blé ; et *criage*, ce qu'on payait au crieur pour ses annonces et publications.

ou vidé, montant et avalant, par les rivières de Seine et du Loing, *ès détroiz* dudit Moret ; ensemble de plusieurs autres fiefs, cens, rentes et *héritaiges* assis *ès* paroisse d'*Avons*, de la *Genevroye*, de la *Chèze*, de Agny, de la Maison-Rouge et autres territoires de la *chastellenie* dudit Moret.

Le 2 décembre 1492, Pierre Béluche, procureur au parlement de Paris, au nom de Denise Hacard, veuve de feu Gerard de la Folye, en son vivant greffier des monnaies, fait, au bureau de la Chambre des comptes, les *foi et hommage* de l'une des quatre sergenteries fieffées de Moret.

Le 17 septembre 1493, Guillaume Bouterot fait *foi et hommage* au roi de l'une des quatre sergenteries fieffées de Moret, et d'un fief assis au territoire de Montarlot, le tout tenant et mouvant de la grosse tour de Moret.

Sous Louis XII :

Le 12 juillet 1499, Louis, seigneur de Graville, fait hommage au roi Louis XII de plusieurs fiefs, notamment « de la tierce partie des moulins et rivière de Moret. Ces fiefs se composaient de terres et seigneurie de Bournantye, Hangest, Labrosse, Herny, Quincampoy, Lacelle, port et rivière d'icelle terre de *Laselle, Saint-Mesmer* et des coutumes dudit lieu, de la tierce partie des moulins et rivière des *pontz* de Moret, cens fiefs, leur appartenances et dépendances, le tout tenus et mouvans des *chastelz de Meleun* et de Moret. »

Le 23 mai 1499, Jehan Blossier l'aîné, demeurant

à Moret, fait hommage au roi, à cause du geolage, minage et criage de Moret.

Le 7 février 1505, Robert Hellouyn, au nom et comme tuteur de Loyse Hellouyn, sa fille et fille de feu Martine de la Parcheminerie, sa femme, de l'une des quatre sergenteries fieffées de Moret.

Le 5 mars 1505, Pierre Beluche, avocat au Parlement, fait au bureau de la Chambre des comptes, les *foi et hommage* à quoi il était tenu pour l'une des quatre sergenteries fieffées de la chastellenie de Moret en Gatinois, de ses appartenances et dépendances qui lui étaient échues par le trépas de feu maître Pierre Beluche, son père, en son vivant procureur au Parlement.

Le 19 juillet 1505, Philippot le Bossu, geôlier, ménager et crieur de la ville de Moret, fait, au bureau de la Chambre des comptes, *foi et hommage* de ses offices et *héritaiges* fieffés de geôlier, minager et crieur, de leurs appartenances et dépendances par lui nouvellement acquis de Jean Blossier.

Le 18 janvier 1510, Henri de Janilhac, écuyer, fait hommage au roi Louis XII des fiefs, terres et seigneuries qu'il possède à Moret.

Le 20 juillet 1510, *Madelaine Janilhac* fait hommage au roi des fiefs, terres et seigneuries qu'elle possède à Moret. *Madelaine de Janilhac* était veuve de Jacques de Conflans et sœur de Pierre de Janilhac, chanoine de la Sainte-Chapelle.

Le 25 septembre, Pierre Beluche et Guillaume de Hagues, avocat au Parlement, font hommage au roi pour Jeanne et Isabeau de Conflans, leurs femmes, des terres, fiefs et seigneuries qu'ils ont à Moret.

Le 28 novembre 1511, Denis Pasquier, escuyer, fait hommage au roi du fief de Bie, et de la sixième partie des moulins et *pescheries de dessoubz* le pont de Moret, ensemble du fief d'Escuelles et leurs appartenances et appendances. Le tout est tenu et mouvant de la grosse tour dudit Moret.

Enfin le 18 juin 1512, *Jehan Roche*, à cause de *Loyse Hellouyn*, sa femme, fait hommage au roi de l'une des quatre sergenteries fieffées de Moret.

Les documents concernant les différents fiefs, qu'il serait trop long de détailler ici, témoignent que les impôts payés au roi par les tenanciers se comptaient alors par sous, oboles et deniers. Que les temps sont changés !

Ceux des possesseurs de fiefs qui étaient investis du droit de haute, moyenne et basse justice, tenaient, comme aujourd'hui les juges, tout leur pouvoir du roi, et étaient responsables de leurs arrêts devant Sa Majesté. Mais aujourd'hui les actes des gens de justice échappent à toute responsabilité. C'est le droit de tuer et de voler sans crainte, sous prétexte de punir les voleurs et les assassins, toujours au nom du progrès et de la civilisation.

XVI

François Iᵉʳ. — Ce prince vend et rachète le domaine de Moret
(1522-1528).

François Iᵉʳ, *ce gros gars qui devait tout brouiller,*
comme disait Louis XII, succéda à ce dernier en
1515. Il est un des rois de France qui laissèrent le
plus de traces de leur passage à Moret, grâce surtout au ciseau de Jean Goujon, qui grava sur plusieurs monuments de cette cité royale les sculptures
les plus délicates et les arabesques les plus fines et
les plus déliées, dont il reste encore quelques vestiges.

Toutefois, Moret n'a pas lieu de s'enorgueillir de
l'éclat passager qu'il dut au restaurateur des arts et
des lettres. Car non seulement ce monarque donnait
à la petite ville le triste spectacle de ses galanteries
scandaleuses, mais encore, de là, il dirigeait les embellissements de Fontainebleau qui commençait
déjà à supplanter Moret.

Les dépenses inconsidérées du monarque met-

taient fréquemment les caisses du trésor à sec.
L'expérience faite par Louis XII ne servit point à
François Ier. Le bon roi *père du peuple* avait si sage-
ment administré les deniers de l'Etat, qu'il mourut
en laissant les coffres pleins, quoiqu'il eût guerroyé
au loin et diminué presque chaque année les impôts;
car il aimait mieux, disait-il, voir les courtisans rire
de son avarice que les peuples gémir de ses folles
dépenses.

Autrefois, dans les moments de crise, la royauté,
pour épargner le peuple, s'exécutait elle-même. On
la voyait, usant d'une suprême ressource, mettre en
cage les biens de la couronne. Aujourd'hui, ce sont
toujours les impôts, doublés et redoublés, et les emprunts sans cesse réitérés qui couvrent les déficits.

À l'époque dont nous parlons, le jeune prodigue
qui avait nom François Ier s'exécuta de bonne grâce.
Il n'hésita pas à vendre la seigneurie de Moret, avec
plusieurs autres fiefs du domaine royal.

Une commission nommée par le roi, en date du
17 septembre 1522, fut chargée de cette opération.
Elle était composée de l'archevêque d'Aix, de Jean
Selva, premier président du parlement de Paris, de
Baillot, vice-président du même parlement, et
d'Emar Nicolas, premier président de la Chambre
des comptes.

Lesdits commissaires, munis de pleins pouvoirs,
vendirent le 22 septembre suivant, aux enfants de
défunt *Loys de Poncher, seigneur de Maincy, à la
faculté de rachat et réméré, les villes, terres et sei-*

gneuries de Moret et de Crécy, Bray-Comte-Robert
et la Ferté-Aleps, Tournant et Torcy, et leurs appartenances et dépendances ou propriété et héritage,
tant en domaine, rentes et seigneuries, justice et
juridiction, haulte, moyenne et basse (1), villes, chateaulx, maisons, édifices, fiefz, hommaiges, cens,
rentes, terres labourables et non labourables, vignes,
prez, patiz, boys, buissons, estangs, rivières, et
toutes autres choses qui en dépendent et y appartiennent, avec la provision et la disposicion des offices ordinaires, collations et provisions des bénéfices des dictes terres et seigneuries quant vaccation
y escherroit par mort, résignation, forfaitures ou
autrement pour en joir et user et revenue et prouffit
et émoluments desdites terres et seigneuries et chastellenies, avoir et prendre par leurs mains en disposer comme de leur propre héritage ; sans autre chose
en réserver ne retenir à nous, ne à nos successeurs,
fors les foy et hommaige que seraient tenus nous

(1) La *haute justice* connaissait de tous les crimes punissa-
bles de mort, et de toutes les causes civiles, excepté les cas
royaux et privilégiés, dont la connaissance n'appartenait
qu'aux juges royaux.

La *moyenne justice* connaissait de toutes les actions civiles,
réelles, personnelles et mixtes, et des délits dont l'amende
n'excédait pas soixante sous parisis.

La *basse justice* connaissait de toutes les matières personnelles jusqu'à soixante sous parisis et des délits dont
l'amende était de six sous parisis.

On n'usait guère dans la pratique que de la haute et de la
basse justice.

faire ceux qui tiendront lesdictes terres et sei-
gneuries.

Le prix de vente fut fixé à 40,000 livres tournois, qui furent payées par les héritiers Poncher aux rece- veurs ordinaires du roi, à Paris, Meaux et Brie-Comte-Robert.

La privation de ces domaines fut sensible au cœur du roi. Six ans plus tard, voulant user de la faculté de rachat, et n'étant pas en mesure, à cause de la pénurie constante du trésor, de rembourser le prix de vente, le monarque recourut à un échange, et donna la seigneurie d'Orbec pour recouvrer la pos- session des divers fiefs qu'il voulait racheter, et en particulier de celui de Moret.

L'acte royal qui réalise cet échange s'appuie sur des considérations dignes d'être rapportées :

Pour le désir que nous avons de recouvrer les- dictes villes, chatellenies, terres et seigneuries et droits dessus ditz, pour la commodité dont elles nous sont, tant à cause de la résidence que nous avons dé- libéré de faire et faisons de présent dans notre bonne ville de Paris, Saint-Germain-en-Laye et Fontayne Lebleau dont lesdictes terres sont prochaines et les- quelles terres y a pusieurs belles foretz forts et gros buissons, esquels y a une grande multitude de bestes sauvaiges, pour le plaisir et le déduict de la chasse ; aussi pour nous aider de la vente et coppe desditz boys et foretz plus commodement, quant bon nous semblera, et que sur les dictes terres y a plusieurs beaulx chateaulx et manoir, fiefz, arrière-fiefz, dé-

pendans d'iceulx, ayons mandé venir devers nous iceulx héritiers dudict de Poncher pour les prier les laisser lesdictes villes, chastellenies, terres et seigneuries dessus éclairées ; offrant leur bailler pour au lieu et en contreschange d'icelles pour eulx, leurs hoirs et ayans cause, apareille condicion et faculté de rachapt et réméré perpétuel pour nous et nos successeurs, les villes, vicomté, terre et seigneurie d'Orbec, naguière par nous baillée et érigée en tiltre de conté à feu Maistre Charles de Rohan, seigneur de Gié, sa vie durant seulement, avec justice et juridiction, droictz, prérogatives et prééminences d'icelles, provision et disposicion de tous les offices et bénéfices et autres droictz prouffitz ès émoluments quelzconques deppendans d'icelles vicomté sans aucune chose en réserver ni accepter.

A quoy pour nous faire service et ne nous voullans en rien esconduire ne désobéir comme nos bons et loyaulx subgectz, se sont condescenduz en obtempérant à notre bon plaisir et voulloir.

Savoir faisons que nous désirons pour les causes susdictes commander ost retirer et mettre en noz mains lesdictes villes de Moret, Crécy, Bray-Comte-Robert, la Ferté-Aleps, Tournant et Torcy aux héritiers dudict feu Loys de Poncher, appartenant comme dit est.

Cet acte porte la date du 12 août 1528. En conséquence, la seigneurie d'Orbec, en Normandie, fut remise aux héritiers-Poncher, et le représentant de ceux-ci, maître Antoine Bohier, bailly de Constantin, au nom de tous ses cohéritiers, rendit foi et hommage à Sa Majesté.

On voit dans le même acte que le roi avait l'intention de rembourser, dans l'année, aux nouveaux possesseurs d'Orbec, la somme de 40,000 livres tournois, pour rentrer dans la jouissance de ce domaine, mais il ne paraît pas qu'il ait pu réaliser ce désir.

XVII

Maison dite de *François Ier* à Moret. — Foi et hommage au roi
de différents fiefs sis à Moret.

La volonté expresse qu'avait François Ier de racheter, l'année même, le domaine de Moret n'est pas la
seule preuve de sa prédilection pour ce pays ; il en
donna une plus grande encore en exécutant à Moret
des travaux d'art, et surtout en décorant avec un
soin particulier la maison qui devait lui servir de
pied-à-terre.

Cette habitation qu'on appela depuis *Maison de
François Ier*, ne paraît pas avoir été bâtie par ce
prince. Il la restaura seulement et s'appliqua à
l'embellir. On dit que Pierre Lescot et Jean Goujon
y mirent la main. L'escalier offrait à son portique
une salamandre.

Il y a une soixantaine d'années, cette maison du
moyen-âge conservait encore tout son cachet artistique. Elle était la propriété d'un tonnelier qui
vendit les pierres de ce bijou incomparable pour une
somme presque insignifiante. L'administration de
l'époque ne crut pas que ce chef-d'œuvre valut la

peine qu'on s'en occupât, et un passant d'aventure, pour quelques pistoles, en devint le propriétaire (1826), et les sculptures de Jean Goujon, transportées pièce par pièce à Paris, s'entassèrent tant bien que mal dans un quartier éloigné, où elles passent inaperçues au milieu des splendeurs de la capitale, servant de façade à la maison dite de *François I*[er], située sur le Cours-la-Reine, aux Champs-Elysées (1). Un tableau exposé au Louvre en 1822, et dû au pinceau de M. Renoux, reproduit fidèlement et artistement la physionomie de cette maison.

L'amateur et l'antiquaire ne peuvent plus visiter à Moret que l'emplacement de ce bijou artistique. On y retrouve encore quelques débris de sculpture dédaignés des démolisseurs ; et dans ces restes à demi

(1) Par respect pour l'exactitude historique, nous devons citer le passage suivant d'une lettre adressée à l'auteur de cette histoire par le vénérable marquis de Roys de Saint-Ange :

« Relativement à la maison de François Ier, M. Bonnissant, père, alors notaire et maire de Moret, a fait tout ce qu'il était possible de faire pour conserver à sa ville ce curieux monument. Après avoir vainement proposé de l'acheter, il a essayé de faire prononcer l'éviction du colonel de Braque qui la possédait, pour cause d'utilité publique. Sa demande a été repoussée et par le tribunal et par le conseil de préfecture, ce qui le détermina à donner sa démission comme maire, et il fut remplacé par son collègue comme notaire, M. Clément. M. de Braque qui vivait avec Mademoiselle Mars, la célèbre et inimitable actrice, hélas et à ses dépens, car il l'a presque ruinée, avait acquis cette maison pour elle, et il put la faire démolir avec le plus grand soin, numérotant toutes les

mutilés, représentant, l'un un personnage embouchant une longue trompette, et l'autre une espèce de cartouche ou champ de blason soutenu par des rubans de pierre, on peut reconnaître la touche du maître dont le ciseau eut la gloire de coopérer pour une large part aux embellissements du Louvre, et de sculpter les nymphes de la Fontaine des Innocents.

Cette perte est mille fois regrettable pour la petite ville de Moret.

Grande est l'indignation du romancier morétain, Teste d'Ouet, contre les *traîtres* qui ont assez peu aimé leur pays pour le laisser déposséder de ce chef-d'œuvre qu'il avait tant admiré dans son enfance, alors que cet édifice servait de maison d'école.

pierres, et la fit reconstruire à Paris, dans une situation charmante, près le *Cour de la Reine*. Elle a été restaurée avec beaucoup de goût et elle fait beaucoup plus d'effet qu'elle ne faisait à Moret où elle était rarement visitée. Les habitants, pour la plupart n'en appréciaient pas la valeur. J'étais alors très intimement lié avec M. Bonnissant comme je l'ai été après lui avec ses fils, et je puis vous attester la constance de ses efforts et son chagrin de leur inutilité.

Signé : « Marquis de Roys.»

« Paris, 2 juillet 1875. »

Il résulte de ces intéressants détails que le maire de Moret s'est occupé sérieusement et sans succès, *après coup*, de la maison de François Ier. Mais toujours est-il qu'on l'a laissé vendre, et, à ce point de vue, nous n'avons rien à retrancher de ce que nous avons dit dans la première édition de cette ouvrage.

« L'œuvre de Jean Goujon, astre radieux, s'écrie-t-il, brillait de tout son éclat ; la tourmente révolutionnaire l'avait respecté; il avait traversé les orages, il devait se briser au port et sous un ciel serein !...

« Oh ! Il est des vandales de tous les siècles et de tous les règnes !

« La terreur, la république, l'empire avaient passé, et c'étaient ceux-là qui avaient le plus crié après ceux qui régnaient ! c'était après sept ans de restauration qu'on enlevait à Moret ce qui faisait l'admiration des étrangers (1) ! »

On ne s'attendait guère, il est vrai, à voir la Restauration dans cette affaire. Car à qui la faute si la municipalité prosaïque de l'époque ne voulut pas même offrir une enchère au tonnelier qui adjugea sa propriété au plus offrant ?

La maison dite de *François Ier* formait un même corps de bâtiment avec d'autres constructions connues, encore aujourd'hui, sous le nom de *Maison de la reine Blanche* (2). C'est là qu'on voit les restes de sculpture dont nous avons parlé. Plusieurs fois ces vieilles habitations ont été rajeunies ; et à l'heure où nous écrivons, la truelle vient encore de jeter insolemment ses bavures aux figures parlantes de Jean Goujon. Quelques-unes même ont disparu

(1) Préface de *l'Orpheline de Moret.*

(2) Le nom de *Reine blanche* était donné communément aux reines devenues veuves, parce qu'elles portaient le deuil en blanc. Ce nom donné à une maison n'a donc par lui-même rien de précis, et n'indique aucune époque déterminée.

comme épouvantées de l'insulte. Celles qui restent deviennent d'autant plus précieuses qu'elles sont rares. Outre les sculptures murales, on remarque encore dans les salles, au rez-de-chaussée, des boiseries sculptées, et une vaste cheminée à l'antique (1), dans une des cours, un puits ancien avec une margelle curieuse et un support de poulie en fer forgé et ouvragé ; et enfin, un escalier fort remarquable, tout en belles pierres d'un seul morceau, que l'on fait remonter à l'époque des constructions primitives ; cet escalier dessert encore tous les étages et se trouve dans un parfait état de conservation.

Avant de quitter le règne de François Ier, citons encore, d'après les archives nationales, quelques documents de même nature que ceux que nous avons déjà mentionnés ci-dessus, et rappelant des actes de foi et hommages rendus au roi, par divers personnages devenus possesseurs de fiefs à Moret.

L'un fait hommage au roi pour l'office de geôlier, minager et crieur ; l'autre, pour une maison avec jardin et fours banniers ; celui-ci pour une sergenterie fieffée ; celui-là pour la seigneurie de Thouart à Villeneuve, relevant de la grosse tour de Moret.

Le 16 mai 1533, un certain Olivier Beluche, seigneur de Montheillot, fait hommage de divers droits qu'il prélève à Moret, savoir, un denier obole parisis

----

(1) Elle vient de disparaître, à son tour, dans le cours de cette année 1888.

qu'il a droit de prendre sur chaque bateau passant au détroit de *Saint-Mamers* (Saint-Mammès), et deux sous tournois de menus sens, dus par plusieurs personnes et sur plusieurs héritages sis audit Moret ; d'une grande maison située près de la grosse tour de Moret, de vingt-cinq sous tournois, dus par les Erlambeaulx, habitants de la paroisse de *Villesec* (sans doute Villecerf), etc.

Le 3 août 1542, Jacques Luillier fait hommage de son fief sis à Saint-Mamers et de plusieurs autres. Nous citerons comme intéressants ceux qui suivent :

Autre fief assis dans notre ville de Moret, consistant, en une moitié de corps d'hostel d'une maison et court, tout le jardin derrière où il y a masure en forme de colombier séant audit Moret, près l'église dudit lieu tenant d'une part à Henri de Janailhac, d'autre au chemin qui va de la rivière à la grosse tour, d'un bout à maistre Olivier Beluche, avec XII s. 11 deniers parisis de menus cens qu'il a droit de prendre sur plusieurs maisons et héritages assis audit Moret et environ ; un autre fief qui consiste en jesant le tiers de vingt-quatre à trente arpens de bois taillez ou environ, assis allant à Trains, joignent les masures et terres du chasteau Dudy, estan par indivis avec ledit Henri de Janaihac ; enfin, un autre fief qui consiste en cinquante sous huit deniers parisis et quatre chapons de cens qu'il a droict de prendre chascun an au jour de Notre-Dame en mars sur les masures, jardin et lieu comme se comporte, et

sur cents arpens de terre joignant icelles appelées la
Mothe des Rateaulx que tient ledit de Janailhac. Tous
lesdits fiefs tenuz et mouvans de la grosse tour chastellenie et seigneurie de Moret. »

XVIII

Henri II. — Foi et hommage au roi de différents fiefs, à
Moret. — Moret tranquille pendant les guerres de religion.

A François Ier succéda son fils Henri II, âgé de
vingt-neuf ans (31 mars 1547).

Comme son père, il aimait Moret ; mais comme
son père, il affectionna aussi le séjour de Fontainebleau et en poursuivit les embellissements. Il présida
lui-même à divers travaux ; il fit orner de décors et
de peintures la fameuse salle qui porte son nom,
chef-d'œuvre en son genre, et qui, après plus de
trois siècles de durée, s'offre aux regards du visiteur aussi belle et aussi splendide qu'aux premiers
jours de sa création.

Moret n'était point pour cela délaissé. Il était la
demeure de prédilection des favorites. Sous Fran-
çois Ier, il avait vu la belle duchesse d'Etampes. Sous
Henri II, il fut la résidence de Diane de Poitiers,
veuve de Louis de Brézé, grand sénéchal de Normandie, que le jeune monarque créa duchesse de
Valentinois.

Plusieurs maisons de Moret, encore partiellement existantes, paraissent dater de cette époque. Au-dessus de l'escalier d'une de ces maisons, située dans la grande rue, non loin de celle qui portait le nom de François Ier, on voit encore une biche couchée qu'on sait être un des attributs de la maîtresse de Henri II. C'est, en effet, un symbole qu'on a retrouvé partout où Diane de Poitiers avait fait sa résidence, et particulièrement au château d'Anet (Eure-et-Loir), cet autre chef-d'œuvre d'architecture et de sculpture qui dut une partie de sa splendeur au ciseau et au génie de Jean Goujon, que nous avons déjà nommé.

Henri II mourut, comme l'on sait, d'une blessure mortelle reçue dans un tournoi, en 1559.

Son règne, comme les précédents, nous laisse quelques documents à enregistrer sur les mutations d'office ou acquisitions de fiefs à Moret.

Nous citerons les faits suivants :

Le 1er mars 1549, Guillaume Taretz fait hommage au roi de sa sergenterie fieffée à Moret. Il la tenait par acquisition de Marguerite Lelieux, héritière de défunt Estienne Lelieux, son père. Deux ans plus tard, c'est-à-dire le 11 août 1551, il la revendit lui-même à Denys Pellicat.

Le 24 juillet 1550, Toussaint Jouanne, marchand, demeurant à Saint-Mammès, fait hommage des droits et fiefs qu'il possède à Moret. Ils consistaient *en trois quartz d'une maille poictevine à prendre sur chacun tonneau de vin et autres denrées avallant et* passant par les rivières de Seine et de Lhoing, au lieu dudit Saint-Mamers ; plus, la moitié de trois quartz d'une maille à prendre sur chacun basteau ou nef montant et avallant par les dites rivières audit lieu de Saint-Mamers ; plus, un jardin auquel y a une tour en façon de colombier, et partie et portion d'une maison assise devant l'église dudit Moret tenant d'une part à Henry de Janailhac, et d'autre au prieur de Pont-Loue : le tout tenu et mouvant de la grosse tour dudit Moret, et lui appartenant par l'acquisition qu'il en a faite naguères de Arnould de Este, escuyer, seigneur de Ravannes, etc.

Le 3 septembre 1550, le même Toussaint Jouanne fait encore hommage au roi pour raison du droit du quart d'une maille poictevine à prendre sur chascun muid de vin, denrées et marchandises avallans et passans par les rivières de Seyne et de Lhoing au lieu de Moret et Saint-Mamers ; et d'un quart d'une maille parisis à prendre sur chascun basteau ou nef montant et avallant par les dites rivières au lieu de Moret et Saint-Mamers ; ledit droit au dit Jouanne appartenant par acquisition qu'il en a faite de Sébastien de Lauferval.

Le 1er juin 1552, Toussaint Jouanne fait encore hommage au roi Henri II, de la moitié du minage, geollage, criage et tallonage qu'il a acquis à Moret de Jehan Gesu et de Marie Le Bossu, sa femme.

Enfin, le 26 mars 1554, Claude Perguier, seigneur de Bie, fait hommage dudit fief de Bie, de la sixième

*partie des moulins de Moret, du fief de la Mothe
Danjon et du fief des Folyes.*

Pendant que s'accomplissaient, à Moret, ces paisibles mutations, on s'apercevait peu, dans la petite ville, de l'agitation que des nouveautés religieuses répandaient déjà en France, et qui allaient bientôt ensanglanter sur tant de points le sol de la patrie.

Au milieu des guerres religieuses dont la France fut le théâtre pendant plus d'un siècle, Moret paraît avoir joui d'une perpétuelle tranquillité, quoique les contrées environnantes, Nemours, Larchant, etc., aient été troublées par les excès des prétendus réformateurs. M. de Wint attribue cet état de tranquillité à l'énergie du maréchal de Tavannes, gouverneur de la Bourgogne, qui étendait sa protection sur les villes les plus voisines de son gouvernement. Il serait peut-être plus vrai de dire que ce qui a préservé Moret des fureurs des Huguenots, c'est sa qualité de ville royale et de ville forte, qui la mettait à l'abri d'un coup de main, et lui donnait le privilège de posséder toujours dans son sein les lieutenants du roi que les protestants n'osaient braver.

XIX

Henri III. — Catherine de Médicis, douairière de Moret. — Le
comte de Mansfeld, Christophe de Thou, seigneurs de
Moret. — Henri IV. — *Sully*, seigneur de Moret. — Sébastien Zamet. (1574-1604).

Sous Henri III, la châtellenie de Moret fut assi-
gnée, en 1576, à la reine-mère, Catherine de Médicis,
comme une partie de son douaire, et c'est alors,
pense-t-on, que Moret fut érigé en comté proprement dit.

En effet, Catherine de Médicis, d'odieuse mémoire,
prit le titre de comtesse de Melun et de Moret. Elle
ne garda pas longtemps ce dernier domaine. Elle lui
préféra la terre de Noyon-sur-Andelles, appelée
depuis *Charleval*, du roi Charles IX, et possédée
alors par le comte de Mansfeld, qui en était simple
engagiste. Elle abandonna audit comte de Mansfeld,
avant la fin de la même année, la seigneurie de
Moret, qui fut évaluée 36,000 livres tournois, et reçut
en échange le domaine de Noyon-sur-Andelles. Ce
contrat porte la date du 30 août 1576. La reine s'y
réserve, comme toujours, la faculté de rachat perpétuel. Le roi ratifia cette cession avec la clause.

Le sieur de Mansfeld devient engagiste de la châtellenie de Moret, pour la somme de 36,000 liv. tour- *nois, avec les appartenances et dépendances, moyennant promesse de la faire valoir 3,000 livres de rentes par chacun an, toutes charges payées, pour en jouir en tous droitz, autoritez, privilèges et franchises, libertés, aubeynes et confiscations, sans crime de lèze-majesté, mesmement les offices, bénéfices de patronage de ladite terre et seigneurie.*

Il était statué, en même temps, que le nouvel engagiste pourrait faire faire les réparations en observant les formalités prescrites au contrat, et avancer les deniers, dont il serait remboursé quand il plairait au roi de rentrer dans ce domaine.

Moins de quatre ans plus tard, le 19 mars 1580, le comte de Mansfeld, autorisé par la reine-mère, et pour des raisons inconnues cède à son tour, moyennant la somme de 36,000 livres, la seigneurie de Moret à messire Christophe de Thou, chevalier, seigneur de Saint-Germain et de la Grande-Paroisse, gentilhomme ordinaire de la chambre de Monseigneur, frère unique du roi. Henri III ratifia, deux ans après, ce nouvel acte de cession.

Le sieur de Thou s'engageait à payer les 36,000 livres, ou 12,000 écus, de la manière suivante : 8,000 *écus d'or soleil,* 2,000 *écus en francs* et 1,000 *écus en pistolles et en quartz d'écus* (1). *De plus* 100 *écus*

---

(1) Le quart d'écu était une pièce de la valeur de seize sous.

soleil, comme arrérages ; 333 écus un tiers pour rem-
boursement de pareille somme payée à Maximilien
d'Anjou sur l'engagement des moulins et grand
étang situés près dudit Moret.

La cession se faisait aux mêmes charges et conditions que celles imposées au comte de Mansfeld,
avec tous droits et profits seigneuriaux et féodaux,
excepté la nomination et provision aux offices
royaux et bénéfices, que la reine-mère se réservait à
elle et à son fils. Dans la suite, elle abandonna même
ces droits à l'engagiste. Celui-ci ne pouvait traduire
les sujets de Moret ailleurs que devant les officiers
de Melun, si ce n'est par appel.

Quoique la reine Catherine de Médicis eût abandonné la jouissance du domaine de Moret, elle ne
laissait pas que d'y apparaître dans l'occasion. Ainsi,
nous avons d'elle une lettre datée de Moret, le
30 juin 1585. Elle était alors de passage dans cette
ville, se rendant à Sens, où devait se tenir une assemblée des principaux chefs de la *Ligue*, savoir les
cardinaux de Bourbon et de Guise et le duc de Guise.
Cette lettre était adressée à son fils Charles IX. Le
matin même elle avait reçu des échevins de la ville
de Sens, une lettre apportée par le président Janin.
On lui annonçait que la peste faisait des ravages à
Sens, et on lui conseillait de choisir un autre lieu
que cette ville pour la réunion. Elle informait donc
son fils qu'elle allait coucher à Nemours, pour se
mettre en rapport avec les chefs en question, qui
étaient à Pont-sur-Yonne, et leur proposer de faire

choix de la ville de Montargis pour la réunion projetée.

Christophe de Thou resta possesseur de la terre de Moret jusqu'en 1594. C'était l'année même où Henri IV, converti et sacré, avait été reçu et acclamé à Paris. Les finances royales n'en étaient pas moins dans un embarras extraordinaire. Il fallut encore trafiquer des domaines de la couronne.

Dès le mois de février de ladite année 1594, le nouveau roi, dans l'extrême besoin d'argent où l'ont jeté les guerres qu'il a soutenues et celles qu'il prévoit encore, publie un édit où il annonce qu'après en avoir conféré avec son conseil, il a résolu, comme le moyen le plus efficace de subvenir aux nécessités présentes, d'engager les biens de la couronne, jusqu'à la concurrence de 200,000 écus.

C'est en vertu de cet édit que la châtellenie de Moret fut de nouveau mise en vente. Le sieur de Thou en fut donc dépossédé. Mise en adjudication, elle échut, pour la somme de 18,000 écus, au seigneur Maximilien de Béthune, marquis de Rosny, chevalier, baron de Sully, conseiller du roi en ses conseils d'Etat et privé, capitaine de cent hommes d'armes de ses ordonnances, grand voyer, grand maître et capitaine général de l'artillerie, surintendant des finances, fortifications et bâtiments de Sa Majesté, gouverneur de la ville et citadelle de Nantes et château de la Bastille à Paris, gouverneur et lieutenant général pour Sadite Majesté en Poitou, redondance superflue de titres que l'histoire a supprimée,

sans dommage pour la gloire de cet illustre personnage, assez loué par son nom de *Sully*. L'adjudication eut lieu le 23 novembre 1594, et le contrat fut
passé devant notaire le 6 mai 1595.

Le trésor royal gagna à cette opération 6,000 écus.

Comme le château et les bâtiments qui en dépen-
daient se trouvaient toujours en mauvais état, *Sully*
y fit faire les réparations nécessaires. La dépense,
approuvée et sanctionnée par le roi, fut liquidée à
14,994 livres ; et comme Sa Majesté n'était pas en
état de rembourser la dépense, il fut ordonné par
lettres patentes du mois de janvier 1598, que cette
somme serait incorporée et ajoutée au prix de vente
du domaine, dont l'acquéreur ne pourrait être dépossédé qu'après le remboursement du tout.

Sully habita donc Moret. Il s'y trouvait lors de la
célèbre entrevue d'Henri IV avec le traître Biron,
dans les petits jardins de Fontainebleau, à la suite de
laquelle Sully, mandé par le roi, fut chargé d'intervenir auprès du coupable pour l'engager à mériter
le pardon par ses aveux. On sait le refus opiniâtre
du maréchal, dont la fatale conséquence fut sa con-
damnation à mort, et sa tête roula sous le fer du
bourreau.

C'est aussi de Moret que Sully administrait son
département des finances. On connaît sa réputation
d'habileté dans cette partie. Grâce à lui, le trésor
avait 40 millions d'excédent à la mort d'Henri IV.
Sa vigilance sur les finances de l'Etat ne l'empêchait
pas d'avoir l'œil ouvert sur ses intérêts personnels.

Il appliquait à sa propre maison les principes d'ordre et d'économie qui faisaient la base de son système administratif. Aussi le vit-on, après quelques années de faveur, acheter des terres considérables, dont le produit paraît avoir porté son revenu annuel à 400,000 livres. Cette immense fortune, acquise en si peu de temps, fournit une ample matière aux accusations de ses ennemis. Peu s'en fallut qu'il ne fût traduit devant le parlement pour fait de péculat. Mais l'histoire n'a rien articulé qui puisse mettre en suspicion sa probité d'homme d'Etat. Il était par nature économe et ennemi du luxe, auquel il n'épargnait ni les épigrammes ni les édits. *Voilà des gens qui portent leurs moulins et leurs fermes sur le dos,* disait-il en voyant des courtisans couverts de soie et de broderies. Un de ses principes, dans les finances comme dans le reste, c'est d'exclure le gouvernement de plusieurs. Pour la bonne gestion, il faut une responsabilité sérieuse, et la responsabilité collective, toujours illusoire, entraîne aux excès. *Ce n'est pas le gouvernement d'un seul,* disait-il, *qui fait que les affaires vont mal ; l'abus est dans le choix de cet homme.* Henri IV avait eu bonne main en le choisissant lui-même. L'opinion a tressé une auréole à Sully. Il la mérite à plusieurs titres ; mais on hésite à la placer sur son front quand, déchirant tous les voiles de sa conduite, on reconnaît, dans ce prétendu sage, le flatteur et le serviteur des honteuses passions de son maître. L'injustice de ses contemporains lui rendait peut-être plus de justice, en le détestant jusqu'à arracher avec colère les ormeaux qu'il faisait planter au bord des routes : *c'est un Sully*, disaient les paysans, en décapitant ces arbres, *faisons-en un Biron.*

Sully posséda le domaine de Moret de 1595 à 1603. Le 19 novembre de cette dernière année, il revend la terre de Moret à Sébastien Zamet, gentilhomme ordinaire de la chambre du roi, pour la somme de 85,104 livres tournois, ainsi réparties : 54,000 livres pour la châtellenie de Moret, 8,850 livres pour l'étang de Moret, 1,318 livres pour celui de Montmachon, et enfin 20,936 livres pour les réparations de bâtiments et autres acquisitions.

Cette somme devait être payée par moitié de six mois en six mois. Mais le sieur Zamet, se trouvant dans l'impossibilité de tenir ses engagements, fut obligé de revendre le domaine de Moret. Nous arrivons à l'époque fameuse de Jacqueline de Beuil, comtesse de Moret.

XX

Jacqueline de Beuil, comtesse de Moret (1604-1651).

C'est à Jacqueline de Beuil, maîtresse de Henri IV, que Sébastien Zamet revend le domaine de Moret. L'acte de cette vente, passé devant notaire, porte la date du 26 octobre 1604. Trois jours après (29 octobre), Jacqueline rembourse à Sully la somme de 85,104 livres que lui devait le sieur Zamet, et entre en possession de la seigneurie de Moret. Son histoire mérite une place à part dans une monographie de cette ville.

Elle avait pour père Claude de Beuil, seigneur de Courcillon, qui sortait d'une ancienne famille dont le chef, Jean, premier sire de Beuil, était écuyer du roi Charles le Bel, en 1323. Claude de Beuil était un militaire distingué, homme plein de bravoure et entièrement dévoué à Henri IV. Il servit chaudement son roi, particulièrement dans les affaires de la Ligue. Il accomplit, au nom du roi, plusieurs missions importantes, et mourut, ainsi que sa femme, en 1596.

Il laissait une fille unique, appelée Jacqueline. C'est celle qui va nous occuper. Elle avait été élevée chez Madame la princesse de Condé. Devenue orphelinee, elle trouva dans le monarque, ami de son père, un protecteur trop empressé, qui abusa lâchement de son autorité sur sa pupille.

Pour sauver les apparences, il lui fit épouser, en 1604, le jeune de Césy, dit Chanvallon, fils de Jean de Harlay, seigneur de Césy. C'était un gentilhomme de peu d'importance, bon musicien et joueur de luth, *piètre* de tout le reste, ainsi qu'on le disait alors, et même des biens de ce monde. Il ferma les yeux en épousant Jacqueline, afin de mieux se prêter au sourire de la fortune. Le roi octroya à la nouvelle mariée le titre de *comtesse de Moret*.

L'année suivante, la jeune épouse donna le jour à un fils, né à Fontainebleau, auquel le roi, son père, ne rougit pas de donner le nom d'Antoine de Bourbon, et qui porta aussi le titre de comte de Moret. Il fut élevé au château de Pau. Vif et spirituel comme sa mère, il fut en même temps brave comme son père.

En 1622, le jeune comte fut pourvu par Louis XIII de l'abbaye de Saint-Etienne de Caen. Il n'en épousa pas moins, en 1631, la querelle de son frère Gaston d'Orléans contre le roi, leur frère commun. L'armée royale rencontra les rebelles à Castelnaudary et les tailla en pièces. Le comte de Moret faisait alors ses premières armes. Emporté par son ardeur belliqueuse, il s'élance à la tête d'une compagnie de carabiniers chargée de commencer l'attaque. Une décharge meurtrière les accueille. Le comte de Moret voit son écuyer tomber à ses côtés, et lui-même est est atteint d'un coup de pistolet qui lui traverse le corps.

A partir de ce moment, une obscurité profonde couvre la destinée d'Antoine de Bourbon. Selon les uns, il fut transporté au couvent de Prouilles, où il mourut. D'autres enfin croient qu'il survécut à sa blessure, et qu'il passa le reste de sa vie, sous le nom de frère Jean-Baptiste, dans un couvent de l'Anjou. Ce qui est certain, c'est qu'à partir de ce moment il fut mort à la vie politique, et que le lieu de sa sépulture est resté ignoré.

Quant à sa mère, fière sans doute des faveurs non déguisées de son royal amant, elle avait fait bon marché de son mariage avec le seigneur de Césy. Dès 1607, elle avait réussi à le faire invalider. L'époux complaisant s'était prêté de bonne grâce à cette nouvelle manœuvre. Les sommes considérables qu'il reçut pour prix de son concours furent promptement dissipées. Il obtint l'ambassade de Constantinople, qu'il occupa peu honorablement jusqu'en 1631, et mourut à Paris en 1652.

La mort tragique de Henri IV, le 14 mai 1610, fut un coup de foudre pour la comtesse de Moret. Désabusée du luxe des cours et des voluptés mondaines, elle demanda à la piété les consolations et les joies pures qu'elle n'avait pas trouvées dans le tourbillon des plaisirs. Elle modifia l'exubérance de sa toilette ; elle laissa de côté les parures et les bijoux qu'elle tenait de la libéralité du roi (1). Elle mit des robes montantes et des guimpes étoffées. Mais, par un reste de coquetterie féminine, elle portait encore des manches faites de manière à laisser voir ses mains, qu'elle avait, dit-on, fort belles.

Sa dévotion lui valut les quolibets des hommes de la cour. Mais elle s'en moqua et resta isolée du monde politique. C'est alors que, pour imposer silence à la censure, elle épousa René du Bec-Crespin Grimaldy, marquis de Vardes, capitaine des cent gardes suisses et de la garde du roi. Ce mariage fut célébré en 1617.

Elle eut, du marquis de Vardes, deux fils, dont l'un, Antoine, fut tué au siège de Gravelines, le 13 août 1658 (2).

L'autre, François-René, engagé comme son frère dans la profession des armes, épousa Catherine de Nicolaï (3), fille du seigneur de Nicolaï, premier pré-

(1) On trouve dans les dépenses de Henri IV, pour l'année 1606, le détail suivant : *A Thomas Coignet et Jehan de la Haye, pour une chaîne de 200 perles données en étrennes à Madame la comtesse de Moret par Sa Majesté... 1650 livres.*

(2) Il n'avait jamais été marié, mais il avait eu de Ninon de Lenclos un fils naturel, Antoine, dit le *chevalier de Moret,* qui périt au siège de Lille, en 1667.

(3) Catherine de Nicolaï, belle-fille de Jacqueline de Beuil, décédée le 23 juin 1661, a été enterrée près de sa belle-mère et de son beau-frère, dans l'église de Moret.

-sident de la Cour des comptes. Il est souvent question
de lui dans les lettres de Madame de Sévigné ; il est
mort à Versailles le 3 septembre 1688, ne laissant
qu'une fille, Marie-Elisabeth du Bec, mariée à Louis
de Rohan-Chabot, duc de Rohan, pair de France, à
qui échut après la mort de son beau-père, le titre de
comte de Moret.

La comtesse de Moret connut les mauvais jours.
Lorsque son fils, Antoine de Bourbon, prit parti dans
la conspiration du duc d'Orléans, frère du roi, elle
quitta Moret pour se réfugier à l'étranger, avec le
marquis de Vardes, son mari. Louis XIII, usant de
son droit royal, ordonna la consfication des biens
des rebelles, et ceux de la comtesse de Moret et de son
fils furent compris en première ligne dans cette pros-
cription. L'arrêt de confiscation atteste que la comtesse de Moret était entrée dans le parti de la rébel-
lion. On nous saura gré de reproduire textuellement
cet acte rendu par la Chambre du domaine :

*Sur la requeste présentée par le Procureur du Roy
aux commissaires établis par Sa Majesté à sa Cour et
suite, pour la confiscation des biens des rebelles; à ce
qu'attendu la rebellion et absence de ce royaume de
dame comtesse de Moret et tout le droit qu'elle y peut
prétendre, ensemble tous les autres biens soient dé-
clarez acquis et confisquez au Roy. Veu la requeste,
information de la rebellion de la dite dame, faite par
le commissaire à ce député ; ensemble les lettres
patentes du Roy sur l'établissment de la Chambre du
vingt-sixième septembre dernier. Les dits commis-*

saires ont déclaré et déclarent tous les biens de la dite dame comtesse de Moret, acquis et confisquez, même ledit comté de Moret, et tout le droict qu'elle peut y prétendre, qu'ils sont inséparablement réunis au domaine de Sa Majesté.

Fait en la dite Chambre du domaine tenue à Fontainebleau, le quinzième octobre mil six cens trente un.

Signé : LE TENNEUR.

Quand la révolte eut été réprimée, la comtesse de Moret fut autorisée à revenir en France ; elle rentra dans son domaine, cessa de faire du bruit dans le monde, et s'occupa de bonnes œuvres. De concert avec le marquis de Varles, elle fonda le couvent des religieuses de Moret, et l'hospice qui existe encore.

Des épreuves douloureuses vinrent la visiter. Quoique jeune encore, elle devint aveugle, et se vit condamnée à ne plus contempler l'azur du ciel et les beautés de la nature. Un plaisant releva ce jeu du sort par un distique latin qui eut de la vogue dans un certain monde :

Cùm longas noctes ab amore Moreta rogaret,
Favit ei fatum continuasque dedit (1).

La marquise de Vardes affectionnait la petite ville de Moret, qui la payait de retour. Elle y mourut em-

---

(1) La dame de Moret demandait à l'amour de longues nuits ; le destin l'exauça en lui donnant une nuit éternelle.

poisonnée, le 8 octobre 1651. Une accusation plana sur son mari, soupçonné d'infidélité. Les historiens les plus dignes de foi attribuent son trépas à une lamentable méprise. Indisposée depuis plusieurs jours, elle fit demander chez un pharmacien une drogue qu'on lui avait ordonnée. La servante chargée de cette commission se trompa et apporta du *sublimé* qu'elle versa dans le breuvage de la marquise. Les ravages du poison furent si prompts et si terribles que tous les secours devinrent impuissants. Elle expira dans d'horribles souffrances. Ses restes mortels furent inhumés dans l'église de Moret.

C'est ainsi que cette jolie comtesse de Moret, si vive, si spirituelle, si mondaine, qui avait captivé le cœur sensible du Béarnais, tomba à son tour dans l'oubli du tombeau.

Voici ce que raconte M. Sollier au sujet de sa sépulture :

Jacqueline de Beuil et Antoine du Bec, son second fils, dont le corps a été transporté à Moret, ont été inhumés dans la chapelle de Notre-Dame de Pitié, placée à droite du maître-autel de l'église de cette ville, ainsi que cela est constaté par un acte dressé par M. Menessier, curé, sur le registre des actes de naissances, mariages et sépultures de la paroisse. Cet acte est ainsi conçu : « Le septième jour de juin de l'année 1689, les corps de Madame la comtesse et de M. le comte de Moret, son fils, qui étaient en dépôt dans la chapelle de Notre-Dame de Pitié depuis quarante ans ou environ,, ont été inhumés dans ladite chapelle par nous, André Menessier, prêtre, curé de Moret. »

Signé : MENESSIER.

D'après les termes de cette mention, il est à croire que les cercueils de Jacqueline de Beuil et de son fils n'avaient été placés dans l'église de Moret que provisoirement, le marquis de Vardes ayant eu, sans doute, l'intention de les faire transférer dans le lieu de la sépulture de sa famille ; mais que, sa mort étant survenue en 1688 sans que ce projet eût été réalisé, le duc de Rohan-Chabot, son gendre, prit le parti de faire inhumer les corps dans l'endroit même où ils avaient été déposés......

Ce tombeau existait encore en 1792. Un vieillard du pays, enfant alors, m'a rapporté qu'à cette époque, toutes les sépultures de l'église ont été violées, que les cercueils de plomb ont été enlevés, et que les ossements ont été jetés dans la rivière.

(M. Sollier, Notice sur l'ancien couvent de Moret.)

Il est en effet de notoriété traditionnelle que, pendant la fabrication du salpêtre dans l'église de Moret, on fouilla les tombeaux où ces illustres personnages reposaient dans des cercueils de plomb. On transporta ces cercueils à la rivière ; là, on les ouvrit, on jeta les cendres au courant de l'eau, on lava ces bières métalliques dont le plomb servi à fabriquer des balles pour le service des armées (1).

Les profanateurs de ces tombeaux dans leur haine aveugle contre tout ce qui était grand et noble, n'ont pas réfléchi qu'ils étaient les descendants de ceux dont l'illustre dame avait été la bienfaitrice.

Maintenant, le tombeau est vide, et dans le bas de l'église de Moret, se voit dressée le long de la muraille, au milieu de plusieurs autres, une longue dalle qui, pendant un siècle a recouvert ce qui restait de la brillante comtesse de Moret, noble poussière que les eaux troublées du Loing ont roulée, non sans horreur, dans leur lit fangeux. La pierre qui protégeait cette dépouille redit encore ses noms, ses qualités, ses titres ; mais elle tait le jour de sa mort. Les enfants avaient oublié la date du trépas de leur mère, et le graveur laissa l'inscription inachevée (2) !

(1) Au moment de cette profanation sacrilège, il arriva que le duc d'Orléans, revenant du Midi pour se rendre à Paris, entra dans Moret. Arrêté à l'entrée du pont qui était obstrué par des voitures, et apprenant ce qui se passait : *Quel malheur, dit-il, que les Français en soient réduits à exhumer les morts pour tuer les vivants !* Ces paroles furent entendues par plusieurs personnes.

(2) Voici l'épitaphe gravée sur cette pierre sépulcrale : *Cy-gist le corps de Madame Jacqueline de Beuil de Sancerre, comtesse de Moret, épouse de Messire René du Bec Crespin Grimaldy, marquis de Vardes et de la Bosse, décédée le..... et de Madame Catherine Nicolay, épouse de Messire François-René du Bec Crespin Grimaldy, marquis de Vardes et de la Bosse, comte de Moret, chevalier des ordres du roy, et lieute-*

Après la mort de Jacqueline de Beuil, la terre de Moret qu'elle possédait comme engagiste passa, au même titre, à François-René de Bec, marquis de Vardes, son fils, puis à la fille de ce dernier, qui épousa le duc Louis de Rohan-Chabot, comme nous l'avons dit.

La seigneurerie de Moret resta entre les mains de la famille des Rohan-Chabot jusqu'en 1695, comme on le verra plus loin. Mais avant de quitter Jacqueline de Beuil, disons un mot d'une œuvre qui se rattache à son passage à Moret, savoir, la fondation du couvent de *Notre-Dame-des-Anges*, dans cette ville.

---

nant-général des armées, capitaine des gendarmes de Sa Majesté, commandeur, duc de Moret, décédé le..... et de Messire Antoine du Bec Crespin Grimaldy, comte de Moret, maréchal des camps et armées du roy..... (le reste est complètement effacé).

XXI

Ancien couvent des Bénédictines de Moret (1638-1782).

Le couvent de Moret dut sa fondation à Jacqueline de Beuil et au marquis de Vardes, son second époux. Ce couvent eut d'abord de faibles commencements. En 1638, deux religieuses de l'ordre de Saint-Benoît, appelées par la comtesse de Moret, vinrent se fixer dans cette ville. Elles reçurent de leur bienfaitrice quelques travées de bâtiments et une portion de terrain propres au but que l'on se proposait. Quelque temps après, de nouvelles acquisitions furent faites, et le couvent fut définitivement établi avec le titre de *Prieuré perpétuel*, sous l'invocation de *Notre-Dame-des-Anges*. Des constructions commencèrent, et bientôt les religieuses purent, suivant le but de leur institution, se livrer à l'éducation gratuite des jeunes filles. Dès le mois de juillet 1639, la communauté possédait neuf sœurs, dirigées par Elisabeth Pidoux, leur supérieure (1).

(1) Cette première supérieure du couvent de Moret était

Le couvent de Moret, dans l'origine, ne reposa que sur l'autorisation de l'archevêque de Sens. Aussi, la mort de la comtesse de Moret, arrivée en 1651, fut pour cet établissement une rude épreuve, qui imposa aux religieuses plusieurs années de gêne et de privations. Mais, soutenues par l'archevêque de Sens, par le marquis de Vardes, et protégées par les autorités et les habitants de la ville de Moret, elles obtinrent, au mois d'octobre 1688, des lettres patentes du roi qui confirmait leur établissement, leur permettaient d'accepter toute espèce de dons et de legs, et exemptaient de tout impôt et de toute redevance les chapelle, cour, jardin et enclos du couvent.

En 1696, la maison comptait vingt religieuses professes, avec trois converses, et jouissait d'un revenu d'environ 2000 francs. En outre, madame de Maintenon servait au couvent une subvention annuelle de quatre à cinq mille livres.

Les archives locales conservent les noms des prieures qui ont gouverné successivement le couvent de Moret, savoir : Elisabeth Pidoux, Louise-Anne Martin, Renée de Goué, Anne Morant (de sainte Catherine) (1674-1698), Angélique-Edmée de Beuvron (1698-1700), Anne-Thérèse de Mougent (de sainte Ursule) (1700-1717), Marie-Angélique de Perthuis

proche parente de Lafontaine, qui avait épousé Françoise Pidoux, fille du bailli de Coulommiers. Elle sortait de l'abbaye de Jouarre.

(1717-1747), et Marie-Marguerite Frimicourt (1747-1754).

Cette dernière mourut en 1754. A cette époque, le couvent subit une importante transformation qui lui devint fatale. Il existait alors à Chevry-en-Sereine une grande abbaye royale de Bénédictines appelée *Villechasson de Sens* (1). Cette abbaye, qui s'était accrue sous Henri III des débris de celle de Sainte-Rose, près Courtenay, ne pouvait sans doute plus se soutenir ; car un décret du cardinal de Luynes, archevêque de Sens, approuvé par des lettres patentes de Louis XIV, la supprima, le 17 janvier 1755, et la réunit, avec transfert du titre abbatial, au prieuré de Notre-Dame-des-Anges de Moret.

C'est alors que le couvent de Moret, qui, durant 116 ans, n'avait porté que le nom modeste de *Prieuré perpétuel de Notre-Dame-des-Anges* prit le titre plus

(1) « Cette ancienne abbaye des Bénédictines doit son origine à une noble fille, sainte Elisabeth-Rose, d'abord religieuse de Chelles, morte vers 1130. Elle avait établi primitivement sa communauté dans un lieu appelé *Rosetum*, près de Courtenay. Un peu plus tard, elle se fixa à Villechasson, paroisse de Chevry-en-Sereine. On voit encore, dans la ferme de Villechasson, des constructions qui annoncent que cette ancienne abbaye avait été florissante ; mais, au bout de plusieurs siècles, elle était fort déchue, et, par un décret du 17 janvier 1755, M. de Luynes, archevêque de Sens, la supprima et la réunit au prieuré des Bénédictines de Moret, fondé en 1639 sous le nom de Notre-Dame-des-Anges (*Chronique des évêques de Meaux, par Mgr Allou*, page 243) ». Voir ci-devant page 13.

pompeux d'*Abbaye royale de Bénédictines de Ville-chasson-Moret*. Son élévation fut le principe de sa décadence.

Madame de Soulanges, qui devint la première abbesse, se vit forcée de faire au couvent des augmentations et des embellissements nécessités par sa nouvelle destination. Malheureusement, l'annexion de Villechasson n'avait pas augmenté les revenus du couvent dans une mesure proportionnée à ses nouvelles charges. Aussi, à la mort de madame Gouy d'Arcy, deuxième abbesse, décédée le 21 septembre 1780, les bâtiments étaient en mauvais état, et l'abbaye ne pouvait payer ses dettes.

Dès l'année suivante, sur le rapport d'Albert de Luynes, cardinal-archevêque de Sens, Louis XVI, par un décret royal du 29 avril 1781, prononce la *suppression, extinction, union et translation de l'abbaye de Villechanson-Moret et du monastère dudit Moret, au couvent de Champ-Benoist-Provins*, et ordonne que les biens qui en dépendent seront unis au couvent de Champ-Benoist et partagés avec l'abbaye de Notre-Dame de la Pommeraye, dite *de Saint-Antoine* de Sens, sous la réserve d'une partie des bâtiments et de 600 livres de rente, destinées à l'établissement, dans la ville de Moret, de sœurs de charité pour enseigner les filles et soigner les malades.

L'édit royal jeta la consternation dans tout Moret. La ville témoigna, dans cette circonstance, les plus vives sympathies aux religieuses et remua ciel et terre pour les conserver.

Le maire, de Gratery, avocat au Parlement, les échevins et les notables du pays firent les derniers efforts pour empêcher l'exécution de l'édit royal du 29 avril. Plusieurs mémoires et pétitions furent rédigés dans ce but et adressés à d'Aguesseau, conseiller du roi. On lit, dans le premier de ces mémoires, *que le Prieuré ayant été érigé en faveur des habitants, ils avaient le droit de demander sa conservation ; que tant qu'il a subsisté comme prieuré et que les dames se sont tenues à leur sage et première institution, qui était d'enseigner gratuitement les jeunes filles, il s'est soutenu avec décence, a eu un pensionnat très nombreux, qui a été très utile à cette maison et à la ville : que les bâtiments, ayant suffi à 35 religieuses qui s'y trouvaient bien, n'exigeaient que des réparations ordinaires ; que l'abbaye est à la proximité du séjour des rois ; qu'ils la visitent, eux ou quelque personne de la famille royale, presque à chaque séjour de Fontainebleau ; que le SUCRE D'ORGE qu'on y fabrique est devenu pour la cour une chose d'utilité; que Moret, petite ville qui pourrait le disputer d'ancienneté aux deux tiers des villes du royaume, où Henri III, Henri IV, Catherine et Marie de Médicis ont fait leur séjour, placée, et particulièrement l'abbaye, dans une situation très agréable sur la grande route de Paris à Lyon et sur le canal de Briare, et n'ayant cependant qu'un bailliage royal et pour décoration cette abbaye, semblait ne devoir pas craindre de se voir dépouiller de ce seul avantage pour enrichir Provins, qui est une ville beaucoup plus considérable, qui a plusieurs tribunaux, un commerce en activité, des troupes en garnison, plusieurs couvents, etc.*

Dans un second mémoire, il est dit : *que la suppression de ce monastère est très préjudiciable à la ville et aux habitants. Le préjudice des habitants consiste en 25 ou 30.000 livres que le couvent, par ses revenus, le débit du* SUCRE D'ORGE, *le pensionnat dépendant du couvent, dispersait annuellement dans Moret.*

Ces protestations des autorités de la ville furent signifiées, le 29 décembre, à l'official et au promoteur général du diocèse et archevêché de Sens, logés alors à l'hôtellerie de *la Belle-Image*.

Les habitants de Moret luttèrent ainsi avec énergie, pendant près de quatre ans, pour s'opposer à la suppression de l'abbaye. Mais toutes les instances furent inutiles. L'archevêque de Sens réussit dans son dessein et la cause fut perdue pour la ville de Moret. Le maire et les échevins se virent obligés de signer, le 21 décembre 1784, un traité par lequel ils se désistaient de leur opposition. Tout ce qu'ils purent obtenir en dédommagement, ce fut la stipulation concernant un établissement de sœurs de charité institutrices et hospitalières à Moret. Encore cette dernière clause fut-elle convertie, l'année suivante, en une subvention annuelle en faveur de l'hôtel-Dieu de Moret (1).

Ainsi disparut, après 145 ans d'existence, le couvent des Bénédictines de Moret, fondé, dans une pensée pieuse et bienfaisante, pour expier ses fautes, par une noble pécheresse rentrée en elle-même.

Les religieuses, qui avaient consenti, dans un acte capitulaire du 2 janvier 1782, à l'éxécution de l'édit royal du 29 avril 1771, quittèrent Moret, sous la conduite de madame Gabrielle de Merey, leur troisième et dernière abbesse, laquelle gouverna, à Provins, les trois communautés réunies de Villechasson-Moret-Champ-Benoist (2).

Des anciens bâtiments du couvent de Moret une partie est devenue l'hôtel de ville. Le surplus a été vendu par le domaine comme bien national, selon la

(1) L'Hôtel-Dieu devait être transféré dans une partie des anciens bâtiments du couvent, moyennant une pension à payer aux religieuses de Champ-Benoîst, mais l'ordonnance n'eut pas son exécution, sans doute à cause de la révolution qui survint.

(2) Le couvent de Champ-Benoîst primitivement établi avec le titre d'abbaye, au xii° siècle, au lieu dit *Champ Benoît*, commune de Poigny, avait été réduite au titre de *Prieuré* vers le milieu du xiv° siècle. En 1625, la prieure, Madame de Garges, transféra ses religieuses dans la ville de Provins, où elles construisirent un beau monastère, rue de Changy. Cette communauté reprit son ancien titre d'abbaye lorsque Madame Gabrielle de Merey, abbesse de Moret, y arriva avec ses religieuses (*Chronique des évêques de Meaux, par Mgr Allou*, page 244).

formule inique du temps, et il forme aujourd'hui plusieurs habitations dans lesquelles on retrouve à peine quelques traces de leur destination primitive. A la place de la chapelle est la demeure d'un vigneron ; un artisan occupe la chambre où fut reçu, dit-on, Louis XIV, et le cimetière est devenu un jardin potager. On voit encore dans un jardin dépendant autrefois du couvent une ancienne statue de la Vierge tenant l'enfant Jésus dans ses bras, qui a appartenu aux religieuses ; elle a été dégradée et rendue méconnaissable par l'injure du temps qui depuis près d'un siècle pèse sur elle. Mais c'est encore un précieux morceau de sculpture ancienne (1).

A l'ancien couvent de Moret se rattachent l'épisode de la *Mauresse* et de l'industrie du *sucre d'orge des religieuses de Moret*, que nous ne pouvons passer sous silence.

(1) Cette statue est aujourd'hui précieusement conservée parmi les collections d'un habitant de Moret, grand ami de l'histoire et des souvenirs locaux.

X...

XXII

La *Mauresse*

La *Mauresse* était une religieuse professe du couvent de Moret. Sa présence dans ce couvent est une énigme. Elle devait y être déjà en 1680, et elle s'y trouvait encore en 1728. On ne sait positivement ni la date de sa naissance, ni celle de sa mort. D'où venait-elle, qui était-elle ? obscurité partout. Les mémoires du temps laissent planer l'ombre sur cette personnalité. Les discussions dont elle a été l'objet n'ont pas produit de certitude, mais une simple probabilité. C'est à ce titre que nous allons ébaucher l'histoire de la *Mauresse*.

Saint-Simon, dans ses *Mémoires*, parle assez au long de cette religieuse. Ce qu'il en dit paraît assez vraisemblable, et la critique n'a rien trouvé de péremptoire contre ces récits. Voltaire en parle dans le même sens. L'histoire, tout en faisant ses réserves, est obligée d'enregistrer la biographie de la *Mauresse* telle que les auteurs contemporains la donnent. C'est ce que nous allons faire.

La *Mauresse* serait une fille légitime du roi Louis XIV. Elle naquit en 1664 de la reine Marie-Thérèse, avec un teint basané qui la faisait ressembler à une négresse. On répandit le bruit de sa mort ; on la déroba aux yeux de la reine et du roi, et l'on fit semblant de l'enterrer. Le roi fut-il complice de cette feinte? On l'ignore, mais il paraît difficile de l'innocenter.

La couleur bronzée de l'enfant s'explique d'elle-même. La reine Marie-Thérèse, l'histoire mentionne cette particularité, se plasait à recueillir des enfants nègres pour en faire des chrétiens. Or, vers l'an 1663 l'amiral de Beaufort avait ramené d'Afrique un petit Maure fort joli. La reine s'empara de l'enfant et le garda près d'elle. Comme elle devint enceinte, on craignit l'influence de la vue du nègre et on le lui ôta, mais il n'était déjà plus temps. L'enfant qu'elle mit au jour ressemblait au petit Maure. C'était une fille.

Bontemps, valet de chambre et homme de confiance du palais de Versailles, emporta le nouveau-né. Il le plaça au couvent de Moret, en payant une grosse pension, et veilla à ce que tous les soins nécessaires lui fussent prodigués. Plus tard, l'enfant royale prit l'habit religieux et fit profession sous le nom de *Louise-Marie de Sainte-Thérèse*. C'est la Mauresse.

La reine finit par être informée de l'existence de sa fille qu'elle croyait morte. Elle fit plusieurs voyages de Fontainebleau à Moret pour la voir, et prit grand soin du bien-être du couvent. Madame de Maintenon s'y rendait fréquemment aussi. Ces dames ne voyaient pas la *Mauresse* toutes les fois qu'elles entraient au couvent ; mais elles s'intéressaient à sa santé, à sa conduite et à la manière dont elle était traitée.

Le Dauphin et ses enfants vinrent aussi au couvent de Moret. Ils virent la *Mauresse* et lui parlèrent avec bonté.

Un jour, c'était le 21 septembre 1697, on ne fut pas peu surpris à Fontainebleau de voir la princesse Marie-Adélaïde de Savoie, qui arrivait pour épouser le duc de Bourgogne, descendre de voiture et s'acheminer directement sous la conduite de madame de Maintenon, au couvent de Moret, où elle ne connaissait personne, et ce ne fut qu'après son retour que le mariage fut célébré. Devenue duchesse de Bourgogne, elle revint plusieurs fois depuis au couvent de Moret.

Ces excursions princières, qui étaient remarquées, ne laissaient pas d'éveiller la curiosité publique, et le bruit s'accrédita de plus en plus qu'une princesse, fille du roi, se trouvait au nombre des religieuses du couvent de Notre-Dame des Anges.

La rumeur publique fut assez sérieuse et assez persistante pour que Voltaire, qui séjourna fréquemment à *Saint-Ange*, de 1716 à 1720, profitât d'un de ses voyages à Moret pour tenter de voir aussi la Mauresse, qu'on ne montrait à personne. Il en parle dans le *Siècle de Louis XIV*, et il affirme l'avoir vue, en compagnie de M. de Caumartin, propriétaire de *Saint-Ange* et comte de Moret, qui avait droit d'entrée dans l'intérieur de l'abbaye. Il ajoute qu'il trouva dans la physionomie de cette religieuse de la ressemblance avec Louis XIV. On sait malheureusement que ce coryphée de la philosophie sceptique n'était guère idolâtre de la vérité ; mais son témoignage ajouté à tant d'autres les confirme et en reçoit sa confirmation.

Ce n'était sans doute pas fortuitement que la *Mauresse* portait en religion le nom de *Louise-Marie de sainte Thérèse*, c'est-à-dire les noms mêlés du roi et de la reine. Elle jouissait, au couvent, de plus de considération que la personne la plus connue et la plus distinguée. Elle se prévalait fort, dit Saint-Simon, des soins qu'on prenait d'elle, et du mystère qui planait sur sa tête ; et quoiqu'elle vécût régulièrement, on voyait bien que sa vocation avait été aidée. A toutes les attentions dont elle était l'objet, elle s'apercevait qu'elle était d'une noble origine, elle put deviner qu'elle était du sang royal de Louis XIV. L'opinion qu'elle avait de la distinction de sa naissance lui donnait même un orgueil dont ses supérieures se plaignaient. Madame de Maintenon vint un jour exprès de Fontainebleau pour lui faire des observations et la rappeler à la modestie de son état ; elle essaya de la raisonner pour lui ôter la persuasion dont se nourrissait sa fierté. *Madame, lui répondit la religieuse, la peine que prend une dame de votre élévation de venir exprès ici pour me dire que je ne suis pas fille de roi me persuade que je le suis.*

Voltaire, qui raconte cette anecdote, affirme qu'on se la rappelait encore de son temps au couvent de Moret.

Saint-Simon cite une autre parole significative échappée à la Mauresse. Un jour qu'elle entendait le dauphin chasser dans la forêt : *c'est mon frère qui chasse*, s'écrie-t-elle avec un ton d'assurance.

M. Sollier, en feuilletant les archives de Moret, a fait une remarque qui confirme l'opinion bien arrêtée de la *Mauresse* sur sa haute naissance. « J'ai remarqué, dit-il, que tant que vécut Louis XIV, la sœur sainte Thérèse signa : *Marie-Louise de sainte Thérèse*, mais qu'après la mort du roi, c'est-à-dire à partir de 1715, elle ne signa plus que *Marie de sainte Thérèse*. Ne serait-ce pas une vengeance de la pauvre orpheline, qui, dès qu'elle eut perdu tout espoir d'être reconnue par son père, aurait répudié le nom de celui qui l'avait désavouée et abandonnée ?

La Mauresse dut finir ses jours au couvent de Moret, mais l'époque de son décès est aussi inconnu que tout le reste. Il devait en être ainsi, puisque, au couvent, on affectait de faire le silence et la nuit autour de la mystérieuse recluse (1).

(1) Il existe à la bibliothèque de Sainte-Geneviève, à Paris, le portrait d'une religieuse mulâtresse, revêtue de l'habit des bénédictines. Ce portrait, qui est de l'époque où vivait la *Mauresse*, paraît être le sien (M. Sollier).

Quoiqu'il en soit, l'histoire de la *Mauresse* du couvent de Moret demeure encore un problème qu'on ne résoudra probablement jamais d'une manière complète.

XXIII

Une autre célébrité, toujours ancienne et toujours nouvelle, du couvent de Moret, c'est celle du sucre d'orge connu sous le nom de *sucre d'orge des religieuses de Moret,* dont la réputation, aujourd'hui universelle, rivalise avec la renommée de la *moutarde de Dijon* et des *biscuits de Reims.*

Ce sucre d'orge était fabriqué, anciennement, dans le couvent de Moret, par les religieuses bénédictines elles-mêmes. Il faisait les délices de la Cour. En 1782, les religieuses, quittant Moret, emportèrent leur secret avec elles. Elles essayèrent de continuer leur fabrication à Champ-Benoist-lès-Provins, mais ce n'était plus le *sucre d'orge des religieuses de Moret,* et, d'ailleurs, la Révolution vint bientôt englober la précieuse industrie dans la ruine générale des communautés religieuses. Les vierges consacrées à Dieu, dispersées par la tempête, cherchèrent un abri où elles purent.

C'est alors que Moret revit une de ces anciennes religieuses, la sœur *sainte Félicité*.

M. Teste d'Ouet, dans la préface historique placée en tête de son roman, raconte qu'il eut des entretiens avec cette bonne religieuse sur l'ancien couvent, sur la Mauresse et le sucre d'orge. Parlant de ce dernier, il en regrette la perte pour sa petite ville. *Fragilité des choses humaines ! s'écrie-t-il. Il était écrit que la pauvre petite ville verrait tomber, pièce à pièce, tout ce qui constituait sa célébrité, et vous iriez demander du sucre d'orge de Moret, dons le secret est perdu, qu'on vous apporterait de ces mauvais bâtons de cassonade jaunâtre de la rue des Lombards qui, placés dans votre bonbonnière, l'engluerait en quelques instants de caramel et de mélasse.*

Grâce à la sœur Félicité, l'empereur Napoléon n'eut pas tout à fait cette déception. Laissons encore la parole à l'auteur que nous venons de citer.

« L'empereur qui, c'est chose avérée, connaissait son Vosgien sur le bout de son doigt, ne pouvait ignorer la haute réputation du sucre d'orge de Moret, et il voulut en goûter. C'était une envie tout comme une autre, et au surplus, pour être empereur, il n'en était pas moins homme, et, comme le reste des hommes, sujet à de ces petites fantaisies qui se rencontrent communément dans le beau sexe, **mais** que le nôtre n'exclut pas ; bref, il voulut manger du sucre d'orge de Moret ; grand embarras, la ville n'en possédait pas une once ! mais il était empereur, et Napoléon opéra tant de prodiges qu'alors beaucoup de gens, d'ailleurs très sains d'esprit, s'imaginèrent qu'il était un dieu. Aussi, le sort, auquel il semblait commander, fit-il découvrir une espèce de petite fée, bien vieille, bien cassée, reste des nonnes persécutées du couvent de Moret, où fut inventé et où se préparait le sucre délicieux, et l'empereur satisfit son envie, et cela fit grand bien à la pauvre religieuse qui gémissait dans la détresse, et à laquelle Napoléon donnait une pièce d'or pour chacune des petites boîtes qu'elle lui fournissait. »

« Mais la vieille petite *fée* ne tarda pas à mourir (à l'hospice de Fontainebleau), et le secret paraissait enseveli pour jamais avec elle. M. Teste cependant, ne perdait pas toute espérance. « Qui sait ? dit-il, on a retrouvé le secret de la peinture sur verre, on a retrouvé beaucoup d'autres secrets, on retrouvera peut-être celui du sucre d'orge, on retrouvera quelque autre nonne...»

On eut dit une prédiction. Il restait à Moret une vieille demoiselle Bérault, qui avait jadis travaillé avec les anciennes religieuses à la fabrication du sucre d'orge. Elle put en recueillant ses souvenirs, donner par écrit la recette de l'ancienne fabrication Cette précieuse formule tomba heureusement entre les mains de M. Desmarais aîné, ancien négociant au Brésil, revenu à Moret, son pays natal. Homme d'une rare aptitude pour saisir et exploiter avec succès tous les genres d'industrie, M. Desmarais ne recula devant aucune peine, ne ménagea aucune dépense pour arriver à une fabrication réussie. Une salle de sa maison se transforme en atelier. Des essais répétés sont tentés. Une opiniâtreté qui ne se rebute pas finit toujours par triompher. Un jour, **enfin**, l'heureux industriel voit renaître sous ses doigts, avec tout son éclat, avec toute sa saveur, l'antique sucre d'orge.

Tout autre que M. Desmarais eût succombé à la tentation d'exploiter à son profit l'heureuse découverte. Mais M. Desmarais est avant tout l'homme du désintéressement et de la bienfaisance. La fabrication retrouvée, il la livre en propre, avec les ustensiles, avec la secrète formule, aux religieuses qui remplissaient alors, à Moret, le rôle de la Charité chrétienne, Elles appartenaient à l'institut des *Sœurs de la charité, sous la protection de saint Vincent de Paul.* Ce sont encore les mêmes aujourd'hui.

Ainsi, ce généreux bienfaiteur de son pays voulut que ce bonbon exquis et renommé, dont la nouvelle découverte venait de couronner ses charitables efforts, fut, dans l'avenir comme dans le passé, le *Sucre d'orge des religieuses de Moret.* Cette restauration eut lieu en 1853.

C'est ainsi que les Sœurs de la charité sont devenues les uniques dépositaires de ce secret de la bienfaisance et propriétaires de cette industrie de la charité. Elles continuent, depuis lors, la reproduction authentique de ce bonbon recherché qui réalise pour le palais le vœu du poète pour les œuvres de l'esprit :

utile dulci, l'utile joint à l'agréable ; suave au goût, doux à la gorge et fortifiant pour l'estomac, il est devenu par la variété de ses formes et la diversité des boîtes qui le contiennent, accessible à toutes les bourses, et il a sur les sucreries de même nature, outre la finesse de son parfum, l'avantage de se conserver longtemps, surtout dans les boîtes artistiques hermétiquement fermées. Ces boîtes seules sont un souvenir local par les attrayantes peintures qui leur servent de décoration.

On pourrait sans hyperbole appeler ce sucre d'orge le *bonbon princier*. Que de fois, depuis Louis XIV et le grand Napoléon, n'a-t-on pas vu des princes et des princesses, des notabilités de toute sorte et même des têtes couronnées, venir, la bonbonnière à la main, visiter l'humble atelier des religieuses de Moret ! d'illustres touristes qui avaient passé devant la maison de la célèbre artiste Rosa Bonheur, honorèrent de leur présence le modeste laboratoire où les pieuses filles de saint Vincent de Paul fabriquent leurs berlingots si renommés.

A titre d'œuvre de charité, l'industrie des bonnes religieuses s'honora aussi de la faveur et de la visite des plus hautes sommités ecclésiastiques.

Ainsi, le 27 août 1877, Mgr Mermillod, étant de passage à Moret, voulut visiter la manufacture du sucre d'orge, et l'illustre orateur s'empressa d'enfouir dans son sac une ample provision de ce préservatif du mal de gorge.

Le 15 septembre 1887, c'était un autre prince de l'Église, Mgr Thomas, archevêque de Rouen, qui, se trouvant en villégiature à Fontainebleau, venait à Moret faire le même honneur aux charitables religieuses qui, pour entretenir la richesse de leur magasin, dans l'intérêt des pauvres, travaillent la nuit comme le jour, surtout pendant les chaleurs tropicales, dans leur brûlant atelier.

Un plus grand honneur encore était réservé à cette œuvre de bienfaisance.

Au mois de décembre de cette même année 1887, on organisait au Vatican une exposition générale des dons offerts par l'univers catholique à Sa Sainteté Léon XIII, à l'occasion de son jubilé sacerdotal.

Parmi les objets exposés figurait, comme offrande, une boîte artistique, unique en son genre, pleine du sucre d'orge de Moret.

Le décorateur de cette boîte, un véritable artiste, M. G. Lesage, s'était plu à donner à son travail une couleur toute locale, et à cette exquise miniature un fini ravissant.

Le dessus de la boîte présentait une vue de Moret avec son église, sa tour, ses vieilles portes, le tout surmonté des armes de la ville avec la couronne de comte, rappelant l'ancienne importance de cette ville jadis célèbre. Ce dessin très remarquable était encadré d'une guirlande de tiges d'orge entrelacées, avec leurs épis.

Au bas de la boîte, du côté gauche, se voyait un livre fermé avec ce titre : *L'antique et royale cité de*

Moret- sur-Loing, et du côté droit un autre livre avec cette légende : *Histoire de Pie IX, son pontificat. et son siècle,* deux ouvrages ayant pour auteur le curé de Moret.

Tout cet ensemble de décorations reposait sur un fond blanc éclairé de jets de flammes du meilleur goût, et entremêlé de salamandres couronnées, emblème du règne de François Ier, alors que Moret, chef-lieu d'un comté des plus importants, était à l'apogée de sa gloire.

Cette boîte artistique, qui fut le type des différentes boîtes fabriquées depuis, ne passa pas inaperçue dans les vitrines de l'exposition vaticane.

Ajoutons que maintenant, à Rome comme à Paris, le sucre d'orge des religieuses de Moret est d'un usage habituel comme remède des maux de gorge et comme préservatif de la laryngite des prédicateurs. Aussi, ce précieux bonbon a-t-il ses entrées libres partout où fleurit l'art de l'éloquence et de la déclamation, à la tribune, au barreau, au théâtre, etc.

C'est donc moins par l'effet de la réclame, que par l'excellence reconnue du produit, que la réputation de ce bonbon exquis portée sur l'aile de la renommée, est arrivée, pour ainsi dire, jusqu'aux confins du monde ; et les touristes sans nombre qui, dans la belle saison, visitent la petite ville de Moret, ses antiquités, ses monuments, son église, ses alentours, son ravissant paysage, ne la quittent point sans emporter dans leur valise quelques boîtes de cette exquise panacée, bienfaisante aux riches et aux pauvres, connue sous le nom de *Sucre d'orge des Religieuses de Moret*.

Dans ces dernières années, la vogue croissante qui s'attachait au sucre d'orge de Moret obligea les bonnes sœurs à s'ingénier pour simplifier le travail en multipliant le produit.

Par bonheur, l'œuvre charitable avait, depuis plusieurs années, à sa tête, une personne d'une capacité exceptionnelle, la sympathique sœur Marie-Joseph Grange.

La sœur Grange puisa dans son grand cœur la hardiesse de risquer de notables dépenses, et dans son esprit inventif, l'art de décupler la rapidité de la fabrication, de varier les formes du produit, les dimensions et le décor des boîtes. Le tout, conçu avec beaucoup d'intelligence et confié à d'habiles mains, aboutit à un plein succès. De sorte qu'aujourd'hui ces perfectionnements, qui ont doublé la renommée et le débit du *Sucre d'orge des Religieuses de Moret*, ont mérité à l'active et dévouée religieuse qui a présidé à cette transformation, d'en être appelée *la seconde fondatrice*.

Le sucre d'orge des Religieuses de Moret avait déjà, de longue date, son historien ; il venait de trouver sa seconde fondatrice et son artiste décorateur. Ce qui lui manquait encore, c'était son chantre lyrique. La Providence s'empressa d'y pourvoir. Elle conduisit à Moret un virtuose qui, épris de ce qu'il voyait, touchait et savourait, se hâta d'accorder sa lyre, et fit surgir de ses cordes vibrantes cette cantate gaie, harmonieuse et naïve :

AUX TOURISTES

Las du bruit et de la poussière,
Lorsque vous irez à Moret
Pour y pêcher dans la rivière,
Pour y rêver dans la forêt,

Vous verrez auprès de l'église,
Frappant vos regards étonnés,
Au coin d'un mur pour qu'on les lise,
Ces mots : « Sucre d'orge... » — Sonnez !

Et voici que, faisant sourire
Ses yeux intelligents et bons,
Une Sœur vient pour vous conduire
Dans un paradis de bonbons.

« Berlingots » aux formes changeantes,
« Bâtons » de sucre au caramel,
Toutes ces douceurs alléchantes
Sont comme un avant-goût du Ciel...

Jusqu'aux boîtes, dont un artiste
Fit la vogue en y dessinant
Ce pont du Loing, cher au touriste,
Et tout le site environnant.

Soyez prodigues à l'extrême,
Et, sans crainte des châtiments,
Si vous voulez que Dieu vous aime,
Laissez-vous tenter, ô gourmands !

Car c'est l'œuvre mystérieuse
— Mystère exquis et sans effroi —
D'une obscure Religieuse
Qui vivait au temps du Grand Roi.

Moret n'a-t-il pas son « histoire »
Fidèle au moindre souvenir ?
— Livre d'or écrit à sa gloire
Par une main qui sait bénir ;

Nobles pages où l'auteur cite
Plus d'une Reine avec sa Cour
Venant aux Sœurs rendre visite.
— Suivez l'exemple à votre tour !

Venez chercher du Sucre d'Orge ;
La vertu s'en révèle au goût :
Bon pour l'estomac, pour la gorge,
Il est doux aux pauvres surtout.

Pâques 1893.　　　　　E. D. DE M. (1)

(1) Emmanuel Déborde de Montcorin de la Société des
Poètes Français.

XXIV

Louis XIV. — Le connétable de Montmorency passe à Moret. — Le domaine de Moret vendu à Lefèvre de Caumartin. — Louis XV. — Construction du canal du Loing.

Dans le cours du xviie siècle, la gloire de Moret, comme ville princière, va se perdant de plus en plus dans celle de Fontainebleau. Mais la charmante cité ne cessa pas, jusqu'à la Révolution, d'être un lieu de rendez-vous agréable pour les hauts personnages, comme elle l'est aujourd'hui pour les archéologues et les touristes. Il s'y passa, le 8 mars 1612, un fait joyeux que les chroniqueurs n'ont pas manqué de recueillir. Teste d'Ouet en égaye ses lecteurs, et nous suivrons son exemple.

Le connétable de Montmorency sortait d'une audience de la reine-mère et du jeune roi Louis XIII, à Fontainebleau, lorsque, s'acheminant vers son gouvernement de Languedoc, il s'arrêta à Moret pour y festiner tout à l'aise Bassompierre et quelques amis qui l'y avaient accompagné. « Le joyeux et spirituel maréchal, dit l'écrivain précité, ne pouvait manger sans boire, et lorsqu'il buvait, il ne buvait pas pour peu, lui qui, ambassadeur chez les Suisses, se fit tirer sa botte, la remplit de vin et la but à la santé des treize cantons. Point de doute qu'il n'ait fait d'amples libations du vin dont César, si peu difficile avec celui de Suresne, n'a pas jugé à propos de nous vanter l'excellence ; et la preuve, c'est qu'en se séparant, le vieux connétable et ses amis pleuraient comme des enfants ! Ceci venge un peu Moret de l'oubli injurieux du proconsul romain. »

Mais les souverains n'apparaissent plus que de loin en loin à Moret. Louis XIV passe et couche dans cette petite ville le 27 octobre 1658. Il se rendait à Lyon où il devait avoir une entrevue avec la princesse de Savoie.

Ce grand roi, comme ses prédécesseurs, voulant remplir les coffres vides du trésor, a recours à la vente des domaines de la couronne. Il en vient à cette mesure extrême par un édit du mois de mars 1695.

C'est alors que le duc de Rohan-Chabot, qui était devenu comte de Moret par suite de son mariage avec la petite fille de Jacqueline de Beuil, Marie-Elisabeth du Bec, céda la terre de Moret à Messire Louis Urbain Lefèvre de Caumartin, chevalier, seigneur de Saint-Ange Jarzé, baron de Vantourneux et autres lieux, conseiller d'Etat ordinaire, intendant des finances. Le roi, comme toujours, se réservait la faculté du rachat perpétuel. L'acte de vente est du 14 septembre 1695. Les Caumartin demeurèrent possesseurs du domaine de Moret jusqu'à la fatale époque de 1793.

La grande œuvre de Louis XV à Moret, c'est la construction du canal du Loing, qui est le complément des canaux de Briare et d'Orléans, pour faire communiquer la Loire avec la Seine.

Les rivières et les fleuves sont des routes naturelles qu'on a utilisées de bonne heure pour faciliter les relations commerciales. Mais pendant bien des siècles, les bassins des grands fleuves restèrent étrangers l'un à l'autre, et la pensée de les relier par des lignes artificielles est relativement moderne.

On conçoit en effet combien il importait d'établir un système général de navigation, qui permît aux produits si variés de notre sol de circuler facilement d'un bassin à l'autre, pour devenir ainsi la source du commerce et des échanges. D'ailleurs, faciliter les moyens de transport, n'était-ce point développer un élément de richesse et puissance, consolider l'ordre en assurant l'approvisionnement des marchés, en dépit de la disette, ouvrir à l'agriculture des débouchés permanents ? Ces considérations d'un ordre élevé firent entreprendre, sous l'ancienne monarchie, le grand système des canaux à point de partage; il eut principalement pour but de rattacher entre eux les divers cours d'eau qui, par des directions opposées, se rendent vers les trois mers qui baignent nos côtes. François Ier projetait d'ouvrir les canaux de Briare, du Midi, du Centre et de la Bourgogne ; mais l'impuissance de la science et le malheur du temps ne lui permirent pas de donner suite à son idée. Il était réservé à Henri IV et à Sully de faire exécuter les premières écluses à sas (1), et de doter notre pays de canaux à point de partage. C'est alors qu'un premier essai fut entrepris pour mettre en communication la Seine avec la Loire. Plus tard, Louis XIV et Colbert rattachèrent l'Océan à la Méditerranée. Après, vint la jonction définitive de la Loire à la Seine.

C'est ainsi que bien des progrès dont on fait honneur à notre siècle ont été entrepris ou conçus par nos pères, à qui il conviendrait d'en faire modestement hommage. En tout cas, nos pères ont préparé la voie, et les insensés qui veulent supprimer le passé, que seraient-ils si la société, comme ils le prétendent, n'avait commencé qu'avec eux ? Si l'idée de ces extravagants devenait l'opinion, notre prétendu siècle de lumière ne serait que le siècle de la sottise orgueilleuse.

C'est donc par l'ancienne monarchie que fut inauguré le gigantesque réseau de ces artères navigables qui ont rendu et rendent encore au commerce français autant de services qu'en ont rendu, dans ces derniers temps, les lignes ferrées elles-mêmes.

C'est au commencement du règne de Louis XV que fut creusé le canal du Loing.

(1) On appelle *sas* les bassins pratiqués dans la longueur du canal et fermés à leurs extrémités par des écluses, pour arrêter l'eau courante.

Par des lettres patentes que nous avons encore, ce jeune roi accorde, en 1716, à son oncle le duc d'Orléans, régent de France, ou plutôt le régent de France se donne à lui-même la faculté d'établir ce canal pour suppléer à la rivière du Loing, et parer aux dangers continuels qu'elle offrait à la navigation.

Déjà le canal d'Orléans qui rejoint la Loire à la rivière du Loing, avait été creusé par le père du régent.

De Montargis à Moret, le Loing, portant bateau, offrait aux mariniers, dans les temps d'inondation, comme nous l'avons dit précédemment, des difficultés extrèmes, et des périls formidables, qui rendaient nécessaire, aux yeux de tout le monde, la continuation du canal d'Orléans.

Les considérants invoqués dans les lettres patentes du roi, relatives à cet objet, sont un vivant témoignage de la sollicitude exceptionnelle qu'apportait la royauté à tout ce qui pouvait favoriser les communications et les relations commerciales.

On y voit que, par un arrêt du Conseil, en date du mois de juin 1716, le roi avait ordonné la visite de la rivière du Loing, ainsi que l'examen des réparations nécessaires pour en rendre le parcours plus facile. Mais les ouvrages exécutés dans cette circonstance n'eurent pas les résultats qu'on en attendait. Les endroits qui avaient été fouillés et curés avec le plus de soin et de travail se comblaient de terres, de sable et de graviers, et quand les eaux étaient diminuées, les bateaux ne pouvaient plus passer ; et dans le temps des débordements, alors que la rivière n'avait plus de lit et se répandait dans les terres et dans la campagne, les bateaux, les marchandises et les hommes se perdaient en passant aux pertuis, à cause des soubresauts que les flots imprimaient à leurs mouvements. Dans les temps de sécheresse, les meuniers retenaient les eaux par la fermeture de leur pertuis ; et les marins étaient obligés de leur acheter l'eau nécessaire pour la conduite de leurs bateaux, de leur payer une indemnité pour le **chômage de leurs** moulins, et de mettre beaucoup de temps à faire le trajet. Ainsi, les bateaux sortant des canaux d'Orléans et de Briare, qui auraient pu faire le trajet de la rivière du Loing en deux ou trois jours, y mettaient quelquefois cinq ou six semaines, et essuyaient encore le désagrément de beaucoup de procès. Les marchands et les voituriers proposent donc la construction d'un canal sur la rivière de Loing, entre Montargis et Moret, se montrant disposés à payer, pour ce trajet, le même droit que sur les canaux d'Orléans et de Briare. Ils en retireront encore cet avantage que leurs bateaux, qu'ils sont obligés de vendre à vil prix, après leur déchargement, ils pourront les remonter jusque dans la Loire, et ils feront en sûreté quatre ou cinq voyages pour un.

Le roi se montre donc favorable à la proposition qui lui est faite par son *très cher et très aimé oncle*, le duc d'Orléans, petit-fils de France et régent du royaume, et l'autorise, par ces lettres patentes, à faire construire le canal à ses frais.

Le canal fut donc établi (1720-1724), et depuis lors il rend les plus grands services à la navigation et au commerce. Il fait sa jonction avec le Loing à Moret même, à deux pas en amont de l'embouchure de l'Orvanne, après avoir séparé le territoire de la ville de celui d'Ecuelles. Son parcours est de 53 kilomètres, de Montargis à Moret.

XXV

Commencements de Louis XVI. — Lefèvre de Caumartin. — Rapport officiel sur les revenus et les charges de la terre de Moret (1781).

Le règne de Louis XVI nous offre aussi des documents d'un intérêt particulier sur le domaine de Moret.

Le roi, par un arrêt du 14 janvier 1781, ordonne que tous les possesseurs et détenteurs de biens et droits quelconques de la couronne, engagés, aliénés, ou concédés à temps, à vie ou autrement, à quelque titre que ce fût, seraient tenus de rapporter au Conseil, avant le 1ᵉʳ janvier 1782, les contrats, arrêts et autres titres en vertu desquels ils jouissaient des domaines et droits divers, avec une déclaration détaillée des objets qu'ils possédaient, et des revenus et charges de chaque propriété.

L'engagiste de Moret était alors Antoine-Louis-François Lefèvre de Caumartin, chevalier, maître des requêtes honoraire, conseiller d'Etat, grand'-

croix, chancelier, garde des sceaux honoraire de l'ordre royal et militaire de Saint-Louis, ancien prévôt de la ville de Paris, engagiste des domaines de Moret et de Montmachon.

Ce seigneur remplit les formalités prescrites par l'édit du 14 janvier, et, dans la déclaration qu'il présenta, en conformité avec cet édit, on trouve que les domaines de Moret et de Montmachon, dont le comte de Caumartin se trouvait alors possesseur, étaient composés comme il suit :

Le château et ses bâtiments dont quelques portions étaient louées 301 livres ;

Huit arpens de terre et treize arpens de pré, affermés 100 livres ;

Le grand étang de Moret, dont les réparations absorbaient souvent le produit, affermé avec une maison construite par l'engagiste, 1400 livres ;

Un cent de carpes évaluées 33 livres 6 sols 8 deniers par an ;

Le moulin de Moret et un autre que les auteurs du sieurs de Caumartin y avaient ajouté, loués avec leurs dépendances, 1309 livres ;

Le greffe et ancien bailliage de Moret qui avait été retiré à l'engagiste, en vertu d'un arrêt du 4 juin 1782 ;

Le droit de hallage et étalage des bouchers, qui n'était pas servi depuis plusieurs années, et qui pouvait être évalué à 11 livres 5 sols. Le hallage et étalage des bouchers de Moret pouvait produire annuellement 18 livres 10 sols ; mais ce revenu n'étant plus payé devenait nul ;

Le droit de *langayage* des porcs, affermé 15 livres;

Le droit de passage sur la Seine, au détroit de Saint-Mammès, affermé 60 livres ;

Pareil droit de passage sur la rivière du Loing, à la barre de Saint-Mammès, affermé 20 livres ;

Le droit du jeu de quilles au bâton, affermé 12 livres ;

Une redevance annuelle de 96 bichets d'avoine, évaluée 144 livres par an, due par les habitants de Moret ;

Une autre redevance en avoine, à raison d'un boisseau par cheminée, produisant annuellement 27 livres, due par les habitants de Montmachon ;

Les censives évaluées 50 livres ;

Le quart du produit des octrois de la ville de Moret, appliqué aux réparations du château, dont le sieur de Caumartin ignorait le montant ;

La totalité du péage par terre qui se percevait à Moret, sous la dénomination du *Pied fourché*, affermé 200 livres ;

La portion d'un autre droit de péage connu sous le nom de *Grande coutume*, qui se levait sur la Seine au détroit de Saint-Mammès, et affermé au sieur Ragon, droit qui, d'après le produit général des huit dernières années, avait rapporté, année commune, 1063 livres 10 sols 6 deniers ;

Une île appelée *Saint-Mamers*, au-dessous et du même côté de la maison du nommé Vilain. Cette île,

ajoute la pièce que nous citons, faisait indubitable-
ment partie de l'engagement dudit domaine, quoique affermée, le 30 janvier 1781, par les administrateurs généraux des domaines aux nommés Réolles et
Dragon, moyennant 150 livres, et il était de l'équité
de Sa Majesté de réintégrer l'engagiste dans sa jouissance de ladite île.

Il résulterait de l'énumération ci-dessus faite, que
les produits des domaines de Moret et de Montmachon s'élevaient annuellement à la somme approxi-
mative de 3,500 livres.

Les charges de ce même domaine étaient :

Frais de procédures criminelles, 17 livres 16 sols
4 deniers ;

Gages du lieutenant-général de Moret, 25 livres ;
Gages du geôlier des prisons, 30 livres ;

Indemnité au procureur du roi pour les papiers et
parchemins employés dans les affaires à sa requête,
12 livres ;

Rente de 163 livres 6 sols 6 deniers, dus à la maison des Mathurins de Fontainebleau :

Autre rente de 17 livres 10 sols due au chapitre de
Saint-Spire de Corbeil ;

Autre de 20 livres due à l'abbaye de Goze ;

Le loyer de l'auditoire du bailliage, 72 livres.

Total des charges : 657 livres 12 sols 6 deniers.

Donc, le bénéfice que le sieur de Caumartin reti-
rait des domaines de Moret et de Montmachon était
insignifiant. Aussi espérait-il que Sa Majesté daigne-
rait le confirmer purement et simplement dans sa

jouissance actuelle, et le réintégrer dans celle de l'île de *Saint-Mamers*.

Le roi en son Conseil, sur le rapport qui lui fut fait touchant cette question, maintint et confirma le sieur de Caumartin dans la possession et jouissance des domaines de Moret et de Montmachon, et droits en dépendant, à l'exception de la nomination aux offices de la justice et des droits seigneuriaux casuels qui sont et demeurent réservés à Sa Majesté. L'engagiste jouira desdits domaines pendant la durée du règne de Sa Majesté, à la charge de payer à la couronne, à compter du 1er janvier 1782, une redevance annuelle de 300 livres.

Quant à l'île de *Saint-Mamers*, attendu qu'elle n'existait pas lors de l'engagement du domaine de Moret, et que par conséquent elle n'avait pu y être comprise, le sieur de Caumartin en aura la jouissance à titre d'engagiste, mais à la charge d'entretenir le bail de ladite île qui avait été passé pour neuf années au profit de Sa Majesté, moyennant la somme de 61 livres par an, dont ledit engagiste sera aussi redevable à la Couronne.

XXVI

Faits, évènements et particularités dignes de remarque
se rapportant à l'histoire de Moret.

L'importance de Moret comme ville royale lui
valut, en 1779, la création d'une *milice bourgeoise*.
Cette création eut lieu sur la demande des habitants
et avec l'assentiment du corps municipal.

Le duc de Gèvres, gouverneur de l'Ile-de-France,
dans l'ordonnance qu'il rendit pour donner satisfaction aux désirs de la ville de Moret, fixe comme il
suit les services imposés à cette compagnie militaire:

1° Elle se rendra utile dans les cérémonies publiques et religieuses ;

2° Elle aura la garde des poudres du roi, tant de
jour que de nuit, lors de leur passage à Moret ;

3° Elle maintiendra le bon ordre, lorsqu'elle en
sera requise, dans les incendies et autres événements
publics .

Les membres de cette milice reçurent le titre de
chevaliers.

Elle fut inaugurée le dimanche 8 août 1779, en présence du corps municipal, sous la présidence du maire Perreau de Gratery. Elle reçut, dans cette circonstance, un drapeau aux armes de France, don de Mesdames filles de Louis XV, en souvenir de la brillante réception qu'on leur avait faite, lors de leur passage à Moret, en 1760.

Rien ne manquait à l'organisation de cette compagnie ; elle avait à sa tête :

Un colonel, qui fut le marquis de Nouvion, chevalier de Saint-Louis ; un lieutenant-colonel, un major-commandant, un capitaine, un lieutenant, un sous-lieutenant, un porte-drapeau, un aumônier, un chirurgien major, un garde des archives, un receveur caissier, et deux sergents, avec un corps de musique.

Chaque soldat était pourvu d'un uniforme et d'une armure complète. Les officiers s'habillaient à leurs frais.

La compagnie avait au château une salle à sa disposition et de beaux jardins pour ses exercices.

Elle célébrait solennellement, chaque année, le 25 août, la Saint-Louis, sa fête patronale. Le son des cloches et des salves d'artillerie relevaient la fête. Une messe solennelle était chantée par l'aumônier, à l'église paroissiale, avec un *Te Deum* pour la famille royale, au milieu de la population assemblée et des autorités civiles et judiciaires. Puis uh repas réunissait la compagnie autour de plusieurs tables communes, et la journée se terminait par un tir dont le prix était une croix d'argent imitant celle des chevaliers de Saint-Louis.

Cette milice subsista jusqu'à la Révolution, époque à jamais lamentable où l'on vit, comme dans un ouragan dévastateur, les plus utiles institutions joncher la terre de leurs débris.

De temps immémorial, la ville de Moret possédait onze petites pièces de canon, ou couleuvrines placées dans la cour du château. En 1743, le comte de Rohan-Chabot, ancien engagiste du domaine de Moret comme héritier du marquis de Vardes, prétendit, en cette qualité, disputer à la ville la possession de cette artillerie. La ville défendit fermement sa propriété, en appuyant son droit sur ce que ces pièces de canon étaient à Moret bien avant la venue du marquis de Vardes, et sur l'inscription : *Moret en Gâtinais*, gravée en lettres gothiques sur neuf desdites pièces, ajoutant que si cette artillerie avait été déposée au château c'était uniquement parce que la maison commune manquait de place pour les recevoir. Le comte d'Eu, duc d'Aumale, capitaine général de l'artillerie française, donna gain de cause à la ville de Moret, dans une réponse où il est dit : *Voulant donner aux maire et échevins de la ville de Moret, des marques de notre affection particulière, nous leur avons permis et permettons d'avoir et de garder lesdites pièces de canon... faisons défense à tous officiers d'artillerie et autres qu'il appartiendra d'inquiéter la ville par raison desdites pièces de canon.*

Moret était fière, dans l'occasion de prêter son artillerie à la ville de Fontainebleau, comme elle le fit en 1757 pour fêter l'arrivée du roi dans cette ville.

Pendant la révolution, la petite ville qui avait jadis si noblement revendiqué sa propriété, envoya gratis ses canons à Melun, chef-lieu du département. C'est ainsi qu'alors, les masses populaires fascinées comme toujours par un engouement passager, abdiquaient sans souci tous leurs droits, et jetaient stupidement leur autonomie dans le creuset d'une tyrannique centralisation !

Quand le palais de Fontainebleau devint pour les souverains une demeure de prédilection, la petite ville de Moret ne perdit point pour eux tous ses attraits. Elle fut encore, chaque année, pendant le séjour du roi à Fontainebleau, le théâtre journalier d'une grande animation produite par les promenades, les revues et surtout par les chasses des princes et des grands dignitaires de la cour.

En 1753, le dauphin et la dauphine, entourés d'une suite nombreuse, dirigèrent un jour leur promenade vers la cité morétaine. Après avoir traversé la ville et le faubourg, ils firent une halte sur le pont du canal. La population de se rassembler autour d'eux pour les acclamer. Parmi la foule se distinguait le personnel de trois noces de vignerons qui avaient lieu ce jour-là. Les trois couples offrirent, chacun, au prince et à la princesse un gâteau de la noce. Ces gâteaux furent acceptés aux applaudissements de tout le peuple. La chronique ajoute même que les illustres personnages et leur escorte prirent part à la danse villageoise, et qu'en quittant ce bon peuple morétain ils déposèrent une généreuse offrande dans la corbeille des nouveaux mariés. Le soir, les trois gâteaux figurèrent à la place d'honneur sur la table du roi Louis XV, au palais de Fontainebleau, et l'on s'amusa beaucoup de l'épisode de l'excursion à Moret. C'est ainsi qu'autrefois, n'en déplaise aux détracteurs de l'ancien régime, les princes et le peuple aimaient à fraterniser ensemble.

Le 19 octobre 1777, eut lieu, dans la plaine qui s'étend à droite de la colonne royale et de la route de Montereau, une grande revue du régiment de Montclerc. Il s'agissait alors de la suppression de ce régiment. Mais l'habileté de ses manœuvres et sa belle tenue, dans cette circonstance, excitèrent une telle admiration que la conservation d'un si beau régiment fut décidée. Une foule innombrable accourue de Moret, des communes voisines et de la ville de Montereau, assistait à cette revue, où se trouvait aussi une partie de la cour. Le régiment, acclamé par la multitude fêta son triomphe en passant huit jours à Moret, au milieu des réjouissances. L'état major faisait sa résidence au château de Ravanne. La ville de Moret profita de toutes les dépenses qui furent faites à cette occasion.

Les grandes chasses de la cour apportaient, chaque année, la joie et l'abondance dans l'heureuse ville de Moret, restée par le fait cité royale. Le roi s'installait régulièrement à Fontainebleau, au commencement d'octobre, pour y passer six semaines. C'était pendant ce temps que se déployait toute la magnificence des chasses royales qui s'étendaient non seulement dans les différents quartiers de la vaste forêt, mais dans les deux grandes plaines situées à droite et à gauche de la colonne royale de Montereau, et jusque sur la montagne de Train.

La plus brillante de ces chasses était celle qu'on appelait *chasse de Saint-Hubert* qui avait lieu le 3 novembre de chaque année.

Le prince qui donnait le plus de relief à ces chasses avant la Révolution, était le comte d'Artois, depuis Charles X. Les équipages traversaient Moret en grande pompe pour se rendre à la colonne. La meute, les piqueurs, les dignitaires de la cour, une longue suite de voitures formaient l'imposant cortège. Ces fêtes attiraient en foule les populations du voisinage, avides de jouir du spectacle grandiose de ces réunions princières, de voir ces nobles personnages faire assaut de luxe et d'élégance, d'entendre les échos des bois et de la plaine répéter le son des cors et le bruit des fanfares, d'assister à la poursuite par les chiens haletants et à la mort tragique de l'animal vaincu. Dans ces circonstances, c'était à *l'hôtel des Trois-Rois*, au faubourg du Pont-de-Moret, qu'était le rendez-vous du prince et des seigneurs qui l'accompagnaient. C'est là qu'avant et après les courses, tous venaient prendre des rafraîchissements, ce qui fit donner à cet établissement le surnom de *Rendez-vous des chasses de Monseigneur le comte d'Artois*.

Une quantité de rabatteurs, choisis dans le pays par les gardes-chasses, parcouraient les bois et la plaine et recevaient pour leur journée une généreuse rémunération.

Tout dans la petite ville de Moret respirait alors l'allégresse et prenait un air de fête, tandis que la France entière jouissait d'une tranquillité inaltérable. Le peuple était loin de se plaindre. Ce n'est que depuis lors, que les pionniers de la démagogie, pour rendre odieuse la prétendue cruauté des rois ont imaginé de s'apitoyer sur le sort du peuple français tyrannisé par ses maîtres.

Ces chasses, comme toutes les chasses, étaient parfois l'occasion de terribles accidents, comme celui qui arriva à la garenne de *Gros-Bois*, au mois d'octobre 1788.

Le rendez-vous de chasse était à la croix de Montmorin, sur la grand'route de Fontainebleau à Moret. Acharné à la poursuite du cerf qui dirigeait sa fuite vers la rivière du Loing, le marquis de Thoursel qui chassait avec le roi, monté sur un cheval fougueux, se lança si malheureusement sur la pente de la Garenne, que, renversé par les branches d'un gros chêne, il tomba sans conaissance sur le sol. Relevé aussitôt, il fut porté à la maison du garde. Les médecins de la cour, après avoir examiné l'état du blessé, décidèrent de pratiquer l'opération du trépan. Il mourut peu de jours après sans avoir repris connaissance. Depuis sa chute, les grands seigneurs, faisant partie de la chasse, ne l'abandonnèrent pas un instant. Pendant la crise, des courriers de Moret à Fontainebleau battirent le pavé nuit et jour. Après le décès, le corps fut déposé dans une magnifique chapelle ardente construite en bois sur les lieux pour la circonstance. Au jour fixé pour la levée du corps, le clergé de la paroisse de Moret se rendit processionnellement à la Garenne pour la cérémonie et le corps fut transporté et inhumé dans l'une des terres du défunt.

Moret par sa renommée et sa position géographique sur une des grandes routes longitudinales de la France, recevait fréquemment dans son enceinte les plus illustres personnages.

Le grand Condé passait et repassait périodiquement à Moret, où il couchait quand il allait présider les États du Languedoc. Après sa mort, il y passa et y coucha encore, mais enfermé dans un cercueil qui fut déposé dans l'église de Moret où il y passa la nuit du 16 au 17 avril 1709, avant d'être transporté à Vallery, lieu de la sépulture.

Un des épisodes marquant de l'histoire de Moret, au commencement du dernier siècle, c'est le passage de Louis XV allant à la rencontre de sa fiancée, la pieuse Marie Leckzinska, princesse polonaise.

La rencontre se fit en haut de la montagne qui s'élève à la sortie de Moret, sur la route de Paris à Lyon. Elle fut solennelle, au milieu des troupes, des princes et seigneurs qui, avec leurs brillants équipages accompagnaient le jeune roi. L'imposant cortège entra en grande pompe dans la ville de Moret qui, ce jour-là se livra toute entière à une agitation extraordinaire et aux transports d'une allégresse qui rayonnait sur tous les visages.

Le roi introduisit la future reine dans le château de Moret pour y passer la nuit, et retourna le jour même à Fontainebleau. C'était le 4 septembre 1725.

Le lendemain matin, la princesse entendit la messe dans l'église paroissiale, et y reçut la communion de la main du Grand Aumônier de France.

Dans la matinée, le roi, revenu de Fontainebleau à Moret, avec une suite nombreuse, alla recevoir son auguste fiancée, au lieu où il l'avait installée la veille, et la conduisit dans sa voiture à Fontainebleau, où le mariage fut célébré, le jour même, dans la chapelle du palais, avec les cérémonies d'usage en pareille circonstance.

On sait qu'en souvenir de cet événement, fut érigée, au lieu même de l'entrevue, cette fameuse colonne qu'on y voit encore aujourd'hui. Elle est en marbre, d'une forme ronde, d'une belle hauteur, soutenue par un piédestal à quatre pans cannelés, avec cadres, moulures et deux inscriptions, l'une en français, l'autre en latin, en lettres d'or, rappelant la circonstance qui avait motivé l'érection de ce monument. La colonne se termine par une corniche à moulures carrées, également en marbre, surmontée d'un magnifique globe aux armes de France, avec des fleurs de lis en cuivre doré, et une couronne royale en plomb également doré. On montait à cette colonne par plusieurs marches en pierres de grès encadrées d'une belle plate-forme complantée d'une double allée d'ormes formant le plus agréable coup d'œil.

En 1793, une sentence révolutionnaire, émanant du club de Moret, voua ce bel difice à la destruction comme si la suppression des monuments était l'anéantissement des faits mémorables de l'histoire de France.

Des difficultés vinrent heureusement entraver cette œuvre de vandalisme. Les communes voisines, prétendant que la colonne était plantée sur leur territoire, disputèrent à celle de Moret le droit de l'anéantir.

Le citoyen Lucien Noël, alors maire de Moret et président démissionnaire du club jacobin du lieu, fit observer que la colonne étant un monument d'art établi sur une grand'route, on ne pouvait y toucher sans l'autorisation du gouvernement ; et l'on négligea de la demander.

Cet ajournement provoqua la fureur des impatients qui firent à l'édifice en question des dégâts et mutilations déplorables.

Pour conjurer la ruine entière du monument, Lucien Noël, à la tête du corps municipal, entouré de la milice bourgeoise, devenue garde nationale, et précédé de l'artillerie de la ville, se rendit au pied de la colonne, fit enlever la couronne de France et les fleurs de lis dont elle était ornée, et les fit remplacer par un *bonnet de la liberté*. Depuis lors aucun énergumène n'osa faire main basse sur un monument protégé par ce signe sacro-saint de l'époque.

C'est ainsi que cette colonne, respectée depuis, est arrivée jusqu'à nous, dans l'état où nous la voyons aujourd'hui.

Il semblait que la petite ville de Moret, depuis que Fontainebleau l'avait supplantée en attirant les souverains par les agréments de son superbe palais, offrît de nouveaux charmes aux princes et aux princesses qui s'étaient habituées à la visiter sous Louis XV.

En janvier 1767, le prince et la princesse de Lamballe, tous deux de sang royal, après leur mariage célébré dans la chapelle du château de Nangis, traversèrent Moret où ils reçurent des autorités et de la ville entière tous les honneurs dus à leur rang.

On sait que l'infortunée princesse, qui était devenue veuve presque en même temps qu'épouse, fut en 93, une des premières victimes de la Révolution, et que sa noble tête, plantée au bout d'une pique, fut portée cyniquement par deux infâmes représentants du peuple sous les fenêtres de la famille royale emprisonnée au Temple.

L'année 1780 fut signalée par la présence à Moret du roi de Danemark, du duc de Penthièvre, père de la princesse de Lamballe, de Joseph II, empereur d'Autriche, et frère de la reine Marie-Antoinette, de Paul Petrowitz, fils de l'impératrice de toutes les Russies, accompagné de la princesse sa femme, et enfin par le passage de l'ambassadeur turc.

Dans toutes ces occasions, la petite ville faisait dignement les choses. Le canon éclatait en salves bruyantes, à l'arrivée et au départ ; les chevaliers de la milice bourgeoise étaient sur pied avec leurs armes, et toutes les autorités et les fonctionnaires, en grande tenue, faisaient escorte aux augustes personnages.

On fit quelque chose de plus envers le représentant de la Turquie. Par ordre supérieur les autorités avaient été invitées à lui faire partout sur son parcours les plus grands honneurs. Les magistrats, précédés de l'artillerie et entourés de la compagnie des chevaliers, allèrent à sa rencontre jusqu'au bas de la montagne de la colonne. L'envoyé du Grand Seigneur traversa rapidement Moret en saluant les corps rassemblés, et après avoir changé de chevaux au relai de la *Porte de Paris*, il partit aussitôt pour faire son entrée le même jour dans la capitale.

La ville royale de Moret ne manquait pas de s'associer par des réjouissances aux événements heureux de la nation tels que les victoires, les traités de paix, le sacre des rois, la naissance des héritiers du trône, etc.

Contentons-nous d'en citer quelques exemples : En 1775, le sacre de Louis XVI ; en 1779, la prise de l'île de Grenade, une des Antilles, sur les Anglais ; en 1784, la paix générale conclue avec l'Angleterre, et en 1785, la naissance du Dauphin.

Dans ces circonstances, la grande manifestation de la joie publique et de la reconnaissance nationale consistait dans un solennel *Te Deum* qui se chantait à l'église, au son des cloches et au bruit du canon, en présence du corps municipal, des officiers publics et de la milice bourgeoise. Les autorités illuminaient les édifices, et les particuliers leurs maisons. Et pour que les malheureux pussent prendre part à la joie commune, la municipalité dressait à tous les carrefours des buffets où l'on distribuait aux indigents du pain, du vin et des viandes froides.

Quelquefois la spontanéité de la joie commune se manifestait par d'ingénieuses inventions.

Ainsi, pour rehausser par une sorte d'harmonie imitative le *Te Deum* célébré à l'occasion de la prise de Grenade, les chevaliers de la milice bourgeoise avaient déposé dans les trois croisées rondes qui dominent le chœur de l'église paroissiale, trois petits navires à voile, munis de leurs agrès, qui représentaient les deux nations en guerre l'une contre l'autre. Des personnes montées sur les voûtes agitaient ces vaisseaux dont les mouvements, visibles à l'œil, simulaient une bataille navale, qui se terminait à l'avantage des Français. Une infinité de lampions éclairaient cette scène qui dut paraître bizarre dans une église.

Mieux inspirée fut la compagnie des chevaliers pour fêter la conclusion de la paix, en 1784. Une belle cavalcade organisée avec intelligence, à l'aide du concours et de la présence de toutes les autorités locales, parcourut la ville, et à chaque carrefour avait lieu une halte, pendant laquelle on annonçait solennellement, au bruit du canon, le rétablissement de la paix avec l'Angleterre. La manifestation se termina par le chant du *Te Deum* dans l'église ; et le soir un banquet fut servi à chaque corps, à cause des rigueurs de l'hiver, dans une des salles du château, au premier étage, disposé à cet effet, et des toasts joyeux furent portés au roi, à l'armée et à la félicité de la France.

La ville de Moret savait s'associer au deuil de la patrie comme à ses gloires. Quand, en 1782, la flotte de la marine royale, placée sous le commandement du comte de Grasse, subit un affreux désastre par la perte de sept navires et la captivité du brave commandant, le bureau de l'hôtel de ville de Moret, offrit la somme de 7,000 livres, payables en trois ans, pour concourir, avec les autres villes de la Généralité de Paris à l'équipement d'un navire destiné à réparer la perte subie par la marine de l'Etat.

Moret fut aussi le témoin attristé de plusieurs convois princiers qui traversèrent pompeusement son enceinte.

Le plus triste et le plus majestueux de tous fut celui du jeune et vertueux Dauphin, père de Louis XVI décédé au palais de Fontainebleau, le 20 décembre 1765, à l'âge de 36 ans. Il avait demandé, sans dire et sans qu'on sache pourquoi, à être inhumé dans la cathédrale de Sens. Pour satisfaire à la dernière volonté du prince, le roi ordonna qu'il fut transporté solennellement à Sens, et chargea le duc d'Orléans de présider à la lugubre cérémonie. Elle eut lieu le samedi 28 décembre, et ce fut la matinée de ce jour que le cortège funèbre traversa la ville de Moret. La grande rue avait été nettoyée et appropriée pour la circonstance. La petite ville qui avait été le témoin de tant de grandes choses n'avait jamais rien vu de si triste et de si somptueux tout ensemble. Le char funèbre était cintré et couvert d'une draperie noire tombant jusqu'à terre et traversée d'une grande croix de moire d'argent.

Aux angles étaient les armoiries du prince, relevées en bosse d'argent. On y avait dressé un autel autour duquel brûlaient une quantité de cierges et d'aromates. De chaque côté du char, traîné par quatre chevaux, marchaient un grand nombre de valets de pied, les commandants de gendarmerie, des chevaux-légers et des mousquetaires, portant tous des flambeaux à la main. En avant ainsi que derrière le char marchaient des détachements de troupes de toutes armes, et une suite nombreuse de voitures de deuil, renfermant les plus illustres personnages. Immédiatement devant le corps s'avançait une voiture du roi dans laquelle étaient l'archevêque de Reims, grand aumônier de France, un chapelain du roi, le confesseur du Dauphin et le curé de la paroisse royale de Saint-Louis de Fontainebleau. Cette voiture faisait suite à celle où se trouvait le duc d'Orléans, premier prince du sang, qui présidait ces douloureuses funérailles.

Le clergé de la paroisse de Moret et ceux des paroisses voisines arrivèrent processionnellement au passage du convoi, qui s'arrêta à l'entrée de la ville où chaque clergé offrit l'eau bénite et l'encens.

Le char n'avait pas encore toute la majesté qu'on aurait voulu lui donner, car on avait été obligé d'en restreindre la hauteur, pour qu'il pût passer sous les portes de la ville de Moret.

Le convoi arriva le même jour à Sens. Il fut déposé en grande pompe dans le chœur de la cathédrale, jusqu'au lendemain où la cérémonie funèbre eut lieu avec toute la solennité que réclamait un si grand deuil.

Quelques mois plus tard, la Dauphine suivait au tombeau son noble époux, et le 3e dimanche de Carême de l'année 1766, la ville de Moret était témoin d'un convoi à peu près semblable à celui que nous venons de décrire.

En 1780, la petite ville rendit encore les honneurs funèbres au cardinal de Luynes, son archevêque qui, décédé dans son hôtel, à Paris, fut transporté à Sens, en passant par Moret, pour être inhumé dans sa cathédrale.

Après avoir honoré tous ces illustres morts qui avaient traversé ses murs, la ville de Moret ne manquait pas, quelques jours après, de célébrer un ou plusieurs services solennels dans l'église paroissiale et dans la chapelle de l'abbaye, et la population entière s'associait à ces manifestations de la reconnaissance envers des bienfaiteurs et de la piété envers les morts, deux nobles sentiments qui sont traditionnels dans le cœur des habitants de Moret.

XXVIJ

Commerce, industrie, privilèges de la ville de Moret,
établisséments divers avant la Révolution.

Moret est à la fois ville et campagne ; car la majeure partie de ses habitants cultive les champs et
les vignes. Celles-ci, depuis plusieurs années, ne
donnant plus aux vignerons, à cause des vices de la
température, une rémunération suffisante de leurs
labeurs, furent, en parties arrachées, et, comme le
stérile figuier de l'Evangile, jetées au feu. La culture
des céréales s'en est augmentée d'autant. Mais avant
la Révolution, la viticulture était l'occupation pré-
férée. Le vin de Moret n'était pas à dédaigner. Produit par un territoire limitrophe du Gâtinais, d'un
côté, et de la Bourgogne, de l'autre, il participe à la
qualité du crû de ces deux vignobles renommés,
sans toutefois rivaliser avec eux.

Quant à l'agriculture, elle n'a pas, à Moret, de
vastes champs à sa disposition, comme dans la Brie ;
mais, avant la Révolution, elle offrait au commerce
des grains, des produits assez importants pour sentir

le besoin d'un marché au blé. Ce marché fut établi. Il se tenait sur la place contigüe à l'église, du côté du midi, place qui, dans les archives, porte le nom de *Place du marché au blé*. On y dressa une croix de pierre qui existe encore, touchant symbole qui, dans un tel lieu, est fait pour rappeler aux consciences la probité religieuse qui doit toujours présider aux affaires commerciales. Le droit de minage prélevé sur les grains dont le marché s'approvisionnait, effraya vendeurs et acheteurs qui finirent par déserter la place de Moret.

En 1793, devant la disette qui planait sur la ville de Moret, les hommes avancés qui s'étaient emparés de l'administration essayèrent, mais en vain, de rétablir l'ancien marché au blé ; la panique que leur gestion entraînait dans les esprits paralysait tout mouvement d'affaires.

Moret est pourvu d'un hospice dont la fondation remonte, nous l'avons dit, au marquis de Vardes et à la marquise de Vardes, comtesse de Moret.

Cet établisement était situé autrefois presque en face de l'église, au coin de la rue qui, à cause de ce voisinage, prit le nom de *rue de l'Hôtel-Dieu* qu'elle porte encore.

On y voyait une chapelle desservie par un chapelain à la collation du grand aumônier de France. Cette chapelle, dédiée à sainte Barbe qu'on voyait représentée sur un tableau, au-dessus de l'autel, a disparu avec son mobilier, au temps de la Révolution.

Les bâtiments occupés par l'hôtel-Dieu étaient passablement humides et malsains. Vendus par l'administration, en 1866, ces bâtiments, abattus et reconstruits, sont maintenant une maison bourgeoise, et l'hospice a été transféré dans l'immeuble beaucoup plus commode qu'il occupe aujourd'hui. Cet immeuble a été acheté en partie avec le produit de la vente de l'ancien hôpital. Les sœurs de la charité, qui le desservaient, ont contribué à cet achat pour la somme de 1,000 francs. Elles ont encore, avec les ressources de leur inépuisable charité, aidé dans de larges proportions à meubler le nouvel hospice. Aussi, l'administration et le pays savent-ils apprécier le dévouement des religieuses chargées de cet établissement, qui subviennent, de toutes façons, aux besoins des infirmes et des indigents.

L'année dernière (1887) la Commission de l'hospice, présidée alors par le notaire de l'établissement, a décidé et effectué la vente de ce qui restait de biens fonds à cet asile des malheureux, pour en placer le produit en rentes sur l'Etat. Une pareille opération est le présage de la ruine future d'un établissement, en cas de culbute de la fortune publique. Les rentes périssent alors, tandis que les biens fonds restent. Le passé, à cet égard, est le présage de l'avenir. Avec un peu de réflexion, les gardiens du revenu des malades et des pauvres se fussent gardés de donner cette caducité à la fortune des indigents, et cette lucrative besogne à la plume d'un tabellion.

L'hospice était chargé de faire acquitter annuelle-

LA PORTE DE L'ANCIEN HOTEL-DIEU

d'après une lithographie relevée par J. LESAGE à la Bibliothèque Nationale

ment, à perpétuité, treize messes de fondation pour ses anciens bienfaiteurs. Ces messes étaient dites par les chapelains de l'établissement, puis par les vicaires de la paroisse quand, après la suppression dudit chapelain, les vicaires furent chargés du service religieux de l'hospice. Pendant la Révolution, les rentes furent complètement perdues ; mais l'hospice conserva une partie des biens fonds qui forment toute sa richesse aujourd'hui. Par suite de ces pertes, les charges de fondation durent être réduites proportionnellement. En 1874, l'administration d'alors, après la discussion d'un rapport présenté par un de ses membres sur la question, réduisit à six le nombre des messes obligatoires. Mais l'administration subséquente, qui a précédé celle d'aujourd'hui et qui a vendu les propriétés foncières de l'hospice, a biffé d'un trait cette dette sacrée. L'autocrate municipal qui se croyait tout permis, trouva bon ce moyen de battre monnaie sur les os des trépassés ; il oubliait sans doute que l'oracle divin affirmant que la justice élève les hommes et que l'iniquité leur porte malheur, *justitia elevat gentes, miseros autem facit populos peccatum* (Prov. xvi, 34).

Ce qui ne manqua jamais à Moret, ce fut un bon approvisionnement d'eau potable mise à la portée de tous les habitants par neuf puits publics distribués dans les différents quartiers, et toujours parfaitement entretenus. Les archives où nous puisons ces renseignements, attestent que les échevins de cette époque pourvoyaient à tout avec autant d'intelligence que de sollicitude. Grâce au progrès du temps, cet avantage s'est encore perfectionné par la transformation de ces puits en pompes très commodes et donnant une eau pure en toute saison.

L'activité des édiles municipaux éclatait dans tout le détail des travaux publics et commerciaux, tels que l'entretien des murs de ville, le pavage des rues, l'appropriation et régularisation des places publiques, la création d'un lavoir commun (en 1769), l'achat de trois pompes pour l'extinction des incendies, avec les accessoires indispensables seaux, crochets de démolition, échelles, etc. (en 1780).

Les revenus de la ville étaient presque insignifiants, comparés à ceux d'aujourd'hui, et les charges n'étaient pas moins lourdes. Mais la plus stricte économie présidait à tous les actes administratifs. Les fonds publics n'étaient employés qu'à des travaux vraiment utiles, et non à des dépenses de fantaisie ; en bons pères de famille, les administrateurs de la chose publique se gardaient de laisser des dettes à leurs successeurs, et surtout, ils n'obéraient pas la commune pour trente ans par d'énormes emprunts destinés à couvrir de folles dépenses, en ajournant aux calendes grecques les travaux les plus urgents.

Sous Louis XV, la ville de Moret jouissait d'une assez belle renommée pour que le roi, poussé à bout par l'insolence toujours croissante des Parlements, voulant frapper un grand coup pour l'exemple, désignât Moret comme lieu d'exil du Parlement de Rouen qui s'était distingué par son esprit d'hostilité contre l'autorité royale. Le président logea à l'hôtel du *Lyon d'Or* et les conseillers à celui de la *Belle-Image*.

Les hôtels étaient au nombre de sept ou huit, savoir, outre les deux que nous venons de nommer, l'auberge des *Trois-Rois*, ceux de *Saint-Pierre*, de la *Croix-Verte*, de l'*Ecu*, et l'hôtel du *Sauvage*.

Ce dernier est devenu, en 1788, *l'Hôtel-de-Ville* (1). Il fut acheté au moyen des économies réalisées par les administrateurs de la commune, et avec l'assentiment de tous les habitants consultés à cet effet. Car, sous cet ancien régime qu'on dénigre tant, les intérêts communaux n'étaient pas livrés, comme il arrive souvent aujourd'hui, à une poignée de compères mus par des ficelles cachées, comme chez Guignol ; le bon public n'y voit rien ; les plus imposés même sont écartés avec soin ; les écus des contribuables dansent dans l'ombre sans aucun contrôle, les finances communales s'engloutissent peu à peu, quelquefois tout à coup, dans un abîme sans

(1) L'Hôtel de Ville (ancien hôtel du Sauvage) a été rasé en 1924. La municipalité lui a substitué une place, au centre de laquelle s'élève le monument aux enfants de Moret morts pour la France, beau marbre dû au ciseau de l'éminent statuaire Gasq, auteur du Bossuet de la cathédrale de Dijon. La place est bornée au nord par la nouvelle mairie acquise avec son parc des héritiers de Mme Rasse et au midi et au couchant par trois belles reconstitutions architecturales du XVe siècle qui contribuent puissamment à l'embellissement de la ville. X...

fond, et les surcharges répétées des bordereaux de contribution sont impuissantes à combler le vide de ce tonneau percé des nouvelles Danaïdes.

Au point de vue financier, l'acquisition de l'hôtel du *Sauvage* par la ville de Moret est très intéressante et nous apprend comment les choses se passaient autrefois.

Dans une assemblée générale des habitants, le maire et les échevins exposent auxdits habitants : « que la ville *ayant des deniers oisifs au coffre*, provenant de l'épargne et de l'économie des officiers municipaux, il convient d'en employer une partie utilement ; que la ville de Moret ayant un bailliage d'une certaine étendue et des marchés ; qu'étant située sur la grande route de Bourgogne, près le canal du Loing et de la rivière de Seine, ce qui est favorable pour le commerce, il serait nécessaire d'avoir un *Hôtel-de-Ville* ; que, dans cette vue, les sieurs maire et échevins ont cherché les occasions de procurer cet avantage à leur ville et qu'ils ont trouvé un local propre à cet établissement ; que ce local est la maison ou hôtel appelé le *Sauvage*, appartenant au sieur Pudé, bourgeois de la ville, etc... »

Après cet exposé, la question fut mise en délibération dans cette réunion générale des habitants, et la municipalité fut autorisée à faire cette acquisition qui coûta 7,000 livres (*Archives départementales*).

L'administration de l'*Hôtel de Ville* comprenait avant la révolution, un maire, deux échevins, un procureur du roi, un secrétaire, un pro-receveur et un contrôleur.

Ces officiers restaient en fonctions pendant trois ans. Cette période révolue, le corps municipal en exercice convoquait une asemblée générale des habitants qui procédaient à l'élection des nouveaux officiers. Le suffrage universel n'est donc qu'un emprunt fait à l'ancien régime. Les hommes pouvaient être réélus.

Ils étaient conduits dans les cérémonies par deux appariteurs-sergents, portant un habit bleu de roi, une culotte de drap écarlate, un chapeau à la française, garni d'un plumet blanc et d'une cocarde de même couleur, un écusson aux armes de la ville, attaché au côté gauche de l'habit, avec une hallebarde sur l'épaule et un sabre en bandoulière.

Dans une ville comme Moret formant un centre important, sur une des grandes routes royales de France, une poste aux chevaux était indispensable. Les bâtiments où elle était établie, non loin de la porte de Samois (peut-être même l'hôtel du *Sauvage* dont nous venons de parler) furent dévorés par un terrible incendie dans la nuit du 18 au 19 décembre 1771. La poste était tenue alors par une dame Marie-Anne Simonnet, veuve de Jean Pudé. Pour faire droit aux réclamations de cette dame, l'intendant de la Généralité de Paris ordonna, pour la constatation des dégâts causés par l'incendie une expertise qui fut faite par les deux échevins accompagnés d'un architecte et d'un charpentier. Le procès-verbal de l'enquête constata que le feu avait consumé, avec les bâtiments, les fourrages et les harnais, ainsi que les effets des postillons.

Dès l'année 1787, la municipalité de Moret, devançant même les progrès du temps, résolut la question de l'éclairage de la ville. Pour prévenir les désordres et les accidents qui arrivaient fréquemment pendant l'obscurité, surtout dans la grande rue et sur le pont long et étroit, le conseil décida l'établissement de vingt lanternes pour éclairer la ville. Par suite d'une adjudication faite le 30 décembre 1787, ce fut le ferblantier du roi à Fontainebleau, un nommé Couteau, qui fournit les vingt lanternes et leurs accessoires. La dépense s'éleva à 300 livres.

Cette heureuse innovation fonctionna jusqu'en 1791. Au mois d'avril de cette dernière année, les lanternes furent supprimées, dans des vues d'économie, par les officiers municipaux du nouveau régime inauguré par la révolution. Les mandataires de la commune qui viennent de doter les rues de lanternes d'éclairage, n'ont donc été que des imitateurs, et il a fallu cent ans et l'invention du pétrole pour revenir à ce progrès de nos pères.

La santé publique est, plus encore que la lumière nocturne, un bien désirable pour un pays. Sous ce rapport, Moret a été on ne peut mieux partagé. Nous n'avons trouvé, dans les annales d'avant la révolution, la trace d'aucune épidémie sérieuse qui ait décimé les habitants. Il en est de même de tous les pays qui entourent la forêt de Fontainebleau, toute remplie d'arbres à essence, et surtout de pins qui en couvrent la surface.

Les effluves odoriférantes que la brise répand aux alentours met les localités voisines dans une condition hygiènique exceptionnelle.

Moret était d'ailleurs pourvu de deux ou trois médecins qui jouissaient d'une particulière considération. A ce sujet, nous ne pouvons nous empêcher de citer un épisode d'une saveur assez piquante, que la tradition nous a conservé.

Le duc de Rohan-Chabot, dans le temps qu'il était comte de Moret, fit un voyage en Suisse. Il fut saisi un jour, à l'hôtel ou il était logé, d'une indisposition subite. On fit venir le plus célèbre médecin du canton, le docteur Thibault. A la vue de l'esculape, le comte lui dit : Il me semble que votre figure ne m'est pas inconnue. — Cela peut bien être, lui dit le docteur, car j'ai été jadis votre palefrenier à Moret. — Quoi ! vous faites de la médecine ? Et comment pouvez-vous traiter les malades ? — Quand j'étais le maréchal de vos écuries, répond le disciple d'Hippocrate, j'apprenais l'art de guérir en étudiant la pratique et les ordonnances de vos habiles médecins de Moret. Je passe ici maintenant pour le plus habile des docteurs du canton. Je traite les Suisses comme je traitais les chevaux de Votre Excellence ; il en meurt beaucoup des remèdes que je leur donne, mais j'en guéris aussi quelques-uns. Oh ! je vous en prie, Monseigneur, ne me trahissez point, et laissez-moi gagner ma vie aux dépens de celle de MM. les

Suisses. — Le duc, paraît-il, riait beaucoup de cette naïveté en la racontant.

La santé des bêtes à Moret n'était pas dans des conditions moins favorables que celle des gens. On ne voit pas que jamais il y ait eu dans la ville un vétérinaire attitré. Pourtant, Moret étant un pays de culture, les bestiaux, les vaches surtout, y ont toujours été en très grand nombre. Le pâtre commun en eut quelquefois jusqu'à 200 à conduire aux pâturages dans la forêt.

Il recevait par mois et par tête deux, trois et quatre sous, suivant le nombre de bêtes qui composaient son troupeau, et suivant les saisons ; et il avait à sa charge l'entretien des chiens et d'un taureau. La besogne était rude et occasionnait fréquemment soit le changement du pâtre, soit des réclamations de sa part.

Les habitants de Moret n'avaient pas seulement le droit de pacage dans la forêt de Fontainebleau, mais encore celui d'y aller aux bruyères avec des bêtes asines et à col.

Ces privilèges des habitants de Moret étaient une compensation des dégâts que faisaient sur leurs terres le gibier des chasses royales, et des frais d'entretien d'un treillage établi par la ville pour préserver son territoire des dégâts en question.

Il faut dire aussi que la célèbre forêt dépendait en partie de Moret, attendu qu'une vingtaine de fiefs renfermés dans son périmètre, relevaient, aussi bien que le château et la seigneurie de Fontainebleau, de l'important comté de Moret.

Le nouveau régime qui a supprimé tout ce qui exhalait un parfum d'ancienneté, n'a rien laissé subsister des droits motivés, précieux et inoffensifs dont nous venons de parler. Ce n'est plus le territoire avec palissade ou avec murs qui est fermé aux bêtes, ce sont les herbes mêmes de la forêt qui sont interdites aux riverains par la triple barrière de la gendarmerie, des gardes et de dame Thémis aux yeux perçants. Ainsi l'ont décidé ceux qui s'appellent *démocrates*, c'est-à-dire les amis du peuple.

La proximité de la forêt avait provoqué la création de diverses industries qui devaient prospérer précisément à cause de ce voisinage.

Telles étaient les superbes pépinières cultivées dans les terrains du faubourg du Pont, sous le nom de *Pépinières du duc d'Orléans*, où l'on entretenait, spécialement en vue des plantations forestières, touts sortes d'arbustes étrangers et indigènes. Elles paraissent avoir fourni les 170 tilleuls plantés au champ de Mars pour décorer un jeu de paume et un jeu de boules, établis par les habitants le long des murs de l'abbaye, aussi bien que les ormes plantés jadis autour de la belle place circulaire de la porte de Samois, régularisée et ornée sous l'ancien régime, et qui, maintenant, quoique première place d'honneur de Moret, offre gracieusement, chaque jour, son doux ombrage au ragoûtant tripot des bohémiens et des saltimbanques, en face de l'élégant hôtel du *Cheval noir*.

Un établissement qu'on admirait encore, à Moret, avant la révolution, c'était une scierie mécanique, établie sur le courant du Loing par Lucien Noël dont nous avons déjà parlé. Cette usine se composait de deux bâtiments importants, dont chacun contenait une scierie imitant celles de Hollande, machines si artistement construites qu'elles attiraient de bien loin les connaisseurs et les étrangers, et même les premiers personnages de la cour, pendant le séjour du roi à Fontainebleau. Les pièces de bois portées sur un chariot mobile passaient simultanément, au nombre de 18, sous les lames d'acier qui les convertissaient en planches de toutes dismensions, lesquelles étaient reçues en aval sur des chassis disposés à cet effet. Le travail accompli journellement par de pareils moyens était si considérable que la forêt, d'où venait tout l'approvisionnement, ne put continuer à alimenter les machines et leur fonctionnement dut cesser faute de bois. Les deux bâtiments furent transformés en deux moulins à blé.

La ruine de ces industries eut pour cause principale la révolution ; mais elle n'en a pas moins effrayé des tentatives nouvelles, car, quoique Moret soit dans une situation admirable pour les industriels, auxquels il offre toute espèce de facilités par l'eau et par la vapeur pour l'arrivage des matières premières, et pour l'écoulement des produits, jamais, depuis la révolution, aucune grande manufacture n'a essayé de s'établir à Moret. Cependant on y voit fleurir et prospérer des établissements d'industrie secondaire, la mouture du blé et des écorces, la marine marchande, et un chantier bien approvisionné de bois d'industrie de toute espèce. En un mot, Moret n'est pas, mais pourrait être une ville manufacturière.

Aussi, depuis 200 ans, le chiffre de sa population a-t-il peu varié. En 1765, d'après le recensement de ladite année, Moret était peuplé de 1932 habitants, compris le hameau de Saint-Mammès qui faisait encore partie de la commune de Moret dont il n'a été détaché qu'à la veille de la révolution. Aujourd'hui, d'après le dernier recensement, le nombre des habitants s'élève à 1914. On se montre très empressé de visiter Moret, non d'y élire domicile, malgré le charme attrayant de sa situation. Explique qui pourra l'étrangeté de ce phénomène, qui a son correctif dans le plaisir que trouvent à y revenir ceux qui l'ont une fois habité.

Mentionnons, en finissant ce chapitre, un établissement d'une création toute récente.

La fatale suppression de tout enseignement religieux dans les écoles, au sein de nos populations toutes catholiques, rend infiniment désirable, à côté des prétendues écoles neutres où l'on *paganise* les pauvres enfants, la création d'écoles libres qui, par une éducation chrétienne, forment en même temps leur esprit et leur cœur.

Aidé de quelques familles catholiques et généreuses, le curé de la paroisse put réaliser une fondation de ce genre pour les jeunes filles. Une maison fut bâtie à l'entrée de la ville. L'architecte eut soin de donner à cette construction un cachet **artistique** en rapport avec les monuments de la vieille cité, sans omettre l'imposte surmonté de la vierge patronale du pays avec la légende séculaire : *Stat spes.*

Cet établissement a déjà produit un bien apprécié de tous. Assurer à la nouvelle école la liberté inscrite dans la loi, et favoriser une concurrence qui ne pouvait que profiter aux écoles communales elles-mêmes, c'était le devoir des représentants de l'autorité. Loin de là, divers actes d'hostilité, perpétrés au vu et au su de tout le monde, accusèrent l'esprit de parti dont était animé le *dictateur* en charge de la cité contre l'établissement religieux. Tantôt, on détournait les familles d'y envoyer leurs enfants ; tantôt, on faisait dans les examens de flagrants passe-droits aux élèves de l'école ibre ; tantôt, on les excluait odieusement des gratifications distribuées, dans certaines fêtes, aux enfants du pays, aux frais des contribuables.

C'est le droit et le devoir de l'historien de signaler ces abus d'autorité qui sont des prévarications manifestes, mais instructives. Le prestige de leurs auteurs, loin de grandir par ces basses taquineries, ne fit que descendre graduellement. Il y a dans le peuple un instinct de justice qui se révèle dans l'occasion. Toujours est-il que ces iniquités administratives, qui devaient nuire à l'institution de *Notre-Dame d'Espérance* (c'est le nom du nouvel établissement), n'ont fait qu'en accroître la prospérité en mettant à nu la prétendue neutralité de ces intéressants libérâtres.

XXVIII

Début de la révolution. — Arrestation de Mesdames de
France, tantes du roi. — La période révolutionnaire à
Moret.

Malheureusement, dès qu'éclata la Révolution, la
ville de Moret, qui devait tant à la royauté, devint
inhospitalière pour ses bienfaiteurs et bienfaitrices.
Faut-il rendre la population responsable de ce qui se
passa alors dans ses murs? Non. On sait qu'en temps
de révolution, alors que toutes les passions bouil-
lonnent dans les entrailles de la société, l'écume
monte à la surface, et les hommes les plus violents et
les plus corrompus terrorisent la partie honnête de
la nation.

Ce préambule posé, passons succintement en revue les faits révolutionnaires dont Moret fut le
théâtre à travers les néfastes journées de la fin du
dernier siècle.

Dès les premiers mois de l'année 1791, les détenteurs de l'autorité municipale donnèrent à la ville
attristée un spectacle douloureux qui demeure ins-

crit dans ses annales. L'inexorable histoire doit être sans pitié pour les misérables qui, poussés par un flot au pouvoir, se font brigands au nom de la loi. La plume est la verge sanglante qui doit les châtier jusqu'au fond de leur tombe, pour vouer leurs noms à l'exécration des siècles.

Pendant qu'à l'ombre du sinistre drapeau que la Révolution venait de déployer sur la France, la terreur faisait miroiter ses nuances blafardes à l'horizon ; que les prisons regorgeaient de suspects ; que les instruments de mort s'apprêtaient ; que le sang le plus noble et le plus généreux allait couler à flots, ceux que leur rang et leur fortune signalaient aux zélateurs du nivellement égalitaire, fuyaient de leur patrie et demandaient à l'émigration, non seulement un adoucissement à leurs maux, mais surtout un peu de sécurité pour leur propre existence.

Les têtes les plus hautes voyaient de plus loin monter la tempête, et, se sentant les plus menacées, elles commençaient les premières à chercher un asile au delà de la frontière. Timides colombes, les femmes elles-mêmes fuyaient l'orage. Mesdames de France, tantes du roi, ne tardèrent pas à quitter furtivement Paris.

Or, le 20 février 1791, Mesdames Victoire et Adélaïde, tantes de Louis XVI, munies de passe-ports en règle, arrivent à Moret entre six et sept heures du matin. Aussitôt, grande rumeur dans la petite ville. Tous les habitants sortent de leurs maisons. On entoure les nobles voyageuses, on les presse de questions. La municipalité requiert la garde nationale qui les arrête. Les portes de la ville sont fermées de tous côtés. Des vociférations, des insultes acceuillent les princesses. Quelques voix même font entendre le cri de mort alors si goûté de la plèbe : *A la lanterne! A la lanterne!* Les autorités de la ville rassemblées à la hâte décident, dans leur haute sagesse, que les illustres fugitives doivent être arrêtées et gardées à vue, jusqu'à ce qu'un ordre venu de Paris décharge les fonctionnaires municipaux de toute responsabilité, et permette aux parentes de Sa Majesté de continuer leur route.

Un officier décoré de l'ordre de Saint-Louis, qui accompagnait Mesdames, fut mandé chez le procureur de la commune, où se trouvait aussi le maire, et il mit sous les yeux de ces magistrats municipaux des passeports signés du roi, contresignés de M. de Montmorin, ministre, et devant servir à Mesdames de France pour se rendre à Rome.

Pendant que ces explications avaient lieu arrive à toute bride une troupe de chasseurs de Lorraine, renforcée des gens de la maison de M. de Montmorin, gouverneur et maire de Fontainebleau (1). Ce secours inattendu change tout à coup la face des choses. Les officiers municipaux, si braves et si résolus un instant auparavant, reviennent sur leur première résolution, et tremblant devant une

---

(1) Le rapport de la municipalité de Moret porte le nombre des soldats à cent environ. Le *Moniteur* parle de trente-trois.

attaque à main armée, ils débarricadent aussitôt les portes pour livrer passage aux libérateurs des infortunées princesses. Celles-ci, délivrées d'une façon si inattendue, continuèrent leur voyage ; mais ce ne fut point sans essuyer de grandes difficultés et beaucoup d'insultes, qu'elles réussirent à gagner l'Italie.

On est attristé de voir cette conduite de la municipalité dans une telle circonstance. En d'autres temps, elle avait dressé des arcs de triomphe à ces mêmes princesses traversant la cité. Mais aujourd'hui, malgré leur dignité, malgré leur réputation de vertu, malgré leurs passe-ports, uniquement parce que le vent de la fortune a changé pour elles et qu'elles sont de faibles femmes, c'est-à-dire, parce que leur malheur les rend plus dignes de compassion, on les arrête, on les menace, on les insulte, et ceux-là même qui ont en main le pouvoir et l'obligation de les protéger et de les défendre, se font les exécuteurs des aveugles fureurs de la lie du peuple. Mais que d'hommes, hélas! et que d'hommes en place, empressés de déployer leur énergie devant la faiblesse, étalent toute leur poltronnerie devant la force.

Après la délivrance des royales prisonnières, embarrassée de l'attitude qu'elle avait prise envers elles, la municipalité morétaine jugea opportun d'adresser à l'Assemblée nationale un rapport détaillé des faits en s'efforçant de peindre ses propres actes sous des couleurs qui en fussent la justification. L'aventure de Moret eut en effet, à l'Assemblée nationale, les honneurs de la discussion. Un député coupa court aux débats en s'écriant qu'il ne comprenait pas l'importance qu'on attachait à la fuite de *deux vieilles femmes qui aimaient mieux entendre la messe à Rome qu'à Paris.*

Tout ceux qui avaient cherché à entraver leur voyage, et qui avaient secondé les fureurs démagogiques, purent reconnaître que leur zèle révolutionnaire avait dépassé les bornes. Ils se hâtaient trop de devancer les terroristes.

Tel était le prélude de l'œuvre de barbarie qui s'annonçait jusque dans les petites bourgades, et devait engloutir tout ce qu'il y a de plus grand et de plus respectable sur la terre de France, les personnes, les monuments, les archives. Moret, qui avait vu, depuis des siècles, tant d'illustres personnages dans son sein, dont le célèbre château comptait tant de mouvances dans ses alentours, devait aussi posséder des documents particuliers d'un prix inestimable au point de vue de l'histoire. Mais tout a disparu dans la tourmente. Les hommes qui présidaient alors aux destinées de la patrie, et qui auraient voulu, les insensés! anéantir d'un seul coup tout le passé de la France, étaient possédés de l'instinct sauvage dont le monde avait été victime, au temps des Huns, des Goths et des Vandales. Ils jouaient avec les objets les plus précieux et les plus sacrés, comme les pourceaux avec les perles. Ils avaient besoin d'engins de guerre, et les parchemins les plus précieux leur servaient à faire des cartouches, comme les tombeaux de plomb des basiliques à faire des balles, double profanation historique et religieuse, dans laquelle on voyait à la fois les cendres des seigneurs et des nobles voler au vent, et leurs titres de noblesse et de propriété, servant d'enveloppe au salpêtre, vomir la flamme, le trépas et la ruine.

Que de pertes irréparables remontent à cette époque désastreuse! Que de trésors mutilés, anéantis! Que de monuments religieux ont porté et portent encore, à l'intérieur comme sur leurs façades, les traces de cet ouragan révolutionnaire qui n'épargnait pas plus les pierres que les hommes! Les guerres de religion quelque impitoyables qu'elles fussent, comptèrent moins de désastres, moissonnèrent moins de victimes. Un peuple en fureur est la plus sauvage des bêtes féroces. Mouton au repos, tigre au réveil, quel que soit le mobile qui le pousse, c'est par le sac et la destruction qu'il commence ; il lui faut des débris, des ruines et des cendres ; il aime à trôner sur des monceaux de pierres ; il se fait roi des barricades, mais il ne secoue un joug qu'il estimait trop lourd que pour se courber ensuite sous un autre bien plus écrasant. Car quel joug plus tyrannique que celui qui ne tarda pas à s'appesantir sur la France!

Un vent de dévastation et de ruine souffla bientôt partout. Dans toutes les communes, sous la protection du pouvoir central, les partisans des idées nouvelles se mirent à l'œuvre pour renverser et détruire.

Après le supplice de Louis XVI, un cri de fureur, parti de la place du crime, va semer l'épouvante à travers les provinces. L'assemblée régicide, placée à la tête du mouvement, ose parler hypocritement de liberté, tandis qu'on la voit suer par tous ses pores un affreux despotisme, et fulminer à tous les horizons de la France sa république liberticide.

Lancés par elle dans les départements et dans les communes, des commissaires et des sous-commissaires, bombardés proconsuls, vont ralliant partout les partisans des idées révolutionnaires, et les constituent en assemblées locales, faites à l'image de la Convention.

C'est ainsi qu'à Moret, *l'an Ier de la mort du tyran, second de la république française, une, indivisible et éternelle, le 5e jour de la 2e décade du 1er mois* (1) (nouveau style), au signal du citoyen Mettier, commissaire délégué (2), les républicains se réunissent en assemblée générale, au nombre de quarante-cinq.

(1) Le dimanche 6 octobre 1793.

(2) La Convention nationale avait délégué le représentant Dubouchet dans le département de Seine-et-Marne pour révolutionner les populations. Le zélateur républicain parcourait le pays, accompagné du citoyen Mettier, auquel il avait subdélégué lui-même ses pleins pouvoirs pour le remplacer au besoin.

Ce Mettier était un prêtre apostat, ancien curé de Saint-Liesne de Melun, ancien secrétaire du clergé, à la réunion des députés du bailliage de Melun, en 1789. Depuis, prêtre assermenté, il avait fait du chemin, étant devenu successivement curé constitutionel, à Melun juge au tribunal, président du

Séance tenante, ils s'intitulent la *Société populaire des amis de la liberté et de l'égalité*, avec un président, un vice-président et un secrétaire. Telle est l'origine du comité révolutionnaire qui va diriger le mouvement dans le canton de Moret.

L'assemblée se donne un règlement, et impose à chacun de ses membres un serment dont voici la formule : *Je jure de maintenir la liberté, l'égalité, la fraternité et la république, une et indivisible, et de mourir à mon poste en les défendant.*

comité central de surveillance, dont l'action s'étendait sur tout le district, enfin, président du département de Seine-et-Marne. A Fontainebleau, Dubouchet et Mettier ouvrirent une agence publique de dénonciation, arrêtèrent une foule de citoyens qui leur furent signalés comme suspects d'opinions royalistes, et les enfermèrent dans les bâtiments de la cour des princes, transformés en prison politique.

Leur espionnage rayonnait sur tout le département. Nobles, prêtres, hommes de loi, marchands, ouvriers, femmes mêmes, tous étaient incarcérés pêle-mêle, et Mettier leur adjoignait les suspects qu'il allait rechercher lui-même dans ces incessantes tournées à Moret, Montereau, Nemours, la Chapelle-la-Reine, Provins, et dans presque tout le département.

Toute trace de culte religieux devait disparaître. Défense était faite aux marchands de fermer leurs magasins les jours des *ci-devant dimanches*, mais ils devaient le faire les jours de *décadi*. Les vases sacrés devenus inutiles étaient confisqués au profit de la nation, et la nation, c'était eux.

L'ex-prêtre se prêtait à toutes ces infamies, tant la chute est profonde quand on tombe de haut. Le proverbe est pétillant de vérité : *corruptio optimi pessima,*

Le bien qui se corrompt devient le pire mal.

Peu de temps après, dans la séance du 10 nivôse, un membre, du haut de la tribune, prononce, au nom de l'assemblée, un serment collectif d'une teneur plus accentuée : *Je jure, en présence de l'Etre suprême, et par les mânes de Marat et de Lepeletier, de dénoncer tous ceux qui ne se conformeraient pas aux lois de la république, et nul ne sera exempt de cette dénonciation,*

PAS MÊME MON PÈRE, MA MÈRE, MA FEMME OU MON ENFANT

On admettait dans la *Société* tous les bons *sans-culottes* des communes voisines, et il suffisait d'avoir quinze ans pour en faire partie.

La *Société* choisit pour ses séances, en attendant mieux, la grande salle de la maison commune. On voit figurer dans cette salle, au-dessus et autour du bureau, le buste de Marat, un arbre de la liberté, un bonnet rouge planté au bout d'une pique, et une ori-flamme tricolore.

Les séances s'ouvrent à 6 heures du soir, les jours de travail ; et à 3 heures les jours de repos. Elles se répétent trois et quatre fois par décade, et, dans les cas extraordinaires, tous les jours ; et elles se pro-longent généralement de 6 à 10 heures du soir. Chaque réunion commence par un couplet de la Marseillaise, *l'hymne chéri*, et se termine de même.

C'est du district de Nemours (1) que partent les plans et les décrets dont s'inspire l'assemblée.

______

(1) Le *district* était une subdivision départementale, corres-pondant à l'arrondissement d'aujourd'hui. Il était admi-

Dans chaque séance, on fait un travail d'admission et d'épuration. Il fallait offrir des garanties, et Dieu sait quelles garanties, pour être admis et pour rester dans une telle assemblée. Seize questions, sur leur qualité de bons républicains, sont posées aux candidats.

Les délibérations, en séance, ont pour objet tout ce qui se rattache, de près ou de loin, aux intérêts de la république et de la révolution.

La *Société* commence par supprimer et interdire à ses membres la qualification de *Monsieur*, pour y substituer celle de *citoyen*.

Elle députe 12 commissaires dans les communes du canton, pour prêcher le civisme ; elle décrète la destruction des armoiries, des bornes plantées à la limite des domaines seigneuriaux, et des croix qui existent en plein air ; elle enrôle des volontaires pour aller combattre les *brigands* de la Vendée, souscrit pour des canons et des équipements militaires, félicite et couronne ceux qui se sont distingués par leur bravoure dans les combats, et s'occupe elle-même, dans ses délibérations, de la fonte des canons et de la fabrication du salpêtre ; elle nomme des députations chargées d'assister, en son nom, aux fêtes civiques, à Montereau, Fontainebleau, Nemours ; elle vote des adresses à la Convention nationale pour la féliciter et l'encourager dans ses entre-

nistré par un conseil qui avait au-dessus de lui l'autorité départementale, au-dessous les cantons et les communes.

prises ; elle entend les dénonciations contre les vio-
lateurs des jours de repos décrétés par la révolution ;
elle fait amener les écoliers à ses séances, par leur
maître Denis, pour leur faire chanter les hymnes
patriotiques, et réciter par cœur les *droits de
l'homme*. Le 10 nivôse, un jeune *sans-culotte* de
8 ans s'acquitte de cette tâche au milieu de l'assemblée ravie, qui lui décerne, *pour prix de son civisme
naissant, un exemplaire enjolivé des droits de
l'homme*. Enfin, on y entend des lectures républi-
caines, des odes, des chants, des discours, composés
et débités par quelques membres lettrés de l'assemblée, et plusieurs fois on en vote l'insertion au procès-verbal, et même l'impression, pour les répandre.

Voilà les plus innocentes distractions du club révolutionnaire de Moret. Mais il songeait aussi à détruire, et c'était là son principal souci.

Docile aux instructions du district de Nemours, la
Société envoie des commissaires dans les communes
du canton de Montereau pour visiter les monuments
que la révolution doit raser.

Une colonne de marbre, érigée non loin de la
ville, sur la route de Montereau, territoire de la
Grande-Paroisse, rappelle *la rencontre de l'avant-
dernier tyran avec la Polonaise qui venait pour l'é-
pouser;* il faut l'abattre et dresser sur son socle la
statue de Marat. Un scrupule, toutefois, suspend
l'arrêt prêt à condamner ce monument.

De leur vigilante prunelle, ces vengeurs de la liberté ont encore aperçu, à travers la forêt, un obé-

lisque se dressant au carrefour des routes de Moret, Nemours et la*Chapelle-Égalité*, en la mémoire de la naissance du *ci-devant dauphin*. Le président de la *Société* est invité à intervenir auprès de la *Société* de Fontainebleau pour provoquer l'entière disparition de cet autre monument de la tyrannie.

Ces deux colonnes commémoratives, menacées par la révolution ont tremblé sur leur base.

Les *sans-culottes* morétains, qui s'indignaient si fort contre de lointains et fragiles édifices, devaient se trouver bien mal à l'aise, enserrés, dans leur ville même, par les forts, châteaux et murs d'enceinte, ces *signes odieux de la féodalité*. Ils patientaient, néanmoins, sachant que l'heure de la destruction allait sonner. En effet, le citoyen Cicille, au nom du district de Nemours, était venu dresser la liste de ces monuments. Son rapport lu au district de Nemours, le 28 ventôse an II, conclut à la démolition du *château, de toutes les portes, des murs et des tourelles qui ne servent pas d'appui aux bâtiments des citoyens : les fossés mêmes seront comblés avec les démolitions.* Conformément au rapport, l'administration du district arrête que ces édifices seront rasés. Elle charge en même temps l'agent national du district et les agents nationaux de la commune de pourvoir à la prompte exécution de ce décret.

Il était d'usage de vendre, au profit de la nation, à des spéculateurs chargés de les abattre, les monuments voués au marteau démolisseur. Mais les acquéreurs manquaient parfois, et la démolition était ajournée. C'est ainsi que des monuments furent sauvés, en beaucoup de lieux, et que plusieurs, à Moret, sont encore debout.

Par malheur, le château ou *Grosse tour* de Moret trouva un amateur. Vendu au sieur Louis Boucher, le 14 thermidor an VI, il fut payé, en *assignats*, 210,300 livres ; et l'on vit cette citadelle fameuse, qui comptait plus de 600 ans d'existence, qui avait tant de fois protégé la ville et ses habitants, chanceler sous le marteau impitoyable des vandales de l'époque.

Quant aux édifices sacrés, la révolution leur fit grâce provisoirement ; mais ce ne fut que pour les profaner sacrilègement et les piller.

Nous mentionnerons, pour mémoire seulement, la descente des cloches, et l'enlèvement de tous les objets métalliques, accompli par le zèle des révolutionnaires morétains, dans toutes les églises du canton, et dont le poids s'éleva aux chiffres suivants :

Cloches cassées	20,156 livres.	
Fer doux	4,400	—
Cuivre jaune	4,530	—
Cuivre argenté	0,440	—
Plomb	2,340	—
Étain	0,059	—
Total	31,925 livres.	

Ces spoliations sont peu de chose, en face des profanations.

La *Société républicaine* de Moret, se trouvant trop à l'étroit dans la salle de la maison commune, ne tarda pas à envahir l'église, pour y tenir ses séances. Le lieu saint devint l'asile des blasphémateurs, les chants pieux font place à des couplets sacrilèges, et les processions religieuses à des fêtes civiques et à des pompes grotesques en l'honneur de Marat et de déesse Raison. Nulle part et jamais la raison ne fut plus absente que dans les fêtes célébrées en son honneur.

Il manquerait quelque chose au tableau que nous venons de tracer si nous ne donnions un spécimen des fêtes révolutionnaires célébrées à Moret pendant la Terreur.

La *Société républicaine* décréta une première fête le 20 nivôse, an II (9 janvier 1794), à l'occasion de la prise de Toulon.

On y voyait un char traîné par deux chevaux, et monté par une jeune citoyenne, représentant la victoire et tenant de la main gauche le faisceau national, et de la droite une couronne. Derrière ce char s'avance un vaisseau, symbole de l'armée navale, porté par quatre *sans-culottes* marins, tenant à la main une hache, et environnés de marins armés de piques. Un nombreux cortège précède et suit ces emblèmes nouveaux, se rendant de la maison commune au *champ de Mars*. On stationne quatre fois pendant la marche : 1° à la *porte de Paris* ; 2° au *puits du four* : 3° à la porte du *temple de la Raison* ; 4° au *grand carrefour*. A chaque station, la foule chante une strophe de l'*hymne chéri*, et entend la lecture de quelques articles des *droits de l'homme.*

Après la quatrième station, le cortège se rend droit au *champ de Mars.* Là, on assiège une tour, où était renfermé un représentant du peuple, une prétendue victime de la tyrannie, que l'on délivre. Puis, on allume un feu de joie où sont jetés les registres du bureau des *Aides,* pendant que l'air retentit des hymnes patriotiques. La fête se termine par les cris répétés de *vive la République! guerre aux tyrans!*

Après la cérémonie, le maire et le président de la *Société* reconduisent à son domicile la jeune citoyenne qui a représenté la Victoire.

Une seconde fête, célébrée le 30 ventôse, eut pour objet la translation du buste de Marat de la maison commune dans la *ci-devant église, devenue le temple de la Raison.* La *Société* tenait ses séances dans l'église depuis le 23 ventôse, sans que l'effigie du dieu de l'époque présidât l'assemblée. La religion de ces démagogues en était offensée. L'assemblée décide qu'elle ira en corps chercher processionnellement le buste de Marat, pour le placer avec honneur dans le nouveau local de ses séances. Donc, le 30 ventôse, à 5 heures du soir, tous les membres de la *Société* se rendent à la maison commune, et l'image du grand citoyen, de l'ami du peuple, de Marat, est transporté à travers la ville , au son d'une musique républicaine. Pendant qu'on donne au nouveau dieu sa place d'honneur dans le temple, une citoyenne entonne des hymnes patriotiques qu'elle poursuit alternativement avec la musique républicaine et l'orgue. Elle est unanimement applaudie. Le président lui donne l'accolade, et l'assemblée lui décerne les honneurs de la séance.

Avant de se séparer, la *Société* décide qu'au *décadi* prochain on célébrera, par une fête civique, l'inauguration du *temple de la Raison*.

Mais nous estimons que le lecteur en a assez déjà de ces bacchanales. Nous avons atteint notre but, en donnant une idée succincte de ce qui s'est passé à Moret pendant les jours si tristes de la Terreur.

On nous saura gré d'avoir, dans ce récit, passé sous silence les noms propres. Il serait trop tôt, pour quelques familles, de livrer ces noms au mépris public et de les attacher dès à présent au pilori de l'histoire. Toutefois il est à remarquer que beaucoup de ces noms sont éteints aujourd'hui, et que Dieu s'est plu, pour la millième fois, à frapper ses insulteurs de l'anathème prophétique : *Periit impius, et nomen eorum delesti in œternum* (Ps. ix, 6) (1).

Ce n'est pas sans angoisse et sans horreur que l'on voit aujourd'hui encore dans notre société française, d'affreux partisans des principes de la Terreur applaudir au sanglant brigandage de cette époque, en rêver le retour, et tenter de faire main basse sur tout ce qui tenait à l'ancienne France, comme si ce

---

(1) « *L'impie a succombé ; et vous avez, Seigneur, anéanti à jamais leur nom !* »

n'était pas un crime de lèse-nation que de renier le glorieux passé de notre histoire.

Les Anglais parlent avec amour de la vieille Angleterre ; les Allemands parlent avec orgueil de la vieille Allemagne ; et il se trouve des Français, on a honte de le dire, qui parlent avec mépris de la vieille France. Oui, quand une nation a joué dans le monde le rôle que la nôtre a su prendre ; quand elle a été si puissante par les lumières et par le courage, grande dans les triomphes comme dans les revers ; quand le crime lui-même n'a jamais pu s'y montrer sans être , si j'ose le dire, racheté par la gloire ; quand cette nation a été à la tête de toutes les initiatives fécondes et de tous les progrès généreux ; quand elle a produit une littérature immortelle ; quand, pendant quatorze siècles, elle a été la protectrice des faibles, le champion du droit, le chevalier armé de toutes les saintes causes, renier sa noble histoire, la défigurer et la travestir, c'est outrager et diminuer la patrie.

La patrie, en effet, ce n'est pas seulement la terre qui nous porte, le sol que nous foulons, le lien qui nous unit à des contemporains vivant avec nous, dans le même pays et sous les mêmes lois, associés aux mêmes épreuves et solidaires de la même destinée. La patrie, c'est aussi la France de nos pères, et celle de nos descendants ; la France que nos pères ont grandie et que nos descendants ont mission de replacer à son rang ; c'est la traînée de gloire dont elle a laissé à tous les horizons de l'espace et du temps la trace respectée ; c'est le souvenir de son prestige, la tradition de sa grandeur, l'espérance de son relèvement.

Mais depuis près d'un siècle, grâce aux utopistes et aux ambitieux d'aventure, nous pataugeons dans la boue des révolutions ; il faut en sortir et prendre pied sur un terrain solide, sur le vieux sol des principes, pour relever solidement l'édifice social.

XXIX

Napoléon. — Pie VII. — L'empereur à Ravannes. — Moret
pendant l'invasion de 1814. — La duchesse d'Angoulême
haranguée à Moret. — Napoléon, au retour de l'île d'Elbe,
passe à Moret. — Chambre où il logea.

La gloire de Moret avait pâli pendant l'éclipse de
la royauté ; mais après l'avènement de l'empire,
l'antique ville fut encore éclairée un instant du re-
flet des grandeurs humaines. Elle vit plusieurs fois
dans ses murs le grand conquérant qui remplissait
le monde entier du bruit de son nom.

A son retour d'Italie, le général Bonaparte traversa Moret, et l'attrait qu'eut toujours pour lui la petite ville est une preuve qu'il n'avait pas oublié les
acclamations avec lesquelles il y fut acceuilli à son
premier passage.

Devenu empereur, il ne fit jamais un voyage à
Fontainebleau sans venir visiter l'humble cité.

Le pape Pie VII lui-même, après avoir posé sur le

front du guerrier, devenu empereur, la couronne de Charlemagne, repartant pour Rome, traversa Moret.

Ce fut le 17 avril 1806, vers huit heures du matin que Sa Sainteté retournant de Paris à Rome, entra dans Moret accompagné d'une suite nombreuse. A l'entrée de la ville l'attendaient 60 gendarmes avec un détachement de cavalerie de la garde de l'empereur. Le clergé de la paroisse alla processionnellement au-devant du Pontife jusqu'au dehors de la porte de Paris, dite porte de Samois. Le canon tonnait pour fêter l'arrivée du Saint-Père. M. Le Doux, curé-doyen, en présence du corps municipal, de la garde nationale et de la musique militaire, rendit au Vicaire de Jésus-Christ, au nom de la ville, du clergé et des habitants, les hommages dus à son éminente dignité. La harangue du pasteur parut plaire au Pontife qui donna son anneau à baiser aux pieux orateur. Le pape remercia les corps réunis, et fit en particulier l'éloge de la musique en disant : « Il est rare qu'un petit pays ait une si excellente musique.» Il distribua plusieurs médailles d'argent portant d'un côté son effigie, et de l'autre le motif de son voyage en France, et quelques chapelets, puis donna à toute l'assistance la bénédiction apostolique.

La voiture du pape s'arrêta au relai de poste où l'attendaient des chevaux de rechange, et quand il partit l'air retentit des acclamations répétées de *vive Pie VIII! vive notre Saint-Père le Pape!*

Le clergé, suivi des fidèles, se rendit à l'église où

lut chanté solennellement un *Te Deum* en action de grâces.

Toutes les célébrités de l'empire ont respiré, avec les Morétains, l'air pur et embaumé de leurs frais coteaux. La modeste enceinte put contempler, maintes fois, pressé autour de celui qui élevait et renversait les trônes, un essaim de rois, de reines, de princes, de héros, et Joséphine, et Joachim, et Eugène, et Hortense, et Ney, et Louis, et Pauline, et Berthier ,et Elisa, et Jérôme, et une foule de mobiles satellites qui gravitaient autour du grand astre. On y vit aussi plus tard Marie-Louise, joignant à l'éclat de sa naissance les rayons du brillant soleil qui l'enchaînaît dans son orbite ; mais elle resta plongée dans l'ombre quand le soleil vint à s'éteindre.

Il aimait donc, au temps de sa gloire, à visiter Moret, le vainqueur d'Austerlitz, toutes les fois qu'il venait goûter, au palais de Fontainebleau, un sommeil rarement paisible, quoique sur un monceau de doux lauriers. Il parut même, en 1808, entouré de son brillant état-major, au château de Ravannes. Il projetait d'en faire l'acquisition pour l'infortuné Joachim, qui l'accompagnait dans cette promenade, quand la rupture du traité de Tilsit vint l'arracher à cette pacifique préoccupation, pour le jeter à nouveau dans les hasards de la guerre. Depuis lors, le magnifique château de Ravannes s'écroula, broyé, comme tant d'autres, par l'impitoyable massue de la *bande noire*, et les vieux marroniers tombèrent eux-mêmes sous les coups redoublés de la hache, et la charrue sillonna le sol, et un moulin de plus s'éleva sur les bords de l'Orvanne, et un meunier demeure où devrait habiter un roi !

En 1813, le sol de Moret fut encore foulé par les pieds de l'ennemi.

Après la fatale expédition d'Espagne, après la retraite de Moscou et la déroute de Leipzig, commença cette mémorable campagne de France, dans laquelle le grand conquérant qui avait terrifié l'Europe en était réduit à défendre son propre terrain pied à pied ; et, quoique refoulé vers la capitale, il marquait encore son passage par des victoires comme celles de Champ-Aubert et de Montmirail.

Mais le cercle de fer dont l'étraignaient ses ennemis allait se rétrécissant de jour en jour. La Champagne et la Brie étaient envahies. Provins, Mormant, Nangis, Donnemarie étaient déjà au pouvoir des alliés. Le Gâtinais devait avoir son tour. Comme après un banquet splendide, on mange par friandise un savoureux biscuit, ainsi, après s'être emparé de places importantes et de premier ordre, l'ennemi vint mettre le siège devant Moret, le 17 février. Ce furent les Wurtembergeois, anciens alliés de la France, qui assiégèrent la petite ville. Maîtres des hauteurs qui la dominent, ils l'eurent bientôt prise d'assaut. La résistance, en effet, fut de peu de durée, — bien que les troupes fussent disposées à repousser l'attaque. Le général Montbrun qui les commandait, inspiré par la prudence, d'autres disent par la trahison, abandonna la ville, et, sans s'arrêter même à

Fontainebleau qu'il avait mission de défendre, il continua sa marche, sinon sa fuite, jusqu'à Essonne. Il avait préalablement fait couper le vieux pont de Moret, pour retarder l'ennemi. Cette précaution fut vaine ; car l'arche que fit sauter la mine se trouvait positivement entre deux galeries qui communiquaient à un moulin bâti sur pilotis au milieu de la rivière, de manière qu'en passant par l'une de ses galeries l'infanterie ennemie débouchait par l'autre, au delà de l'arche rompue.

La nouvelle de la prise de Moret fut sensible à l'empereur, qui était alors à Nangis, où il avait battu les Austro-Russes ; il s'écria dans un transport de colère, qu'en livrant Moret on avait donné à l'ennemi la clef de son château de Fontainebleau. Montbrun, suspendu de son commandement, fut immédiatement traduit devant un conseil d'enquête pour avoir forfait à l'honneur.

Lorsque Moret subissait les rigoureuses lois de la guerre, lorsque la plupart de ses habitants cherchaient un refuge dans les profondeurs de la forêt, Napoléon envoyait le général Allix au secours de sa petite ville de Moret ; et l'ennemi, pressé entre deux feux, se retira en toute hâte, en faisant ses adieux à la ville par quelques coups de canon, pour aller se faire battre le lendemain à Montereau.

Cette journée sans être aussi fameuse et aussi sanglante que celle de Lato-Fao, coûta néanmoins quelques hommes aux assiégés comme aux assiégeants, et le souvenir s'en est conservé dans ce boulet ennemi, dont nous avons déjà parlé, que l'on voit incrusté dans la muraille de la porte de Samois.

L'ennemi n'avait été qu'un jour maître de Moret, c'en fut assez pour piller les habitants et commettre diverses atrocités.

Moret ne fut plus inquiété le reste de la campagne. L'armée d'invasion prit une autre route. Reims, Soissons, la Ferté-sous-Jouarre, Meaux, devinrent les nouveaux champs de bataille.

Quand, après la chute du grand Napoléon, la couronne fut replacée sur la tête du frère de Louis XVI, les habitants de Moret acceptèrent avec empressement ainsi que la plupart des villes de France, le nouvel ordre des choses. A Moret comme ailleurs, les cris de : *Vive le roi!* sortaient de toute les bouches, et quand, au mois d'août 1814, la duchesse d'Angoulême traversa Moret, le premier magistrat de la ville harangua la princesse, et elle entendit autour d'elle les acclamations de la foule. On dit que, dans cette circonstance, le maire de Moret qui portait la parole, fut interrompu par la fille de Marie-Antoinette. Elle avait remarqué qu'il portait une écharpe rouge, sans doute à défaut d'autre, tandis qu'autour de lui plusieurs habitants, et jusqu'aux jeunes gens, avaient une cocarde blanche ; elle lui fit déposer l'insigne couleur de sang.

Ce pemier triomphe de la restauration fut de courte durée. Napoléon, qui trouvait les limites de l'Europe trop restreintes pour son ambition, ne pouvait respirer librement dans l'étroite prison d'une île de quelques licues. Mettant en défaut la vigilance de ses gardiens, il part, et il débarque au golfe Jouan, le 1er mars 1815, accompagné de 900 hommes. Sa marche jusqu'à Paris devint une sorte de promenade triomphale. Le 19 du même mois, il s'arrêta pour passer la nuit à Moret. Il n'avait que quelques pas à faire pour atteindre Fontainebleau, et coucher dans un palais, sur l'édredon, et sous les lambris d'or et d'azur. Mais dans la position incertaine où il se trouvait, il préféra s'arrêter à la campagne, et Moret eut l'honneur d'abriter, cette nuit-là, l'audacieux conquérant qui s'apprêtait à escalader de nouveau le trône dont la fortune l'avait précipité.

Des courriers précédaient l'empereur pour lui préparer un logement, tandis que l'ordre arrivait de Paris aux maires pour le faire arrêter. Aussi Napoléon, pour donner le change, prenait toujours un appartement différent de celui qu'on avait commodément aménagé.

Il en usa de même en passant à Moret. Le conseil municipal était en permanence, attendant avec anxiété l'arrivée du grand homme. Un appartement était prêt à le recevoir. L'empereur arrivant à minuit, avec le moins de bruit possible, va directement s'installer chez le maire, M. Clément, à l'insu de celui-ci, qui l'attendait ailleurs avec son conseil municipal. Madame Clément le reçut, et lui offrit sa propre chambre, qui était la plus convenable, au premier étage.

L'empereur portait une vieille capote, avec un

gilet de peau à grandes poches remplies de tabac ; il cherchait ainsi à conjurer les périls qui pouvaient le menacer. Mais, sous ce grossier déguisement, il portait les insignes de sa dignité, et, au besoin, il ouvrait sa capote et se faisait reconnaître.

L'Empereur reçut plusieurs visites à Moret, cette nuit-là ; il ne voulut point se coucher et resta sur un fauteuil.

Dès quatre heures du matin, il quittait Moret, pour aller trôner le soir même aux Tuileries.

La chambre où logea Napoléon en cette circonstance existe encore, mais elle est depuis plusieurs années distraite de la maison Clément ; elle est en face de l'hôtel-de-ville et occupée en ce moment par un forgeron (1).

Sur la façade de cette maison, à la hauteur de la chambre habitée par l'empereur, se voyait une plaque de marbre que M. Desmarais, maire de la ville, y fit placer autrefois, pour consacrer le souvenir de cet évènement. Cette plaque qu'on a jugé prudent de faire disparaître, pendant la dernière occupation prussienne, n'a pas été remise en place ;

---

(1) Cette maison était autrefois l'*Hôtel de la Belle-Image*. Elle avait cessé d'être un hôtel quand Napoléon l'occupa. L'enseigne en avait été enlevée l'année précédente, lors de l'invasion des alliés. Cette *enseigne*, qui représentait une Vierge peinte sur les deux côtés d'une plaque de tôle d'environ 80 centimètres de hauteur, existe encore et se conserve chez M. Clément.

elle attend peut-être tranquillement un nouvel Empire (1).

(1) La plaque commémorative du passage de Napoléon à Moret à son retour de l'île d'Elbe a été rétablie depuis plusieurs années sur la maison Clément, aujourd'hui maison de banque.

X...

XXX

Faits contemporains. — Agrandissement du territoire de Moret. — Accident de chemin de fer ; dévouement des habitants et des autorités de Moret. — Occupation prussienne en 1870-1871.

Dans ces derniers temps, la ville de Moret fut augmentée d'une partie du faubourg du Pont, prise sur la commune d'Ecuelles.

La ville de Moret étouffant dans ses étroites murailles, cherchait en vain à s'étendre au dehors. De toutes parts l'espace lui manquait. D'un côté, elle rencontrait, à quelques mètres de ses portes, le territoire des Sablons ; de l'autre, la commune d'Ecuelles arrivait jusqu'au cœur de la ville. Dans cette extrémité, elle n'eut d'autre ressource que de sauter par-dessus ses murailles et ses cours d'eau, et de se jeter sur les pays voisins. C'est ainsi que, plusieurs fois, elle essaya de mettre un pied au couchant sur les Sablons, et l'autre au levant sur Ecuelles (1).

Il résultait de là cette bizarrerie d'une population agglomérée et homogène appartenant à trois com-

(1) Saint-Mammès, qui n'était jadis qu'un hameau dépendant de Moret, fut érigé en commune à l'aurore de la révo-

munes différentes, au grand détriment de la police, de l'instruction, de la viabilité, de l'unité administrative, de l'harmonie même des citoyens, aussi bien que des intérêts religieux.

Ajoutez à cela que la commune de Moret, avec une population plus que triple de celle d'Ecuelles n'avait qu'un territoire trois fois moins étendu, au préjudice de ses ressources financières. Car le territoire de la ville ne comprenait qu'une surface de 455 hectares, tandis que celui d'Ecuelles en contenait 1147.

A la vue de cet état de choses si préjudiciable à la ville qu'il administrait, le maire, M. Desmarais (1), au mois de mai 1854, souleva devant le conseil municipal la question de réclamation. Un rapport mo

lution. La commune de Veneux-Nadon qui, au spirituel, était réunie à la paroisse de Moret, fut, de son côté, érigée en paroisse, en 1828, après la construction de son église.

(1) Desmarais (Louis-Jacques), né à Moret, le 20 novembre 1797, était l'aîné d'une nombreuse famille. Ses ancêtres remplissaient, de père en fils, à Moret, leur pays natal, le double emploi de coiffeurs-médecins. Ces deux professions s'exerçaient jadis conjointement.

Agé de 17 ans, en 1814, M. Desmarais prit part, comme engagé volontaire, à la bataille de Montereau (18 février), et aux escarmouches qui eurent lieu, la veille, dans Moret même, contre les alliés.

Il s'embarqua en 1822 pour le Brésil. Là, par son intelligence et sa capacité, il devint coiffeur de la cour, puis négociant et armateur. Il fut, en cette double qualité, l'homme de confiance de don Pedro, empereur du Brésil.

Se trouvant à Paris, en 1848, il s'enrôla comme garde national dans l'armée de l'ordre, se battit contre les insurgés

tivé, soutenu d'une conclusion victorieuse, obtint de l'autorité souveraine l'annexion à la ville de Moret de toute la partie du faubourg situé entre la rivière de Loing et le canal du même nom. Jusqu'alors, le côté sud de la rue du faubourg, par une étrangeté inouïe, dépendait seul de Moret. Une loi du 25 avril 1855, fixe la nouvelle limite, et une ordonnance épispocale du 1er mai 1855, statuant au spirituel, réunit aussi cette portion à la paroisse de Moret.

Cette annexion augmenta la population de Moret d'environ 300 habitants et son territoire de 38 hectares.

C'est un bienfait que la ville doit à l'intelligente activité de M. Desmarais. L'augmentation de terri-

qu'il traqua jusque dans leurs repaires, et il renseigna personnellement le général Lamoricière sur leurs positions. Il obtint dans ces circonstances les éloges les mieux mérités, et fut proposé pour la décoration.

Il établit avec un désintéressement sans pareil ses frères et sœurs, neveux et nièces, aux dépens de sa propre fortune.

Rentré dans sa ville natale en 1852, il devint maire de Moret et conseiller d'arrondissement. Sa gestion comme maire, qui dura dix ans (1852-1862), fut féconde en améliorations de toutes sortes, qu'il réalisa avec un zèle et un dévouement opiniâtres, sans mesurer les difficultés ni compter ses adversaires, affrontant l'ennemi sur le terrain municipal, comme il avait fait sur le champ d'honneur de Montereau, ou sur les barricades de février.

La croix d'honneur lui fut donnée en 1858 pour les services publics rendus par lui dans la guerre et dans la paix. La reconnaissance de ses concitoyens a été aussi sa douce récompense.

toire qui en est résultée n'est point, il est vrai, proportionnée à celle de la population, ni l'accroissement du revenu à celui des charges, et il reste
quelque chose à désirer. Mais on a tant abusé des
annexions, dans ces derniers temps, que ce mot seul
fait horreur ; et il faut attendre des circonstances
plus favorables pour solliciter les additions les plus
justes et les plus opportunes.

Vers le même temps, il arriva près de Moret un
terrible accident de chemin de fer, où la ville se fit
remarquer par son zèle et son dévouement.

Le 21 octobre 1855, à 4 heures 1/2 du matin, un
train de marchandises, venant de Montereau et passant devant Moret, est mis en détresse par un patine-
ment. Le chef de train, sachant qu'il était suivi par
l'*express*, descend avec le conducteur de queue, pour
aller à sa rencontre et faire les signaux d'usage. Mais
le brouillard, qui rendait la nuit très intense, empêche les lanternes à verre rouge qu'on agitait,
d'être aperçues du mécanicien de l'*express*. Le train
de marchandises, composé de 67 wagons, chargés
en partie de bestiaux et remorqué par deux ma
chines, arrivait proche du village de Veneux-Nadon,
au lieu dit la *Vallée sèche*, lorsqu'il est rejoint par
l'*express*. La machine de celui-ci gravite avec fracas
sur le dernier wagon du train de marchandises et le
broie. Les deux wagons qui le précèdent volent en
éclats, et les bœufs qu'ils contenaient sont jetés sur
la voie sans éprouver aucun mal. Les deux trains
s'arrêtent forcément.

Personne du train *express* n'est ni tué ni blessé. C'est presque miraculeux. Mais il n'en est pas de même du train de marchandises. Le dernier wagon contenant les toucheurs de bœufs, au nombre de vingt-cinq, est mis en pièces. Les débris de ce wagon se trouvent enterrés sous le poids de la machine pesant 80.000 kilogrammes.

Le temps presse, les instruments font défaut. On est dans un extrême embarras, dans la plus poignante anxiété. Que faire? Une inspiration lumineuse se présente soudain à l'esprit de M. Desmarais. C'est de passer de fortes pièces de bois sous la machine et de la soulever doucement, des deux côtés avec des crics. L'opération s'accomplit, sous sa direction, et réussit à merveille. Mais quand on arrive au wagon brisé, un spectacle affreux épouvante les regards des spectateurs : des morts et des blessés ensevelis pêle-mêle au milieu des débris. On retire seize morts et cinq blessés.

Quatre des conducteurs de bœufs, qui se trouvaient dans le premier compartiment du wagon, avaient pu s'échapper au moment de l'accident.

On transporta les blessés à l'hospice de Moret, où tous les soins nécessaires leur furent prodigués. Quant aux morts, on les inhuma le lendemain dans le cimetière de Veneux-Nadon, au milieu d'une foule nombreuse et attendrie. Tous les prêtres du canton de Moret, le doyen à leur tête, assistaient au convoi, et un piquet de lanciers avait été envoyé de Fontainebleau pour rehausser la triste cérémonie.

On remarqua le zèle déployé dans ces douloureuses circonstances par les pompiers de Moret et par ceux de Veneux-Nadon. Quant au maire de Moret, c'est à lui que fut attribué tout l'honneur du sauvetage, et il reçut pour sa belle conduite les félicitations explicites des autorités départementales et du ministre de l'Intérieur lui-même.

Enfin, pendant la dernière guerre, Moret a subi, comme en 1814, l'horreur de l'occupation étrangère. Il est resté sous le joug d'une garnison allemande, depuis le commencement de novembre 1870, jusque vers la fin de mars 1871. On sait que, durant cette cruelle guerre, les Allemands ont commis en France une série interminable de déprédations et de violences. Il entrait dans leur plan de guerre de terroriser les populations. Des brutalités de toutes sortes, le massacre même de gens inoffensifs, l'emprisonnement des otages civils, si bien imité par la commune de Paris, les vols de meubles, de bijoux, de pendules, les incendies répétés et inutiles, signalaient presque partout leur présence. Autour de nous, les villes et villages de Nemours, la Chapelle-la-Reine, Cély, Milly, le Châtelet, etc., etc., en savent quelque chose.

Néanmoins, dans les petites villes éloignées du théâtre de la guerre, les garnisons allemandes se composaient généralement, du moins de nos côtés, de soldats bavarois, d'un âge mûr et bons catholiques, qui sympathisaient volontiers avec les habitants. Moret dut à cette circonstance de traverser sans trop d'ennuis la triste période de l'occupation allemande. Car, à Moret, nul incendie, nul massacre de citoyens, nulle brutalité révoltante ; mais seulement quelques dégâts et vols dans les maisons abandonnées.

Malgré ces rares exemples de modération relative, l'histoire n'en a pas moins receuilli, à la honte des Prussiens, les faits de barbarie accomplis par eux sur les différents points du territoire français qu'ils ont occupés. Ils ont justifié une fois de plus ce qu'on disait déjà d'eux au douzième siècle. L'Italie désignait alors sous le nom de *mœurs allemandes* les actes de dévastation auxquels s'étaient livrés ces étrangers, sous le règne de Henri le Cruel, fils de Frédéric Barberousse (Hurter, *Histoire du pape Innocent III*).

Ce qu'ils ont fait au milieu de nous, en plein dix-neuvième siècle, était moins une guerre qu'un brigandage armé, calculé, froid. C'est par la terreur qu'ils ont triomphé, non par les armes. Ils s'étonnent de la haine qu'ils ont allumée contre eux dans le cœur des Français. Ils ne pourront s'en prendre qu'à eux-mêmes si, plus tard, cette haine cherche à s'éteindre dans le sang de leurs enfants. La colère des peuples est inexorable. Nous ne le voyons que trop, à mesure que s'affaiblissent parmi nous les mœurs chrétiennes, et que les nations de l'Europe inclinent vers la décadence. Que Dieu nous sauve !

XXXI

Découvertes géologiques faites dans ces derniers temps
aux alentours de Moret.

Moret est le centre d'une contrée qui a fourni à la curiosité géologique des savants contemporains un aliment substantiel et savoureux.

La géologie, science toute récente, a la prétention de découvrir l'âge précis du globe terrestre, et des êtres organiques qu'il porte et nourrit, mais surtout de l'homme, le plus noble de tous.

Cette science s'inspire, dans l'ordre physique, du doute méthodique mis en pratique par Descartes dans l'ordre intellectuel.

Ce doute de raison, qui n'exclut point la foi, n'a fait que confirmer la vérité des doctrines catholiques. Il en sera de même du doute méthodique des géologues, pour peu qu'ils soient guidés par la bonne foi et l'esprit d'impartialité.

Il faut rendre hommage au génie investigateur de ce temps. Il explore, dans tous les sens, le domaine que le Créateur a livré, selon le mot de l'Ecriture, *à la dispute des hommes* (Eccl. III, II). Que de secrets déjà des chercheurs infatigables ont arraché à la nature! Quels rapides progrès la chimie n'a-t-elle pas imprimé à l'industrie et aux arts?

La géologie, à peine sortie de ses langes, a commencé à balbutier ses premiers mots, et l'on peut espérer qu'elle mettra en lumière une série de faits incontestables sur l'histoire de notre globe. Mais gardez-vous d'étioler cette charmante fille de la science moderne, en la surmenant pour tirer d'elle plus que sa force naissante ne peut donner.

Chacun a déjà emprunté à la géologie un système particulier pour résoudre les problèmes multiples de l'état primitif de la terre, de l'origine des stratifications, de l'ordre dans lequel elles se sont produites, et du temps qu'il a fallu pour ce travail de la nature.

Or, la géologie s'appuie sur des bases encore trop chancelantes pour qu'on puisse y bâtir un solide édifice. Nous n'en voulons pour preuve que le fractionnement de ses apôtres en deux classes qui s'appuient sur des théories tout opposées, les uns donnant l'eau, les autres le feu comme cause efficiente des transformations géologiques. De là, les *Neptuniens* et les *Plutoniens*.

Aussi peut-on affirmer que, jusqu'ici, leurs découvertes ressemblent un peu à ces constructions lacustres dont ils trouvent les débris sous les eaux, et qui ont croulé d'elles-mêmes sur leurs fragiles pilotis.

Les géologues divisent les terrains accessibles du globe terrestre en cinq couches superposées, qui sont, en commençant par les plus éloignées de la surface du globe.

1° Les terrains *primitifs*, composés de granit, d'ardoise et de houille ;

2° Les terrains *secondaires*, qui sont formés de masses crayeuses ;

3° Les terrains *tertiaires* qu'ils divisent en trois étages, auxquels ils donnent les noms scientifiques d'*Eocène*, *Miocène*, *Pliocène*.

4° Les terrains *quaternaires* où dominent le gravier et les couches d'argile de ce qu'ils appellent le *diluvium rouge* ;

5° Enfin, les terrains modernes qui ne sont autres que *l'humus* ou terre végétale.

Les terrains *primitifs* et *secondaires* occupent peu les savants, parce qu'ils n'y trouvent aucune trace de vie végétale ou animale.

Mais il n'en est pas de même des couches *tertiaires* et *quaternaires*, où ils ont découvert des débris de *plantes* et *d'animaux*, avec une quantité d'instruments qui accusent le travail de l'homme. Il existait donc à l'époque où ces couches se sont formées des êtres intelligents sur la terre.

Les terrains *tertiaire* et *quaternaire* ont fourni aux savants anthropologistes matière à une division spéciale, basée sur la nature des instruments de travail qu'on y rencontre.

Ces instruments sont, les uns en pierre, les autres

en bronze, d'autres en fer. De là, leurs âges de la *Pierre*, du *Bronze* et du *Fer*, noms empruntés à la fable, et appliqués aux trois époques, comme pour nous mettre en défiance contre ces couches terreuses qui exhalent une forte odeur mythologique.

L'âge du fer intéresse peu les savants, parce qu'il se confond avec les temps historiques, l'histoire attestant que l'invention des instruments de fer remonte à Tubalcaïn qui est un personnage biblique.

Ce qui les préoccupe par dessus tout, c'est *l'âge de la Pierre* le plus ancien de tous. C'est selon eux, une époque absolument *préhistorique*, c'est-à-dire, antérieure à toutes les notions d'histoire que nous a laissées la tradition. Dès lors, les savants, n'étant gênés par aucune donnée historique, ont leur coudées franches pour fabriquer des systèmes, d'autant plus que cette époque a été excessivement longue, puisqu'elle embrasse, toujours selon eux, plusieurs centaines de milliers d'années, pendant lesquelles l'homme ne connaissait que la pierre comme instrument de travail. Aussi, trouvent-ils à profusion, à chaque pas, dans la terre, sur la terre et sous la terre, des outils de pierre de toute espèce. Ils n'ont pas manqué de les collectionner et de les baptiser. On trouve donc, dans leurs collections, de magnifiques séries de haches, de marteaux, de tranchets, de scies, de flèches, de racloirs, de grattoirs, de perçoirs, de coups de poing, de *langues de chat*, nom particulier d'un instrument à tout faire, etc.

La plupart de ces instruments sont en silex, très

mignons, propres à former un musée de joujoux d'enfants. Voilà les merveilleux outils qui, pendant une période semi-éternelle, dont on ne connaît ni le commencement ni la fin, ont servi aux hommes encore à moitié singes, pour couper les arbres, fendre les chênes, perforer les mammouths et dépecer les rhinocéros !

Sont-ils assez étonnants nos savants archéologues qui, à l'aide de ces mêmes outils, ont le talent de fabriquer des prodiges plus surprenants que la construction de la pyramide de Chéops, et des mystères plus insondables que ceux du symbole apostolique ?

Ces instruments de pierre, c'est encore une découverte de nos érudits, étaient d'abord seulement *taillés* ; ensuite, le progrès aidant, ils furent *polis*. De là, deux périodes successives de *l'Age de la pierre*, la période *paléolithique* ou ancienne pierre, et la période *néolithique* ou pierre nouvelle. Cette dernière, au dire du docteur Mortillet, a duré, elle seule, 222.000 ans (*Le Préhistorique, par Gabriel Mortillet*, page 627). Infortunés travailleurs, vous qui avez sué, pendant tant de siècles, sur ces misérables outils de pierre, que n'aviez-vous en ce temps-là, au milieu de vous, un Broca, un Mortillet, ou quelque autre rejeton des singes transformé en homme civilisé, pour vous lancer dans la voie du progrès !

Les couches de terrain superposées et leur contenu géologique sont un fait incontestable, mais qui n'a rien de contraire aux enseignements de l'Ecriture. Tout au contraire, cette superposition de terrains d'un caractère tout différent, concorde bien avec le récit biblique, dans l'opinion de ceux qui regardent les six jours de la création comme des périodes d'une durée indéterminée. A chacune de ces périodes correspond une des œuvres de la création ; d'après le livre de la Genèse, Dieu a créé sucessivement les trois règnes de la nature dans l'ordre suivant : minéraux, végétaux, animaux. C'est précisément le même ordre que l'on trouve dans les couches géologiques. Croira qui voudra que cette coïncidence est purement fortuite.

L'aberration des géologues antibiblistes consiste, moins encore à fixer arbitrairement la durée hyperbolique de ces époques successives qu'à vouloir les forcer à donner des traces de l'existence de l'homme avant la création adamique et de sa descendance simienne. Si une pareille théorie était victorieusement prouvée, quel croc-en-jambe à l'histoire mosaïque (1) ! Or, si l'on en croit quelques gros bonnets

(1) Un docteur catholique, M. Fabre d'Envieu, professeur d'Ecriture Sainte à la Faculté de théologie de la Sorbonne, ne s'effraie pas d'une pareille découverte. Dans son ouvrage sur *les origines de la terre et de l'homme, d'après la Bible et d'après la science*, il dit, page 4 de sa préface :

« Il faut reconnaître, je le pense, du moins, que les grands progrès faits de nos jours par les sciences physiques tendent à démontrer qu'il y a eu des créatures antégénésiaques. La thèse de l'ancienneté de quelques races humaines paraît prouvée. D'autre part, la Bible n'est pas opposée à cette ancienneté, et je ne vois aucune difficulté à l'accepter comme un fait dûment établi. J'admets donc qu'on doit accorder à

de l'école anthropologique de ce temps, l'hypothèse de la fastueuse antiquité de l'homme serait une vérité démontrée. Mais c'est une preuve bien caduque aux yeux des hommes réfléchis, que quelques rares fossiles humains qu'ils prétendent avoir trouvés dans les terrains *tertiaires*.

Ce n'est pas ici le lieu d'ouvrir une discussion raisonnée sur l'opinion de ces messieurs qui, d'ailleurs, en qualité de savants, n'ont qu'un sourire dédaigneux pour leurs contradicteurs.

Ce qui rentre en plein dans notre sujet, c'est le

la terre et au genre humain la haute antiquité que leur attribuent des savants contemporains. Je reconnaîtrai, si l'on veut, que l'homme qui a assisté à quelques-uns des phénomènes géologiques de la *période quaternaire* remonte à 250.000 ans. La science peut arriver à la démonstration géologique de cette théorie, et je ne serais pas effrayé pour ma foi chrétienne, si l'on rencontrait des traces humaines dans les terrains antérieurs au *diluvium*. J'admets volontiers qu'on a trouvé des traces de ce genre dans les terrains de l'époque *pliocène* (troisième période *tertiaire*). J'apprendrais sans être ébranlé dans ma foi que l'homme existait déjà lorsque se déposaient les assises moyennes des *terrains tertiaires*. Les géologues pourraient même découvrir que l'homme habita l'étage inférieur des *terrains éocènes*, le plus ancien des *tertiaires*. Je n'en éprouverais aucun embarras... »

Dans le corps du même ouvrage, il ajoute : « L'archéologie préhistorique et la paléontologie peuvent, sans se mettre en opposition avec la sainte Écriture, découvrir dans les terrains *tertiaires*, et dans la première partie de l'époque *quaternaire*, les traces des préadamites... La révélation biblique nous laisse libres d'admettre l'homme du *diluvium*, l'homme *pliocène* et même l'homme *éocène*. D'un autre côté, toutefois, les

récit et l'examen des découvertes géologiques qui ont été faites aux alentours de Moret.

Les notions préliminaires qui précèdent étaient nécessaires pour l'intelligence de ce que nous avons à dire.

Moret eut l'avantage d'être habité, il y a quelques années par un des savants de la *Société anthropologique* fondée par le docteur Broca. Ce savant était M. Chouquet, qui reçut de ses amis un brevet d'immortalité pour les découvertes géologiques d'une grande importance à leurs yeux, faites dans les environs de Moret.

Le lieu aujourd'hui introuvable de ces gisements fossiles fut un champ de particulier, situé au bas du coteau, entre la route de Montereau et l'étang de Moret, à 400 mètres environ de ce dernier.

En 1871, le propriétaire de ce champ, en voulant

géologues ne sont pas fondés à soutenir que les hommes qui auraient habité sur la terre, à ces époques primitives, doivent être comptés au nombre de nos aïeux. »

Il est pour le moins étrange d'affirmer qu'il ait existé, avant Adam, une race d'hommes semblables à nous, et que cette race ayant été complètement anéantie, Dieu s'est donné le soin d'en créer une autre absolument identique.

Cette idée toute personnelle de M. l'abbé Fabre eut pour conséquence inévitable d'épanouir la rate des savants *anthropologistes*, qui s'écrièrent aussitôt par la bouche du docteur Broca : *Nous pouvons maintenant aller hardiment de l'avant.* Il est douteux que le célèbre professeur sorbonien fasse école dans cette question. Les concessions qui n'ont jamais servi une cause quelconque, ne peuvent ici que compromettre la cause sacrée de la vérité.

débarrasser son terrain d'un amas de pierres qui gê-
naient le travail agricole, rencontra sous ces pierres
de nombreux ossements. Il en conclut, sans plus de
réflexion, qu'une bataille s'était donnée là jadis. Il
emporta chez lui les meilleures de ces pierres. Pour
les extraire, il avait fait une fouille de quatre à cinq
mètres de superficie. En profondeur, il avait creusé à
peine un mètre, la pioche ayant rencontré la roche
calcaire du coteau. Il combla le vide en y rejetant les
menues pierres, les ossements et les terres qu'il avait
remuées. Cet emplacement, s'il avait servi de lieu de
sépulture, n'était, comme tel, distingué par aucun
signe extérieur, tertre, butte ou mamelon.

M. Chouquet qui n'avait, à Moret, d'autre souci
ni d'autre ambition que de mettre à profit la mission
scientifique qu'il avait reçue du comité anthropologique dont il faisait partie, s'intéressa vivement aux
faits susdits parvenus à sa connaissance, et sur les
indications qui lui furent données, il se transporta
dans le champ en question. C'était en 1876. Entre
les ceps de vigne que le propriétaire avait plantés, il
fit creuser trois trous d'un mètre environ. A cinquante centimètres de profondeur, sous des pierres
grosses comme des moellons, mélangés de terre végétale, apparurent des veines de terre noire et des
fragments d'os humains calcinés. Dans une des trois
fouilles, le disciple de Broca découvrit la moitié d'un
squelette de femme ; dans une autre, cinq fragments
de crânes différents, dont deux pas au complet, en-
tremêlés d'os longs plus ou moins rompus, mais pas

de vertèbres, ni de maxillaires inférieures, peu de phalanges ; et, dans ce pêle-mêle, il y avait des fragments d'os brûlés ; trois de ces fragments se trouvaient dans l'intérieur d'un crâne non calciné.

M. Chouquet, dans le récit qu'il fait de cette trouvaille, insiste particulièrement sur la symétrie qu'il crut remarquer dans la disposition des ossements.

Ainsi, sur une ou deux pierres plates de la dimension des deux mains, étaient posés les os brûlés; puis, autour de ces pierres, d'autres pierres plates posées de champ, formant comme une petite chambre ou *cella* recouverte d'autres pierres. Les différentes *cella* ainsi disposées étaient proches les unes des autres. Pour les établir on avait fouillé jusqu'au roc ; et même dans les parties remaniées se trouvaient les pierres plates primitives, qui avaient reçu les ossements brûlés, posés à plat sur le roc. Mais dans aucune, ni aux alentours, il n'y avait la moindre trace de charbon ni de cendres, ce qui semble indiquer, dit l'intéressant narrateur, que les corps étaient brûlés ailleurs, après quoi, les ossements restants étaient seuls apportés dans les petites *cella*.

A ces prémisses il fallait une conclusion. La conclusion du judicieux interprète des mystères géologiques, c'est qu'une pareille sépulture doit remonter à l'âge de la *Pierre polie*. La preuve du fait, on la trouve dans l'une des *cella* restée intacte, où parmi les os brûlés, se trouvait un couteau de silex noir de dix centimètres de longueur, une *amulette* (à quel objet M. Chouquet donne-t-il ce nom), un schiste gris, verdâtre, plat, percé de deux trous de suspension, et un petit disque en silex percé d'un trou qui semble toutefois d'une origine naturelle.

Ces fossiles humains qui sont, non de la période ancienne de la pierre, mais de la période *néolithique*, portent de plus un caractère de transition d'une époque à une autre, c'est-à-dire du moment où la civilisation de la *pierre polie* était en train de se transformer pour passer à l'*Age du bronze*.

Ce qu'il y a de remarquable encore, c'est le mélange des os brûlés et des os non brûlés, particularité qui annonce, pense encore le docteur archéologue, deux rites différents de sépultures, l'inhumation pure et simple et *l'incinération*, mais l'incinération dans l'enfance, comme l'indique assez clairement l'état des os imparfaitement *incinérés*. Les habitants de Moret, contemporains de la *pierre polie*, c'est-à-dire, ceux qui vivaient 222.000 ans et plus avant la naissance des temps historiques, commençaient, toujours selon l'opinion de notre savant, *à s'approprier de nouvelles connaisances et de nouveaux usages, sans abandonner les leurs propres.*

Encore quelque chose de plus. Sur les crânes du *tumulus* morétain, M. Chouquet remarqua des traces annonçant que les hommes de ces temps reculés avaient déjà fait de magnifiques progrès dans l'art que, 2.200 siècles plus tard, devait inventer Hippocrate, puisqu'ils pratiquaient dès lors, artistement, avec un scalpel de silex, la *trépanation*, non seulement sur les vivants mais aussi sur les morts ! « Parmi les fragments de crânes brûlés recueillis, dit-il, il s'en est trouvé deux qui portent des entailles dues à une opération de trépanation faite pendant la vie, et l'individu a guéri et a vécu ; sur l'autre, l'os, d'abord aminci par un raclage, a été ensuite coupé à angle droit, d'où l'on peut conclure que l'opération a été faite après la mort. »

La découverte de M. Chouquet eut les honneurs de la discussion dans une des séances de la *Société anthropologique* de Paris. Les docteurs Broca et Mortillet, ainsi que plusieurs illustrations du lieu et du temps, prirent part aux débats que suscita le rapport de l'auteur sur ces ossements rapportés par lui de Moret.

La conclusion devait être et fut : « Que le *tumulus* de Moret contenait des squelettes *incinérés*, ainsi que des squelettes *non incinérés*, dont la contemporanéité paraissait fort probable, et qu'en outre sur les crânes calcinés on avait pratiqué la trépanation préhistorique. Il y avait donc lieu de reconnaître enfin que ces ossements incinérés étaient de l'époque *néolithique*, c'est-à-dire, de l'âge de la *Pierre polie*, et que l'usage de l'incinération s'est introduit peu à peu, dans une population qui ne cessait pas pour cela d'être fidèle à ses anciennes superstitions. »

Dès lors, Chouquet devenait un des savants de l'époque et était d'emblée proclamé maître ès-sciences géologiques.

Nous n'avons pas vu, dans les annales de la *Socié-*

té anthropologique, d'où nous tirons en partie ces renseignements, que la docte assemblée eût remarqué, dans les ossements découverts par Chouquet, ce que ce savant y cherchait, c'est-à-dire, des traits propres à révéler l'origine simienne de l'homme. C'est une lacune d'autant plus regrettable que la raison d'être de la Société Broca, c'est surtout d'arriver à démontrer, par des preuves irrécusables, que l'homme civilisé d'aujourd'hui n'est qu'une glorieuse transformation d'une espèce quelconque de singes. Mais ces érudits n'en espèrent pas moins réussir tôt ou tard. Pends-toi, brave Darwin, tes disciples ont juré d'escamoter ta gloire (1).

(1) **Avant Chouquet**, le docteur Broca a fait, sans obtenir aucun résultat, toute espèce de recherches pour arriver à cette démonstration. L'auteur de cette notice assista un jour à une recherche de cette nature.

Le docteur Broca entendit parler un jour d'ossements humains très anciens que l'on trouvait en grand nombre dans la commune de Bourron, où nous résidions alors. Le docteur d'accourir pour exploiter cette mine. Le jardin des religieuses était un des lieux où l'on avait déjà trouvé plusieurs corps. Le savant géologue obtient aisément l'autorisation d'y faire pratiquer des fouilles. Dès le premier terrassement, à la profondeur d'un mètre environ, la pioche rencontra un cadavre ; mais de toute évidence, la sépulture en présence de laquelle on se trouvait ne remontait pas aux temps préhistoriques et les ossements qu'on avait sous les yeux n'accusaient pas un homme descendant du gorille ou de l'ouistiti. Le docteur, visiblement désappointé, salua le curé qui s'était permis de l'accompagner dans cette équipée, et disparut sans plus donner signe de vie aux habitants de Bourron. Ces faits se passaient le 7 octobre 1870.

Les savants eux-mêmes nous disent le cas qu'il faut faire de beaucoup de leurs élucubrations géologiques :

« Le désir d'attacher leur nom à une importante découverte, dit le docteur Mortillet, pousse bien des observateurs à présenter comme fort anciens des ossements plus ou moins récents (*Le Préhistorique*, page 345) ».

Peut-on s'étonner que des hommes avides de cultiver la science géologique cherchent à moissonner un brin de renom sur le crâne dénudé de nos bons ancêtres? Mais y trouvent-ils toujours ce qu'ils cherchent, et la récolte n'est-elle pas constamment en opposition avec leurs désirs? Voyons si ce n'est pas le cas de M. Chouquet.

Voilà des ossements régulièrement déposés dans de petites *cella*. Ils sont à 5o centimètres de profondeur, c'est-à-dire à fleur de terre, jusqu'à gêner le fer de la charrue. Tels que vous les voyèz, ils sont là depuis 222,000 ans et plus! Ce sont des fossiles du terrain *quaternaire*. Mais par quel soubresaut cette couche de terrain, enfouie d'abord à son rang sous la croûte de la terre végétale, s'est-elle tout à coup projetée à la surface du globe? Et comment se fait-il que ni les bouleversements du sol, ni les torrents, ni le déluge, ni aucune cause n'ait dérangé d'une semelle la symétrie de ce dépôt immobilisé là pendant plus de deux cent mille ans? C'est seulement de notre temps qu'un coup de pioche fortuitement donné a ouvert ce tombeau pour l'étaler devant les yeux d'un savant arrivé providentiellement sur les lieux. Ne fallait-il pas l'œil infaillible d'un représentant de la science contemporaine pour reconnaître et interpréter tout le détail de cet ameublement funèbre?.

Que signifie ce mélange d'os blancs et d'os noirs? Vous l'ignorez! Hé bien, c'est le signe du double rite qui présidait alors aux sépultures, c'est à savoir *l'incinération* et la *non incinération*.

Et les trous percés dans ce crâne? — C'est une preuve qu'on pratiquait déjà alors la trépanation.

Et ce silex tranchant? — C'est le couteau chirurgical de l'époque.

Et ceci? — C'est une amulette, objet de la superstition de nos naïfs aïeux.

Voilà comme tout s'explique et s'enchaîne dans la conception d'un savant. Un savant, est-ce autre chose qu'un Daniel chargé d'expliquer tous les mystères?

Le savant Chouquet n'a pas fait de bruit de sa découverte dans le pays. Personne n'y connaît l'emplacement du célèbre *tumulus pliocène*. L'auteur de cette histoire a connu, à Moret, M. Chouquet, aujourd'hui décédé, et s'est entretenu avec lui. Ils résidaient simultanément dans cette ville en 1876. M. Pougeois venait de publier la première édition de l'Histoire de Moret ; tout ce qui concernait ce pays l'intéressait au plus haut point, et il n'a pas alors entendu souffler mot de la célèbre découverte!

Ces ossements précieux, tenus cachés comme un

trésor, ont été exhibés dans toute la fraîcheur de leur nouveauté devant les illustres savants de la *Société anthropologique* de Paris. On écouta avec intérêt le récit de M. Chouquet. Aucun membre ne songea même à visiter les lieux. On acclama, séance tenante, les explications du cher collègue, et ces fameux ossements, déclarés haut la main fossiles de *l'âge de la Pierre polie*, trouvèrent place dans le Musée de la docte Société. O savants rejetons des singes, race faite pour divertir!

Heureusement, l'invention de M. Chouquet est entrée dans le domaine public sans garantie du gouvernement.

C'est peut-être le cas de rappeler encore ici, à propos de ces faits, un aveu bon à retenir du docteur Mortillet : « Les uns, dit-il, excités par les passions religieuses, ont tout combattu, tout rejeté avec dédain et colère, sans aucun examen ; les autres poussés par une tendance contraire (*l'incrédulité*), ont malheureusement été portés à tout admettre sans preuves suffisantes et sans critique sérieuse (*Le Préhistorique*, page 33). »

Elle est sans pitié la plume du docteur Mortillet. Aussi a-t-elle exécuté carrément l'ami Chouquet par voie de suppression. Dans son livre *Le Préhistorique*, ouvrage complet de plus de 650 pages, où il rassemble minutieusement tout ce qu'ont fourni la flore et la faune des terrains *tertiaires et quaternaires* en France et à l'étranger, il ne dit pas un traître mot de la découverte de M. Chouquet. Or, s'il avait cru aux conclusions de son ami, le *tumulus* de Moret n'eût pas manqué d'occuper sa place dans un livre récemment composé sur la matière, et où les moindres trouvailles des géologues sont inventoriées et décrites. Garder le silence, en pareil cas, n'est-ce pas faire justice d'un récit que l'on tient au moins pour suspect? Peut-être beaucoup d'hommes compétents riaient-ils sous cape en voyant l'heureux savantasse donner gravement comme une sépulture de *l'âge de pierre* les débris de quelque pique-nique de paysans autour d'un foyer champêtre. On doit d'ailleurs trouver M. Chouquet bien pardonnable en songeant à des méprises beaucoup plus stupéfiantes, commises par les savants géologues, comme celle dont le voisinage de Moret avait déjà été le théâtre. Nous sommes toujours dans notre sujet en racontant cette piquante anecdote.

En 1823, on annonça par toutes les trompettes de la renommée qu'on avait trouvé, dans la forêt de Fontainebleau, près de Moret, un cavalier renversé et pétrifié avec son cheval. On ajoutait que le corps était bien conservé avec ses formes et de belles proportions, et que le cheval en particulier avait une tête superbe. Cette prétendue pétrification fut décorée du nom d'*homme fossile* par Isidore Geoffroy-Saint-Hilaire lui-même, et fit accourir tout Paris sur les lieux. A défaut d'une *Société anthropologique* qui n'existait pas encore, *l'Académie des sciences* fut saisie de la question. Mise en demeure de donner son avis sur *l'homme fossile*, elle démontra sans

peine que le cheval et l'homme pétrifiés n'étaient
qu'un grès siliceux affectant une forme bizarre. Quel
dommage qu'un Chouquet quelconque ne se soit pas
rencontré alors, avec une *Société anthropologique*,
pour donner corps à l'histoire de *l'homme fossile* de
la forêt de Fontainebleau, et la sanctionner comme
un fait hors de toute contestation !

Toutefois, l'ironie, nous le savons, ne peut suffire
pour remplacer la raison, et il y a dans les découvertes géologiques, une source précieuse de documents propres à jeter une lumière nouvelle sur l'histoire du genre humain. Mais affirmons hardiment
que nous n'avons rien à craindre de cette science
pour la vérité de nos dogmes catholiques, témoin le
docte Cuvier. M. Mortillet dit de cet homme éminent : Dans son remarquable *discours sur les révolutions du globe*, Cuvier a nié l'existence de
l'homme contemporain des derniers phénomènes
géologiques et de ces derniers animaux d'espèces
éteintes, de l'homme fossile, en un mot. C'est que
chez Georges Cuvier, à côté du savant de premier
ordre, à côté de l'homme de génie dont la France et
le monde entier s'honorent, il y avait *l'ardent bibliste* (*Le Préhistorique*, page 11). » Ah ! voilà ce qui
a remué la bile des sectateurs de l'athéisme : Cuvier
était un *ardent bibliste !* Mais retenons d'eux qu'*il
était un savant de premier ordre, un homme de génie dont la France et le monde entier s'honnorent,
que, selon lui, l'homme contemporain de ce qu'on
appelle l'époque tertiaire et quaternaire n'existe pas,*

en un mot, que la théorie de Cuvier est la confirmation de la cosmogonie mosaïque; et ajoutons qu'oser accuser un pareil homme d'avoir sciemment faussé la science, c'est se mentir à soi-même.

Une curiosité de Moret plus nette, plus sérieuse, plus authentique que les fossiles dont nous venons de parler, ce sont les intéressantes stratifications de Lacelle-sous-Moret. Ici, l'incontestable réalité parlait aux yeux de M. Chouquet et parle encore aux yeux de tous.

Sur la rive droite de la Seine, en amont, (1) du village de Lacelle-sous-Moret, il existe une puissante formation tuffeuse plaquée contre un escarpement calcaire. Ces pétrifications offrent à la science une flore des plus intéressantes, sans parler de la faune qui joue aussi là un rôle important, quoique secondaire.

La botanique y a constaté, jusqu'à présent, l'existence de dix-sept plantes différentes, savoir :

La scolopendre,	Le sureau,
Le noisetier,	Le lierre,
Le peuplier grisaille,	La clématite ordinaire,
Le saule cendré,	Le buis,
Le saule fragile,	L'érable ou faux sycomore,
Le figuier sauvage,	Le fusain ordinaire,
Le laurier des Canaries,	Le fusain à larges feuilles,

(1) M. Mortillet dit *en aval*. Il n'avait pas visité les lieux. Les savants sont excusables de pareilles méprises ; ils acceptent de confiance les récits de leurs collègues.

Le frêne ordinaire, Le mahaleb ou bois de Sainte Lucie, Le gaînier ou arbre de Judée.

Ces arbres ou arbustes bien connus n'offrent rien d'extraordinaire. Mais plusieurs d'entre eux, tels que nous les connaisons maintenant, exigent un climat à la fois plus tempéré et plus humide que celui dont ces lieux jouissent actuellement.

C'est ainsi, par exemple, que le laurier des Canaries ne supporterait pas une température qui descendrait au-dessous de 8 degrés.

Sans accorder aux savants de nos jours, malgré leur prétention à l'infaillibilité, que ces transformations remontent à la période qu'ils appellent *chelléenne*, c'est-à-dire, selon eux, à un passé d'environ 200,000 ans, nous devons reconnaître que nos climats ont subi, à travers les siècles, un changement considérable de température.

Est-ce un phénomène bien étonnant, quand, dans notre courte vie d'homme, nous pouvons constater d'importantes variations dans la température de nos climats?

Est-il assez absurde qu'un homme ose hasarder de peser dans la balance de ses propres idées, à de pareilles distances, la force des influences multiples qui ont produit ces pétrifications artificielles? Et un homme peut-il, quel que soit son savoir, s'abandonner à une fatuité assez grotesque pour oser dire : *il a fallu 2,500 siècles pour produire ce travail*, quand, actuellement encore, dans certains milieux, ou sous l'action permanente de certaines eaux, un objet quelconque prend, en fort peu de temps, la forme, la nature et la solidité de la pierre.

Donc, ici encore, la prétendue science paraît s'être étrangement compromise dans ses calculs à perte de vue.

Toujours est-il que les amateurs de fossiles géologiques visitent avec infiniment d'intérêt la station de Lacelle-sous-Moret, et ne manquent jamais de garnir leur sacoche de quelques-unes de ces précieuses curiosités. L'un d'eux regrettait dernièrement, devant nous, de n'avoir pas une voiture pour en emporter de quoi composer chez lui un intéressant musée.

XXXII

**Principaux évènements de ces dernières années.
Epilogue.**

Depuis *l'année terrible*, jusqu'à ce moment, rien
de bien extraordinaire ne se passa dans Moret.

Heureux, dit un philosophe, les peuples qui n'ont
point d'histoire! Mais tous les peuples en ont une ; et
il n'est pas de localité tant soit peu importante qui
n'ait eu, grâce à Dieu, son barde ou son chroniqueur.

Si l'histoire, comme on l'a dit, est *l'école des rois*,
elle est aussi l'école des peuples. Le mal raconté fait
horreur et devient son propre remède; le bien publié
trouve des imitateurs. Les annales mêmes des villes,
continuées de génération en génération, sont une
source permanente où va se désaltérer la légitime
curiosité des amis de leur pays. C'est ainsi que la relation des faits consolants ou tristes, heureux ou malheureux, constitue un véritable trésor mis à la portée de tous.

Le premier fait intéressant Moret que nous ayons
à signaler, au commencement de cette période de 18

années, c'est le décès d'un enfant du pays, presque inconnu de ses concitoyens mais qui leur fait grand honneur. Nous voulons parler de M. l'abbé Remy, décédé le 21 octobre 1872.

Remy, Louis-Jean-Baptiste, naquit à Moret le 4 mai 1812. Son père, menuisier de son état, habitait une maison près la porte du Pont, occupée aujourd'hui par un serrurier. Le jeune Louis était fils unique. Tout enfant, il se plaisait à rassembler ses petits camarades autour d'un autel qu'avec l'aide de son père il avait érigé dans une chambre de la maison paternelle, et là, avec eux, il s'essayait à imiter les cérémonies de l'église. De tels commencements étaient l'indice indubitable de la vocation ecclésiastique.

Louis Remy entra au petit séminaire d'Avon. La révolution de 1830 vint interrompre ses études. Retiré à Paris où sa mère avait émigré, il eut la bonne fortune de trouver dans M. Annat, curé de Saint-Merry, un guide, un ami et un protecteur. Aidé pécuniairement par ce généreux bienfaiteur, il se rendit à Rome où il compléta ses études théologiques, et y fut ordonné prêtre en 1845.

M. Remy est le seul prêtre que, depuis la révolution, la paroisse de Moret ait fourni à l'Eglise (1). Mais à lui seul, il en a valu plusieurs. Revenu en France, il continua de s'abriter sous la main bien-

(1) Le second sera M. Louis Laurain, natif de Moret, aujourd'hui diacre, qui termine en ce moment ses études au grand Séminaire de Meaux.

veillante du vénérable M. Annat ; et plein de cette charité sacerdotale qu'il avait puisée dans l'âme de son bienfaiteur, il résolut, sous l'inspiration de ses souvenirs d'enfance, de relever le Prieuré de Saint-Aile, près de Rebais, pays de ses ancêtres. Il fit l'acquisition des restes de cette ancienne abbaye ; et là, au son de sa lyre élégiaque célébrant les grâces et la misère des orphelins pauvres, s'élevèrent les murs d'un asile destiné à recueillir le plus possible de ces enfants malheureux.

C'est en 1850 que fut fondé par M. Remy cet établissement de bienfaisance. Après l'avoir péniblement créé, il le soutint, pendant plus de 20 ans, de ses deniers, de son travail et de son zèle. C'était de nuit comme de jour une vie de sacrifice. Remplie d'admiration pour ce bienfaiteur de l'humanité, l'Académie française lui offrit, en 1863, un prix Monthion de 1500 francs.

M. Remy n'oublia jamais son cher pays de Moret. Il y revenait jadis chez des amis aujourd'hui décédés qui l'accueillaient avec bonheur; et tant qu'il vécut, il fut en correspondance avec d'autres amis qui lui restaient attachés, et qu'il soutenait de ses religieux conseils, comme l'attestent des lettres nombreuses qui ont passé sous nos yeux.

Les forces de M. Remy s'usèrent rapidement dans les fatigues de son rude apostolat. En mourant à Saint-Aile le 21 octobre 1872, il légua tout l'immeuble qui était sa propriété à Mgr l'évêque de Meaux et aujourd'hui c'est une maison prospère et qui continue de rendre des services inappréciables à la classe indigente.

Les funérailles du vénérable fondateur de l'orphelinat agricole de Saint-Aile se firent solennellement dans l'église décanale de Rebais, le 24 octobre, au milieu d'une nombreuse assistance de prêtres et de fidèles, et de ses orphelins en pleurs.

Ce charitable prêtre, ce grand protecteur des enfants abandonnés méritait bien d'avoir une page à part dans une histoire de son pays natal. C'est un bienfaiteur de l'humanité.

En 1876, la ville de Moret fut éprouvée par une épidémie de petite vérole qui sévit avec intensité sur la population. Apportée par des mariniers de passage, au mois de juin de ladite année, elle a exercé ses ravages jusqu'au commencement de l'année suivante. Une centaine de personnes furent atteintes du fléau, et une vingtaine succombèrent. Une grande panique régna, pendant ces six mois, dans la ville, dont tous les quartiers étaient envahis par le fléau. Les malades pauvres furent portés et soignés à l'hospice. Les sœurs de la charité, déjà surchargées par le soin de leurs propres malades, visitaient et assistaient encore à domicile ceux de la ville. A l'exception des religieuses, des médecins et du curé, personne ne visitait les maisons où la contagion avait pénétré, dans la crainte de contracter et de propager le mal. Les personnes de la famille indispensables au soins des malades restaient seules auprès d'eux.

On vit, non sans édification, le député de l'arrondissement, M. le baron Tristan Lambert, après avoir
envoyé un premier secours pour assister les malades
nécessiteux, venir lui-même en personne visiter et
réconforter par sa présence et ses bonnes paroles les
uns et les autres. Sa main s'ouvrit encore généreuse-
ment pour donner de nouveaux secours à ceux qui
en avaient besoin. A défaut du maire, alors absent,
M. le curé accompagna l'honorable député dans ses
charitables visites.

La persistance de l'épidémie porta la municipalité
à faire allumer, à plusieurs reprises, dans les différents quartiers de la ville, des feux de génévrier pour
parfumer l'air, et l'on fit à l'église une neuvaine de
prières pour demander à Dieu la cessation du fléau,
qui s'arrêta, au seuil de la nouvelle année.

Ce sont des étrangers qui ont apporté la contagion
des corps. Ce sont aussi des étrangers qui ont apporté la peste des âmes. Ils sont venus dans le pays dé-
biter leurs doctrines anarchistes, et organiser la
libre pensée. Ce second fléau a fait heureusement
moins de victimes que le premier. Les nouveaux
empoisonneurs ont succombé en peu de temps,
comme ceux qui avaient propagé la variole; et leur
œuvre, comme toute œuvre humaine, est devenue
caduque. Ceux de leurs partisans qui ont l'air de
tenir bon ne sont plus guère libres-penseurs que sur
les listes secrètes ; ou, s'ils cherchent à répandre encore le poison, c'est comme le serpent qui se glisse
inaperçu pour distiller son venin ; et puis comme

les oiseaux de proie, ils s'abattent avec acharnement sur les cadavres pour les conduire au sépulcre, comme les animaux qu'on mène au charnier, sans la croix protectrice et l'eau purifiante.

Ce courant d'impiété qui passe dans l'air comme un mal pestilentiel fait sortir de leur repaire une autre classe de malfaiteurs, sinon plus dangereux, au moins plus redoutés, nous voulons dire ces bandes d'industriels qui jonglent avec le poignard ou avec les fausses clefs. Ceux de cette dernière espèce ont cru, sans doute, qu'ils pouvaient instrumenter plus sûrement dans un pays travaillé par les libres-penseurs. Car, la libre action est le corollaire naturel de la libre-pensée.

L'église fut, comme bien l'on pense, leur objectif de prédilection. Dans la nuit du 16 au 17 janvier 1887, ils pénétrèrent avec effraction dans le lieu saint par une fenêtre de la sacristie. Tous les vases sacrés qui tombèrent sous leurs mains devinrent la proie de leur rapacité. Les meubles, les troncs, les tabernacles furent forcés par ces affreux bandits. Le vol consommé, sans autres déprédations, ils ouvrirent, de l'intérieur, la porte de l'église, et, escaladant la grille du portail, ils gagnèrent la rue avec leur butin sacrilège. Les coupables échappèrent aux recherches de la justice. La population fut consternée de cet horrible attentat. Le dimanche 23 janvier suivant, eut lieu, dans l'église profanée, une pieuse cérémonie d'expiation.

Pour reposer le cœur de ces diaboliques prouesses

de l'armée du mal, nous mentionnons, en passant, une glorieuse visite dont l'église de Moret fut honorée dans le courant de la même année. Le 15 septembre suivant, l'illustre archevêque de Rouen, Mgr Thomas, qui était en villégiature à Fontainebleau, vint à l'improviste visiter l'église de Moret, où se trouvaient commencés les grands travaux de restauration. En l'absence du curé, ce fut le sacristain qui lui servit de guide. Le Pontife d'une ville manufacturière ne manqua pas de s'intéresser à la fabrication du fameux *Sucre d'orge*.

Signalons encore, comme un souvenir digne de la reconnaisance du pays, le passage trop court, à Moret, de la vénérable marquise de Rastignac, présidente générale de *l'Œuvre des tabernacles*, à Paris. Elle avait acheté, comme maison de campagne, l'élégant castel construit, il y a quelques années, au midi de la ville, sur le *chemin des Prés*. Elle y venait tous les étés avec bonheur, et paraissait éprise de la petite ville et de ses habitants. Chaque jour, elle répandait d'abondantes aumônes dans le sein des pauvres, et elle ne manquait pas, annuellement, de faire don au curé d'un objet de prix pour le service du culte.

C'est à Madame de Rastignac que la paroisse de Moret dut l'honneur d'être visitée par l'illustre évêque d'Hébron, Mgr Mermillod, vicaire apostolique de Genève, alors exilé de sa patrie par un gouvernement persécuteur. Le lundi 27 août 1877, vers six heures du soir, arrivait à Moret ce prélat renommé, l'ami particulier de Pie IX, l'hôte très aimé de la France catholique, l'émule d'Athanase par sa fermeté apostolique, d'Augustin par son génie, de Chrysostome par son éloquence, de Basile et d'Ambroise par sa résistance aux puissants du siècle.

Mgr Mermillod venait de prêcher la retraite ecclésiastique à Meaux, et se rendait au Puy-en-Velay pour remplir la même mission. C'est sur l'invitation de la pieuse marquise qu'en passant il voulut bien faire halte à Moret. Il visita d'abord l'église où il adressa aux nombreux fidèles rassemblés à la hâte une touchante improvisation, et bénit les petits enfants sur les bras de leurs mères. Il passa ensuite au presbytère, puis à l'hospice où sa bénédiction particulière porta bonheur à une pauvre orpheline malade, confiée depuis peu aux bonnes Sœurs de la Charité. De l'hospice, il se dirigea, toujours accompagné du curé de la paroisse, vers la demeure de Madame de Rastignac que l'aimable pontife appela gracieusement *la Maison de Béthanie* (1). Il y présida

---

(1) Mgr Mermillod voulut bien tracer de sa main, sur le registre paroissial, le souvenir de son passage à Moret, et de la satisfaction que son cœur d'évêque avait éprouvé dans cette circonstance. Personne n'est oublié dans cette carte de visite dont voici le texte :

Anno Domini N. J. C. 1877, ego episcopus exul pro Christo et libertate sanctæ Ecclesiæ suæ, post exercitia spiritualia clero meldensi data, aliquot horas nimis breves in DOMO BETHANIÆ *steti, et gaudio magno, corde læto pastorem virtute, doctrina, zelo et scriptis notum benedixi, atque in ecclesia*

un modeste dîner, à la table de famille, comme Jésus chez Lazare; et, après avoir béni tout le personnel de la maison, il partit à neuf heures du soir pour prendre le chemin du Puy.

Le passage trop court du noble exilé, à travers la paroisse de Moret, ne laissa pas que de produire sur la population chrétienne du pays une vive et sainte émotion.

La pieuse châtelaine mourut à Paris, le 7 décembre 1885, vivement regrettée de la population de Moret, qui avait su apprécier ses éminentes qualités

parochiali pueros, fideles numerosos etiam benedixi, implorans Deum ut omnes oves sint gaudia pastoris et patris.

Moret, 27 augusti 1877

† Gaspar MERMILLOD, *episc Hebron.*

V. A. Gebennensis.

TRADUCTION

« L'an de N. S. 1877, nous, évêque exilé pour Jésus-Christ et pour la liberté de sa sainte Eglise, après les exercices spirituels donnés au clergé meldois, avons passé quelques heures trop courtes dans la MAISON de BÉTHANIE, et nous avons béni, avec une grande allégresse et d'un cœur joyeux, le pasteur connu par sa vertu, par sa doctrine, par son zèle et ses écrits ; et nous avons béni de même, dans l'église paroissiale, une nombreuse assistance d'enfants et de fidèles, en demandant à Dieu que toutes les ouailles soient la joie de leur pasteur et père.

« Moret, le 27 août 1877.

« † Gaspar MERMILLOD, évêque d'Hébron,

« Vicaire apostolique de Genève. »

et surtout sa bonté de cœur inépuisable. Elle avait passé au milieu de nous comme un nuage bienfaisant qui rassérène le ciel en versant une douce rosée sur la terre. Sa maison fut vendue après sa mort. L'heureux domaine, où la charitable douairière avait planté un balsamier odorant, continue de répandre aux alentours, par les mains de ses nouveaux habitants, M. et Mme Vinchon, les parfums de la plus douce bienfaisance.

Grâce à la lenteur typographique de notre Robert Etienne, nous pouvons, en finissant ce chapitre, attacher aux précédents récits un dernier bouquet d'une suave fraîcheur.

Aujourd'hui, lundi de Pâques (22 avril 1889), une marée montante d'étrangers déroulait ses flots vivants dans toutes les rues de la petite ville de Moret. C'était une formidable et paisible inondation qui envahissait tous les quartiers et rendait la circulation presqu'impossible. Plus de 10,000 personnes semblaient s'être entendues pour ce rendez-vous; et l'insuffisance imprévue des moyens de transport avait laissé plusieurs centaines de voyageurs en détresse dans les gares voisines.

Un attrait irrésistible avait mis tout ce monde en mouvement. Moret redevenait pour un jour l'antique et royale cité du xviiie siècle. On y célébrait, par une grande cavalcade, la première entrée solennelle de Louis XV, en 1723, dans sa bonne ville de Moret.

Des jeunes gens de la ville, pleins d'intelligence, d'activité et de cœur avait organisé cette fête locale. Cette fois, la présomption dont on accuse volontiers la jeunesse, avait fait place à une sage prévoyance. On avait éliminé avec une grande précaution, de cette pompeuse exhibition du passé, tout ce qui pouvait paraître, soit une apologie de l'ancien régime, soit une approbation des idées du temps. Mais surtout dans le choix délicat des sujets, des costumes et du jour, on avait le soin de ménager toute la susceptibilité des consciences, au point de vue de la religion et de la morale.

Aussi, la population entière fut-elle sympathique au projet si bien conçu de la jeunesse morétaine et les souscriptions affluèrent de toutes parts dans la caisse de l'œuvre. On put reconnaître ainsi, une fois de plus, le bon esprit de la population de Moret, et la facilité qu'on aurait à en faire une unité compacte en respectant les consciences chrétiennes. L'insulte à la religion est toujours la pierre d'achoppement des ambitieux sans prévoyance qui tiennent les rênes.

L'organisation de la grande cavalcade se fit sans bruit; et ce fut un long cri de surprise quand, le lundi de Pâques, vers une heure de l'après-midi, on vit surgir, comme par enchantement, et défiler avec lenteur à travers l'immense multitude, ce long et magnifique cortège de chars éclatants, de cavaliers de toutes armes et de fantassins aux uniformes variés.

Des piqueurs ouvraient la marche, les trompettes

jetaient aux échos leurs joyeuses fanfares; venait ensuite, monté sur un élégant coursier, le jeune roi Louis XV, richement habillé et entouré de ses pages.

A la suite de Sa Majesté, un groupe de gentils-hommes; puis, les carrosses des dames de la cour en superbes toilettes.

Pour escorte, des pelotons de dragons, de mous-quetaires, de gardes françaises et de gardes suisses.

La musique des gardes françaises terminait la partie militaire et historique du cortège.

Comme accessoires, une gentille *bouquetière du roi*, dont le char était assailli d'acheteurs, n'en eut pas assez de plusieurs centaines de bouquets de toutes sortes pour contenter tous les solliciteurs;

Au parfum des fleurs odoriférantes se joignait celui du *royal sucre d'orge des religieuses* de Moret, délice des dames de la cour, au temps de Louis XV, et qui eut, lui aussi, dans le cortège, son heure de vente, à la grande joie des malheureux.

La partie moderne de la cavalcade comprenait les chars de la France, de l'Agriculture, de l'Enfance, et enfin de la Marine, représenté par une forme de navire qui avait l'air de se balancer, sous ses voiles, au souffle du vent.

Pour rappeler que ces scènes grandioses n'avaient qu'un but d'amusement, l'arrière-garde consistait en deux moulins à vent qui s'agitaient drôlatique-ment, avec leus ailes, sous l'agression comique du héros de Cervantès.

La grâce et la forme historique des costumes ne

laissaient rien à désirer ; et tout le détail était si bien prévu et si bien préparé que l'ordre le plus parfait ne cessa de régner pendant toute la marche, sans que le moindre accident soit venu troubler la fête.

La journée, éclairée toute entière par un magnifique soleil de printemps, eut son digne couronnement, le soir, dans une pompeuse retraite aux flambeaux. Tous les membres de la cavalcade, au nombre de près d'un cent, avec leurs costumes, traversèrent les rues de la ville, aux sons d'une musique guerrière, sous les guirlandes et les arcs de triomphe, au milieu d'une forêt d'arbustes verdoyants, à la clarté des lampions, des girandoles vénitiennes et des torches ambulantes. La joie était sans mélange et universelle (1).

Voilà des fêtes belles et innocentes, dignes d'un peuple qui se respecte, et qui viennent à propos, au bout d'un siècle, purifier l'air et les quartiers d'une ville où furent portés en triomphe le buste ensan-

______

(1) Il y a lieu de signaler dans cette 3ᵉ édition que ces fêtes de 1889 se sont souvent renouvelées à Moret, toujours avec un succès croissant. « Noblesse oblige », dit le proverbe... Aussi Moret, dont la renommée de ses cavalcades, festivals, kermesses, concours de pêche, comme aussi de ses fêtes religieuses (témoin l'inoubliable cérémonie de la béatification de Jeanne d'Arc, en 1909), dont la renommée, disons-nous, s'étend bien au-delà de ses frontières, Moret n'a-t-il jamais rien négligé pour maintenir sa réputation. En 1897, c'était la cavalcade de Philippe-Auguste, en 1906 celle du jeune roi Louis XIII, puis nombre d'autres manifestations récréatives et artistiques, où la bonne entente et l'entrain des habitants

glanté de Marat, l'égorgeur, et l'idole de la Raison en démence.

Avant de clore ce volume, un mot final sur l'histoire générale de ces dernières années à Moret.

Chaque époque a son génie, ses goûts, ses tendances. L'esprit public est généralement façonné par les meneurs de l'opinion ; et les meneurs, ce sont les habiles qui ont le talent de se hisser sur le char pour tenir les rênes. D'en bas, chacun à les yeux fixés sur eux, pour orienter sa marche, selon le mot fameux du poète :

Regis ad exemplar totus componitur orbis.
C'est l'exemple du chef qui sert de règle à tous.

Or, c'est d'en haut qu'éclata ce cri de guerre : *Le cléricalisme, voilà l'ennemi!*

Dès lors, tout ce qui visait aux faveurs ou aux places dut courir sus au clergé et harceler la soutane.

Moret n'échappa point à cette fatalité. Mais, hâtons-nous de le dire, la persécution y fut sourde et eut pour principal auteur une personnalité à laquelle, d'ailleurs, elle fut fatale, selon cette parole

marchèrent toujours de pair avec l'intelligente initiative des organisateurs. C'est de cette union des esprits et des cœurs que sont nés en ces dernières années le *Musée municipal*, où artistes et amateurs se plaisent à offrir tableaux ou pièces de collections et *La Société des Amis de Moret* qui, animée du sens artistique autant que du respect du passé, saura veiller à la conservation des trésors que la nature, l'art et l'histoire ont accumulés dans l'*Antique et Royale cité de Moret.*   X...

d'un homme d'Etat célèbre : *Qui mange du prêtre en crève !*

Nous avons dû, dans ce volume, signaler, quoique à regret, quelques manifestations spéciales de cette prise d'arme contre l'église et la cure. Elle a sévi, sans accalmie, pendant huit années (1881-1888), c'est-à-dire, s'il est permis de comparer les petites choses aux grandes, pendant deux législatures municipales.

Ce serait ici le lieu de consacrer un long chapitre à ce côté palpitant de l'histoire locale pendant les dernières années. Nous ne le ferons pas, et peut-être saura-t-on gré à l'historien de sa brièveté et de sa modération, en face de certains hommes et de certaines choses de ce temps.

Mais n'avons-nous pas à craindre que cette modération même ne passe pour une trahison des droits et des devoirs de l'historien? Car ce que l'on cherche dans l'histoire, ce sont des faits et des noms. Or, des faits, le lecteur en trouvera encore ici; mais, des noms, il essaiera vainement d'en chercher.

Devions-nous les taire?

Le livre par excellence qui est modèle de modération, de calme et de vérité, l'Évangile, ne manque pas de placer les noms les plus compromis à côté des faits les plus condamnables. Il nomme et Pilate, et Hérode, et Caïphe, et Judas, etc.

Pour nous, nous n'avons nommé, ni le Pilate qui, à chaque vexation que signait sa main vindicative, grimaçait la droiture et l'innocence ; ni l'Hérode qui, en présence de toute la cour municipale, jetait l'ignoble insulte à ce qu'il y a de plus sacré; ni les prétoriens de bas étage qui, assumant l'office de bourreaux, se sont chargés d'exécuter le Christ au cimetière, devenu pour eux un Golgotha. Mon Dieu, pardonnez-leur, car ils ne savent ce qu'ils font!

Leurs noms, le lecteur, s'il tient à les connaître, devra les chercher dans les registres publics où sont leurs signatures, mêlées à celle des coryphées de 93 qui ont péri sans postérité, après avoir abattu la croix et souillé le temple!

Mais, au milieu de ces lugubres scènes qui s'affichent en pays civilisé, un spectacle repose le cœur, c'est l'attitude de la population morétaine.

Le peuple de Jérusalem, en laissant s'accomplir en silence l'horrible drame du Calvaire, a fait descendre, à bref délai, sur la ville déicide, la malédiction et la ruine.

Ici, la ferme et religieuse population de Moret, voulant parler haut, vient de signer en masse contre les nouveaux juifs et leur complot sacrilège, une courageuse protestation qui sera de la petite ville le salut et la gloire.

Exurgat Deus, et dissipentur inimici ejus
Ps. LXVII, 2.

Moret, le Vendredi-Saint, 19 avril 1889.

A. POUGEOIS.

APPENDICE DE LA 3° ÉDITION

I

Avant de livrer à l'imprimeur les feuillets de la 3° édition de l'Histoire de Moret, il a paru qu'un chapitre s'imposait qui fît mention de l'évènement capital de ces dernières années, la Grande Guerre de 1914-1918, où Moret a eu sa large part de sacrifices et de gloire.

On a vu dans le cours du volume l'addition concernant la nouvelle place de l'Hôtel-de-Ville où s'élève le monument de M. Gasq en souvenir de NOS HÉROS. Ajoutons qu'à cet hommage la Ville et l'Eglise, chacune de leur côté, ont voulu que la liste des enfants du pays morts pour la France fût gravée sur des marbres apposés à la Mairie, au Cimetière et à l'Eglise.

Nonobstant ces témoignages de la reconnaissance publique des cérémonies annuelles ont été instituées au jour de la Commémoration des morts, et, le 11 novembre, date anniversaire de l'armistice, où des cortèges se rendent solennellement devant la statue commémorative et au Cimetière.

Pour l'édification des générations futures nous citerons cet article d'un journal régional de 1919 relatant la première de ces manifestations :

MORET. — UNE JOURNÉE DONT ON SE SOUVIENDRA :

« *Le dimanche 3 août ont eu lieu à Moret-sur-*
« *Loing trois cérémonies particulièrement tou-*
« *chantes et belles. Il s'agissait d'honorer dans un*
« *élan de cœur à la fois intime et patriotique les*
« *enfants de l'antique cité morts pour la défense de*
« *la Patrie victorieuse. Moret n'a pas failli à ce*
« *devoir.*

« *Dès la veille les cloches de Notre-Dame avaient*
« *annoncé la grande journée de la Reconnaissance*
« *nationale en sonnant le glas funèbre et en jetant*
« *sur la Ville ce voile de deuil glorieux qui, le len-*
« *demain, devait unir dans la douleur la plus poi-*
« *gnante, la plus fière et la plus vaillamment sup-*
« *portée, toute la population si cruellement éprou-*
« *vée.*

« *Tous les habitants sans exception avaient été*
« *invités par les familles des chers disparus à se*
« *rendre le dimanche, à 2 h. 30, à l'Eglise pour y*
« *assister à un office solennel. Le Maire et le Con-*
« *seil municipal, le commandant de Place et les*
« *officiers, les enfants des Ecoles et les diverses*
« *sociétés ont répondu à cet appel avec une unani-*

« milé si entière que l'Eglise, spacieuse pourtant
« sous ses voûtes larges et séculaires, fût trop petite
« pour contenir la foule accourue.

« Au pied du catafalque, recouvert du drapeau
« tricolore et précédé d'un écusson dans lequel une
« main pieuse avait rassemblé avec la plus heureuse
« harmonie tous les attributs de nos Poilus, armes,
« casque, décorations et fourragères, des fleurs s'en-
« tassaient disposées en croix, en couronnes, en
« bouquets et ce fût au milieu de l'assistance la plus
« recueillie et la plus émue qu'après une allocution
« élevée de M. le doyen, l'absoute fût donnée suivie
« du De profundis.

« Après l'office chacun reprit les fleurs qu'il avait
« apportées et se dirigea vers la mairie, où le maire
« résuma avec l'éloquence la plus communicative,
« les sentiments de toute la population. Quand, face
« à la plaque de marbre apposée sur le mur de
« l'Hôtel-de-Ville, il fit l'appel des 90 noms qui y
« sont inscrits et quand, à l'appel de chaque nom,
« un officier répondit à haute voix : « Mort pour la
« France ! » les sanglots éclatèrent de toutes parts
« dans les rangs nombreux et pressés, hélas ! des
« veuves, des enfants, des pères, des mères, des
« frères et des sœurs, des amis et de tous les assis-
« tants angoissés.

« Et ce fut alors qu'aux accents graves et cadencés,
« la fanfare de Moret, derrière les enfants de toutes
« les écoles, drapeaux et bannières déployés, der-
« rière les autorités civiles et religieuses, toute la

« foule, qu'étreignait l'émotion la plus profonde,
« s'achemina dans l'ordre le plus édifiant vers le
« Cimetière. Elle gravit ainsi calme et silencieuse,
« avec sa croix, ses couronnes et ses bouquets, la
« voie douloureuse jusqu'au champ des morts qui,
« nouveau calvaire, allait recevoir l'hommage de
« tous les cœurs meurtris, mais battant à l'unisson.

« Le piédestal de la vieille pyramide centrale du
« Cimetière qui portait, lui aussi, la longue liste
« funèbre fut bientôt recouvert de toutes les fleurs
« que tant de larmes avaient mouillées et la
« troisième et dernière cérémonie se déroula toute
« émouvante dans sa noble et sobre simplicité. Un
« pieux salut aux tombes des soldats décédés et
« enterrés à Morel au cours de la guerre termina la
« cérémonie.

« Et chacun redescendit le chemin de douleur
« avec cette résignation si consolante et si réconfor-
« tante qui donne au peuple qui souffre le sentiment
« du devoir noblement, sincèrement, largement
« accompli et, aussi, avec cette confiance invincible
« dans les destinées de la Patrie sauvée, que lèguent
« avec la plus sublime des fiertés les grands morts
« devenus, par leur sacrifice, de grands aïeux. Et si,
« comme l'a répété M. le doyen, « le Christ aime les
« Francs », c'est parce que les Francs, en dépit de
« leurs querelles et de leurs erreurs, ont toujours su
« conserver intacte et vibrante leur foi dans cet idéal
« de Justice et de Liberté qui les a toujours ramenés
« à Dieu. »   E. D. M.

La Croix-Rouge à Moret pendant la Grande Guerre.

Si de pareilles manifestations de reconnaissance méritent de figurer dans l'Histoire de Moret, c'est bien encore ici le lieu de mentionner une œuvre de guerre, sublime entre toutes, l'Œuvre de secours aux blessés militaires, *La Croix-Rouge*.

On a vu dans le cours de cet ouvrage que Moret possédait un Hôtel-Dieu fondé par le marquis de Vardes et que, supprimé par la révolution, il fut rétabli en 1856, puis transformé en *Hospice municipal* dans l'immeuble qu'il occupe encore aujourd'hui. Or, cet hospice qui n'a cessé d'être desservi par les sœurs de la Charité a trouvé dans la personne de sa supérieure actuelle, sœur Marie-Joseph Grange, une femme de grand cœur et d'initiative qui, non contente des services rendus depuis toujours à la population par sa communauté, notamment au cours des crises d'épidémies ou d'innondations, a voulu dans sa passion de faire encore plus de bien, créer une maison de retraite pour vieillards à côté de l'Hospice qu'elle dirige.

C'est aux importantes constructions nécessitées par cette création nouvelle que Moret doit d'avoir vu fonctionner dans ses murs de 1914 à 1919 un important service de la *Croix-Rouge*, l'hopital 26.

Pour faire connaître cet hôpital, les services qu'il a rendus et les mérites du personnel qui s'y est dévoué, nous ne pouvons mieux faire que de reproduire un fragment de discours prononcé en 1923 à l'occasion des 50 années de profession religieuse de sa directrice.

Après l'énumération des nombreux bienfaits du temps de paix qui ont déjà valu à sœur Grange la *médaille d'honneur de la Société nationale d'encouragement au bien*, le discours continue :

« *J'en arrive à l'Hôpital 26.*

« *Nous sommes en Août 1914 ; la grande guerre*
« *vient d'éclater.*

« *Depuis plusieurs années, l'administration de la*
« *Croix-Rouge avait pris ses mesures pour établir*
« *une ambulance dans la maison de retraite de*
« *Moret. L'heure critique venue, elle se présente et,*
« *avec votre précieux concours et celui de votre*
« *communauté, elle y installe sa prévoyante organi-*
« *sation. Le drapeau de la Croix-Rouge flotte au-*
« *dessus de votre porte, l'Hôpital 26 est ouvert ; vous*
« *en êtes l'Infirmière-Major, vos sœurs, les infir-*
« *mières, le révérend Père Grange, votre frère, le*
« *gestionnaire. On peut dire que, service médical à*
« *part, l'hôpital de Moret est entièrement vôtre.*

D'après Phototypie Desaix - Paris   Edition Vve H. Dubois - Moret

LA MAISON DU SUCRE D'ORGE (XVᵉ siècle)

et

LA MAISON DE RETRAITE

DES RELIGIEUSES DE MORET-SUR-LOING

(Œuvre de Pierre Racollet).

« Comme votre cœur de Française dut tressaillir
« de fierté patriotique, ma chère sœur, quand vous
« vîtes votre maison Saint-Joseph servir à l'hospita-
« lisation des petits soldats de France !... Mais, en
« revanche, quelle besogne écrasante allait s'en-
« suivre pour vous et vos compagnes ! Car, de nuit
« comme de jour, hospice, maison de retraite, hôpi-
« tal militaire allaient réclamer vos efforts sans que
« votre personnel soit augmenté. Mais votre courage
« est tel que pendant cinq années entières vous arri-
« vez à suffire à tout. Sauf une faible partie de la
« maison de retraite qui conserve sa destination
« pour vos pensionnaires, heureusement devenues
« rares, toutes vos chambres disponibles, vos salons,
« votre réfectoire sont occupés... Cuisine, lavage des
« évacués qui arrivent couverts de la boue des tran-
« chées et souvent ruisselants de sang, réparation
« des uniformes en lambeaux, entretien du linge et
« de la chaussure, literie, pansements, tout vous
« incombe... Mille cinq cents blessés ou malades,
« 40.000 journées d'hospitalisation, tel est votre
« bilan.

« Par surcroît, vous organisez des jeux, des con-
« certs, des séances récréatives, des promenades et,
« comme la charité catholique, en soignant les
« corps, n'oublie pas les âmes, est-il besoin d'ajouter
« que dans votre sainte maison, les hospitalisés
« chrétiens et pratiquants trouvent à satisfaire leurs
« aspirations religieuses et que d'autres, profondé-
« ment remués par la mort vue de près sur le champ

« de bataille ou touchés par l'exemple et le spectacle
« de la Charité Chrétienne à l'œuvre, reviennent
« aux pratiques de leur enfance ?. . . . .

. . . .

« Tout a donc fonctionné à merveille à l'hôpital
« 26. Votre sympathique délégué régional, M. le
« Marquis de Kéroman, celui qui mit su votre
« guimpe l'épingle d'or de la Société de secours aux
« blessés, vous en témoigne sa satisfaction dans une
« lettre qu'il faut lire :
« Ne pensez pas que je vous oublie, ma bonne
« mère, Moret est resté un des souvenirs les plus
« agréables de ma région. C'était un repos pour moi
« que de venir vous voir... Tout était si bien dans
« cet hôpital! On y voyait les hommes si heureux et
« si bien soignés! Tout y était calme, propre ; toutes
« ces petites cours fleuries étaient charmantes et
« lorsque j'avais vu ces choses, admiré le dévoue-
« ment de tout votre personnel, je vous assure qu'il
« m'était agréable de vous aider et de vous rendre
« service autant qu'il m'était possible.
« Au revoir, ma bonne mère; veuillez me rappeler
« au bon souvenir de vos chères sœurs et de M.
« l'abbé Grange et croyez à l'expression de mes
« respectueux sentiments.

Marquis de KÉROMAN,
Délégué régional
de la Société de Secours aux blessés,
Chevalier de la Légion d'honneur.

« A ce précieux témoignage, les autorités gouver-
« nementales ont ajouté le leur, en vous attribuant
« ainsi qu'à deux de vos compagnes, la médaille de
« la Reconnaissance Française. Permettez que je
« rappelle ici les textes du décret et de la citation qui
« vous concernent :

« Monsieur le Président de la République,

« Vu le décret du 13 février 1917 créant la mé-
« daille de la Reconnaissance Française, sur la pro-
« position du garde des Sceaux, Ministre de la Jus-
« tice.

« Décrète :

« La médaille d'argent de la Reconnaissance
« Française est conférée à Madame Grange (Marie-
« Angéline) à Moret-sur-Loing.

« A ouvert, en 1914, à Moret l'hôpital 26 dont elle
« a successivement augmenté l'importance et dont
« elle contribue à assurer le fonctionnement de ses
« deniers personnels.

« Infirmière-major de cette formation, en assure
« la direction et la surveillance et apporte person-
« nellement aux blessés les soins les plus dévoués. »

Fait à Paris, le 18 février 1919

Signé : R. POINCARÉ.

Telles ont été les manifestations de la population Morétaine envers ses morts de la grande guerre, tels furent les services de l'hôpital 26 rappelés dans cet *appendice* (manifestations annuellement renouvelées et services hospitaliers des sœurs de la Charité continués par la récente installation dans leur maison de retraite de l'*Œuvre Seine-et-Marnaise d'assistance sociale et de prévoyance anti-tuberculeuse*, communément appelée : *Consultation des nourrissons et dispensaire*).

Ce sont là des faits qui intéressent et qui appartiennent à l'Histoire de Moret ; il convenait que ceux qui ont pris soin de rééditer l'œuvre de M. l'abbé Pougeois n'omissent pas d'en perpétuer l'édifiant souvenir.

Moret. 19 Mars 1928.

G. L. C.

TABLE DES MATIÈRES

I

Situation de Moret. — Son ancienneté. Étymologie de son nom.

II

Le Gatinais. — La vallée de l'Orvanne. — Souvenirs historiques.

III

Moret anciennement. — Bataille de Lato-Fao et de Dormelles. — Le Christianisme a Moret. — Deux conciles.

XIII

Charles VII complète l'ensemble des fortifications de Moret. — La grosse tour ou donjon de Moret.

XIV

Les Portes de Moret.

XV

Moret sous Louis XI, Charles VIII et Louis XII.

XVI

François Ier. — Ce prince vend et rachète le domaine de Moret.

XVII

Maison de François Ier a Moret. — Hommage au roi de divers fiefs a Moret.

XVIII

Henri II. — Hommages de vassalité au roi. — Les guerres de religion.

XIX

Henri III. — Catherine de Médicis, douairière de Moret. — Divers engagistes de Moret. — Henri IV. — Sully, seigneur de Moret.

XX

Henri IV. — Jacqueline de Beuil (1604-1651).

XXI

L'ANCIEN COUVENT DES BÉNÉDICTINES DE MORET (1638-1782).

XXII

LA MAURESSE.

XXIII

LE SUCRE D'ORGE DES RELIGIEUSES DE MORET.

Origine du *Sucre d'orge des religieuses de Moret*. —
Préparation de ce bonbon exquis. — Le secret de sa

XXVI

XXVII

XXVIII

XXIX

XXX

XXXI

DÉCOUVERTES GÉOLOGIQUES A MORET. — STATION GÉOLOGI-
QUE DE LACELLE-SOUS-MORET

XXXII

PRINCIPAUX FAITS DE CES DERNIÈRES ANNÉES. — EPILOGUE.

APPENDICE

IMPRIMERIE L. MOULIN, MORET-SUR-LOING — 1928